KB132218

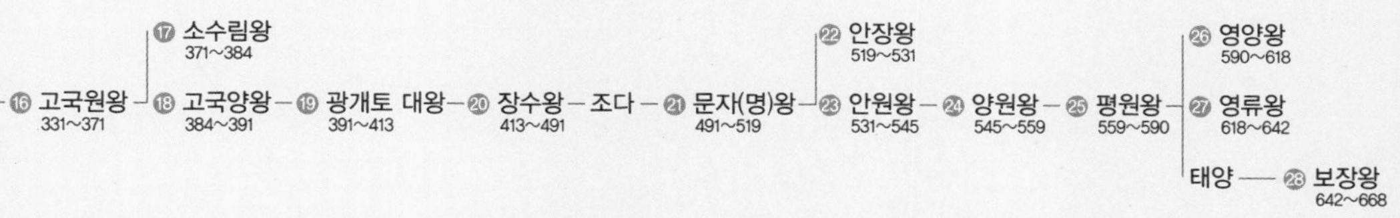
⑯ 고국원왕
331~371
⑰ 소수림왕
371~384
⑱ 고국양왕
384~391
⑲ 광개토 대왕
391~413
⑳ 장수왕
413~491
조다
㉑ 문자(명)왕
491~519
㉒ 안장왕
519~531
㉓ 안원왕
531~545
㉔ 양원왕
545~559
㉕ 평원왕
559~590
㉖ 영양왕
590~618
㉗ 영류왕
618~642
태양
㉘ 보장왕
642~668

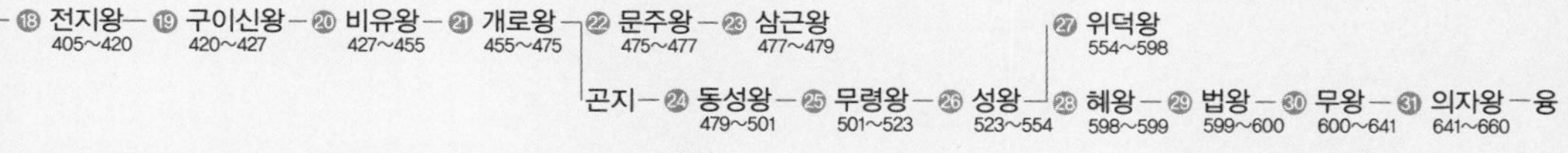
⑱ 전지왕
405~420
⑲ 구이신왕
420~427
⑳ 비유왕
427~455
㉑ 개로왕
455~475
㉒ 문주왕
475~477
㉓ 삼근왕
477~479
곤지
㉔ 동성왕
479~501
㉕ 무령왕
501~523
㉖ 성왕
523~554
㉗ 위덕왕
554~598
㉘ 혜왕
598~599
㉙ 법왕
599~600
㉚ 무왕
600~641
㉛ 의자왕
641~660
융

㊸ 신덕왕
912~917
㊹ 경명왕
917~924
㊺ 경애왕
924~927

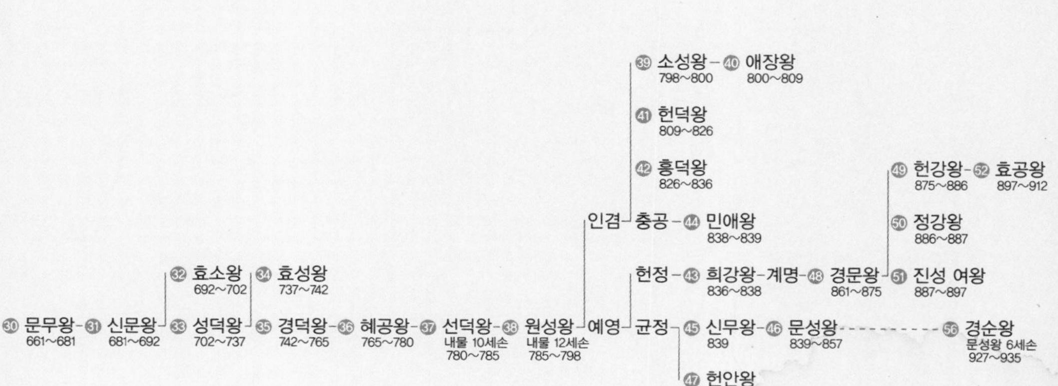
㉚ 문무왕
661~681
㉛ 신문왕
681~692
㉜ 효소왕
692~702
㉝ 성덕왕
702~737
㉞ 효성왕
737~742
㉟ 경덕왕
742~765
㊱ 혜공왕
765~780
㊲ 선덕왕
내물 10세손
780~785
㊳ 원성왕
내물 12세손
785~798
인겸
예영
㊴ 소성왕
798~800
㊵ 애장왕
800~809
㊶ 헌덕왕
809~826
㊷ 흥덕왕
826~836
충공
㊹ 민애왕
838~839
헌정
㊸ 희강왕
836~838
계명
㊽ 경문왕
861~875
균정
㊺ 신무왕
839
㊻ 문성왕
839~857
㊼ 헌안왕
857~861
㊾ 헌강왕
875~886
㊿ 정강왕
886~887
51 진성 여왕
887~897
52 효공왕
897~912
56 경순왕
문성왕 6세손
927~935

도전!
365
Quiz
한국사

일러두기

- 맞춤법, 띄어쓰기는 국립국어원의 규정에 따랐습니다.
- 지명과 인명을 포함한 외래어는 국립국어원에서 정한 용례에 따라 표기하였습니다.
- 책과 신문의 이름은 《 》, 작품의 제목은 〈 〉로 묶었습니다.
- 고구려, 백제, 신라의 건국 연도는 《삼국사기》를 따랐습니다.

365일 재미있는 한국사 만화 퀴즈

도전! 365 Quiz 한국사

Q?
A!

금성출판사

차례 Contents
+ Keyword

★궁금한 내용을 간단한 키워드로 찾아보세요.

1. 우리 역사의 시작과 고조선의 성립

Q 1~16

2. 삼국 시대의 성립과 발전

Q 17~65

3. 통일 신라와 발해의 발전

Q 66~90

4. 고려의 성립과 변천

Q 91~150

5. 조선의 성립과 발전 Q 151~194

6. 조선 후기 사회의 변동

Q 195~241

7. 근대의 시작과 대한 제국의 성립

Q 242~277

8. 일제 강점기와 민족 운동

Q 278~335

9. 대한민국의 발전

Q 336～365

선사 시대 연맹 왕국 삼국 남북국 고려 조선 대한 제국 일제 강점기 대한민국

두둥~,
역사의 시작!

강화도의 탁자 모양 고인돌.
고인돌은 선사 시대의 돌무덤으로, 당시의 기술과 사회 모습을 보여 주는 유적이다.

1

Q 1~16

우리 역사의 시작과 고조선의 성립

우리나라에는
언제부터
사람이 살았을까?

역사 공부를 시작하는
이 시점에서 좋은 질문!
정답은 약 70만 년 전부터지.

구석기인들이 사용한 도구를 이르는 말은?

주먹도끼

슴베찌르개

긁개

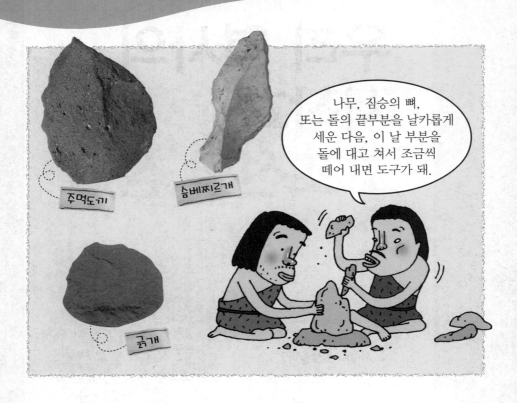

나무, 짐승의 뼈, 또는 돌의 끝부분을 날카롭게 세운 다음, 이 날 부분을 돌에 대고 쳐서 조금씩 떼어 내면 도구가 돼.

❶ 뗀석기

❷ 도자기

❸ 간석기

❹ 청동기

❺ 토기

구석기 시대에는 이런 도구들도 사용했어. 진정 호모 하빌리스지.

떼석기로 나무 열매나 뿌리를 채취하여 먹었지.

사냥할 때 썼던 **찍개**

조리할 때 썼던 **자르개**

연장으로 썼던 **새기개**

뗀석기 만들기

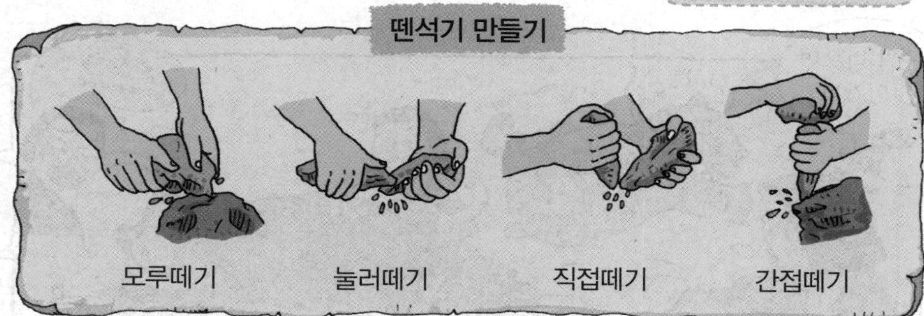
모루떼기
눌러떼기
직접떼기
간접떼기

정답은?
① 번

구석기인들은 사냥을 하거나 음식을 만들 때, 돌이나 나무를 사용하면서 도구의 편리함을 알았어. 그들은 돌을 때려서 일부를 떼어 내어 도구를 만들어 사용했는데, 그래서 '뗀석기'라고 불러. 주먹도끼는 물건을 자를 때, 슴베찌르개는 사냥할 때, 긁개는 가죽을 다듬을 때 사용했어.

2

구석기인들의 생활 모습이 아닌 것은?

❶ 불을 사용했다.
❷ 도구를 사용했다.
❸ 동굴에서 살았다.
❹ 곡식을 재배했다.
❺ 무리를 지어 생활했다.

구워 먹으면 맛있겠다.

앗! 더럽게 저기서..

저걸 무엇으로 잡았대?

오늘 우리 식구들 포식하겠군.

냠냠

불에 구워 먹으니 맛있냐?

역시 동굴 안이 따뜻해.

우리는 무리 지어 살지만, 모두 평등하지!

불만 쬐지 말고 사냥 좀 해 오지?

이 씨

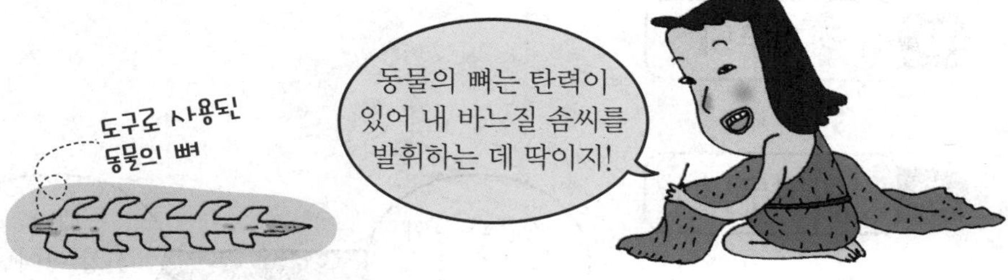

동물의 뼈는 탄력이 있어 내 바느질 솜씨를 발휘하는 데 딱이지!

도구로 사용된
동물의 뼈

정답은?
④번

구석기인들은 동굴, 바위 그늘, 강가의 막집에서 무리 지어 살면서, 사냥을 하거나 식물의 열매를 따 먹으며 생활했지. 불을 사용하면서 고기를 익혀 먹고, 깜깜한 밤을 환히 밝히기도 했어. 또한 동물의 뼈나 뿔을 이용해 도구를 만들어 쓰기도 했어. ④번 곡식을 재배한 것은 신석기 시대 때 일이야.

3 신석기 시대의 토기에서 빈칸에 들어갈 말은?

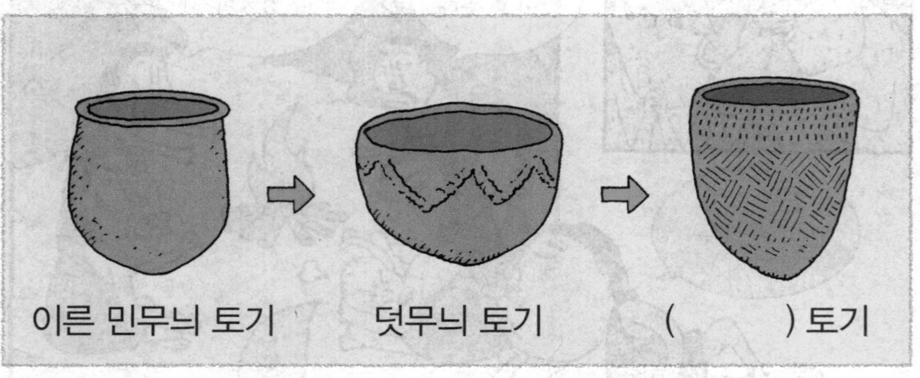
이른 민무늬 토기
덧무늬 토기
(　　　　) 토기

❶ 격자무늬

❷ 반달무늬

❸ 빗살무늬

❹ 꽃무늬

❺ 삼각무늬

진흙과 불이 만나서 토기 탄생!
대박 신상 아이템!

요 빗살무늬 토기에 곡식을 저장했고, 바다나 강에서 잡은 물고기를 담아 두기도 했어.

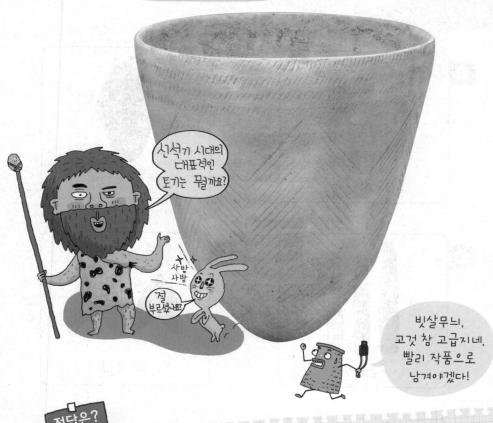

신석기 시대의 대표적인 토기는 뭘까요?

사방 사방

절 부르셨나요?

빗살무늬, 고것 참 고급지네. 빨리 작품으로 남겨야겠다!

정답은?
❸번

신석기 시대 사람들은 흙을 빚어 토기를 만들어 썼어. 처음에 사용한 토기는 아무 무늬도 넣지 않은 이른 민무늬 토기였지. 그 후 덧무늬 토기와 빗살무늬 토기가 만들어졌어. 빗살무늬 토기는 표면을 빗살 모양으로 누르거나 그었고, 아래가 달걀처럼 뾰족한 모양으로, 신석기 시대의 대표적인 토기야.

4 신석기 시대의 도구가 아닌 것은?

❶

갈판과 갈돌

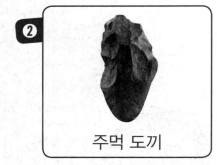

❷
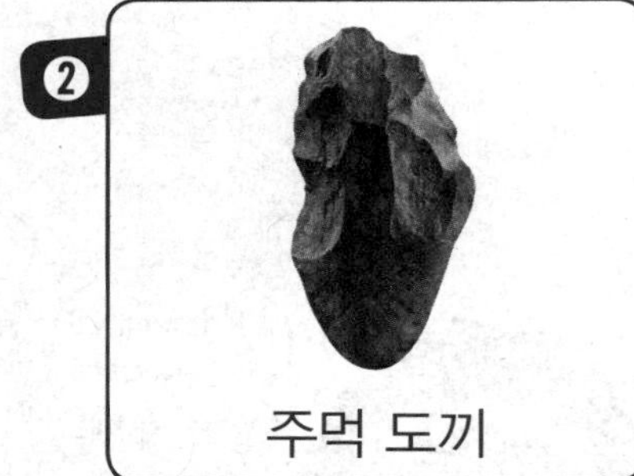
주먹 도끼

❸
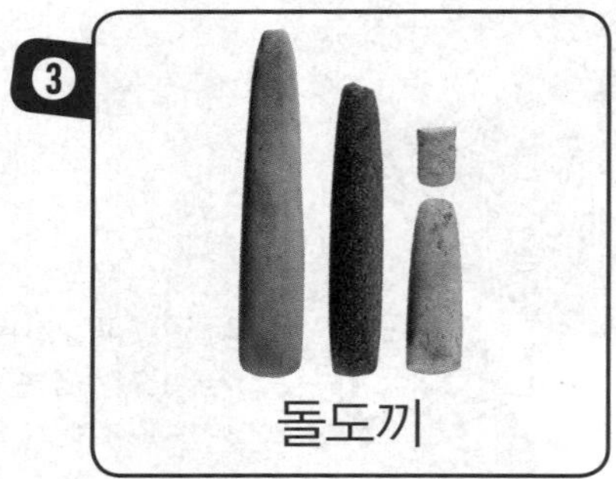
돌도끼

❹

돌작살

❺

돌화살촉

신석기 시대에는 돌을
갈아서 도구를 만들었다지?
그렇다면, 갈지 않은 도구를
찾으면 그게 정답이겠네.

공부한 날 월 일

신석기 시대의 도구, 간석기

신석기 시대 사람들은 간석기, 빗살무늬 토기, 뼈 도구 등을 사용했는데, 이 도구들은 주로 큰 강 근처나 해안 지역에서 발견되었지.

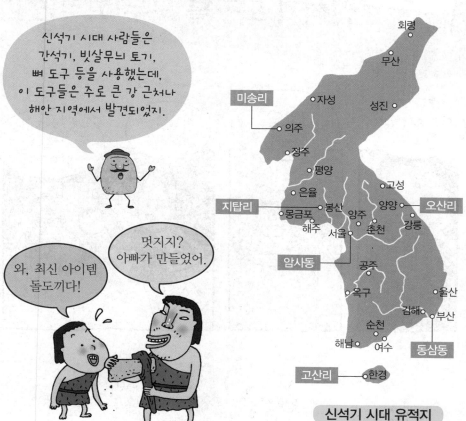

와, 최신 아이템 돌도끼다!

멋지지? 아빠가 만들었어.

회령
무산
미송리
자성
성진
의주
정주
평양
고성
은율
지탑리
봉산
양양
오산리
몽금포
양주
강릉
해주
춘천
서울
암사동
공주
옥구
울산
김해
부산
순천
해남
여수
동삼동
고산리
한경

신석기 시대 유적지

정답은?
②번

신석기인들은 농사를 짓기 시작하면서 필요한 도구도 만들어 사용했어. 신석기 시대의 도구는 돌을 갈아서 만들었기 때문에 '간석기'라고 해. 땅을 파서 갈거나 뒤엎는 데 쓰는 돌보습, 뿔괭이, 돌괭이 같은 다양한 농사 기구가 만들어졌어. 이 도구들로 곡식을 갈거나 사냥을 했지. ②번은 구석기 시대의 도구야.

5 옷과 그물을 만들 때 썼던 신석기 도구를 모두 고르면?

어떤 스타일로 만들까?

이 가죽은 그물을 만드는 데 써야지.

이 스타일 어때요?
또 옷이야? 그물은 언제쯤….

짐승의 가죽으로는 옷과 그물을, 뼈나 이빨로는 장신구도 만들었대.

❶ 토제 인면상
❷ 이음낚시
❸ 가락바퀴
❹ 빗살무늬 토기
❺ 뼈바늘

와! 대단해.

가락바퀴는 실을 뽑을 때 쓰던 도구로, 바퀴 가운데에 구멍을 뚫고 나무 막대를 꽂아 돌리면 실이 꼬이게 되지.

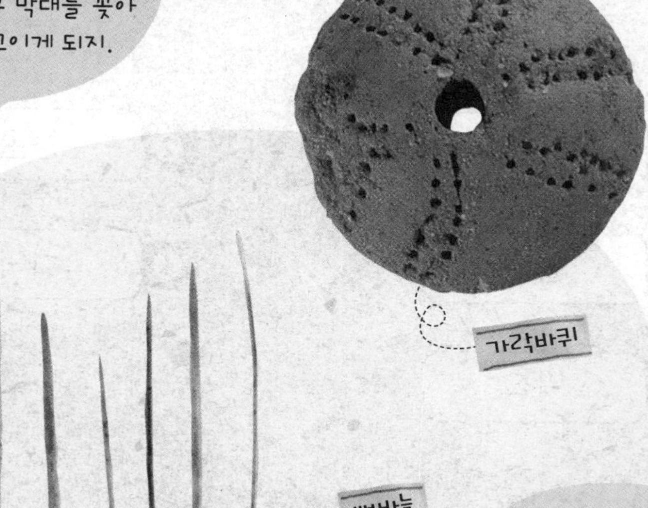
가락바퀴

뼈바늘

뼈바늘은 한마디로 짐승의 뼈를 날카롭게 갈아 만든 바늘!

정답은?
❸, ❺번

신석기인들은 짐승의 가죽을 이용하여 옷과 그물 등을 만들었어. 가락바퀴와 뼈바늘은 당시에 그물을 만들거나 형태를 갖춘 옷을 만들어 입었다는 것을 말해 주지. ①번 토제 인면상은 사람의 얼굴 모양을 만든 것으로 종교적인 물건이고, ②번의 이음낚시는 동물의 뼈를 이어 붙인 낚싯바늘이야.

6

신석기인들이 생활하던 이곳은?

① 초가집

② 동굴

③ 움집

④ 화덕

⑤ 막집

서울 암사동에는
선사 시대 움집의
흔적이 남아 있어.
궁금하면 암사동으로!

정답은?
❸번

신석기인들은 강과 바닷가 근처에 정착하여 생활했어. 이들은 땅을 파서 바닥을 다지고 나무와 갈대로 지붕을 엮어 비와 바람을 막을 수 있는 집을 지었는데, 이게 바로 움집이야. 움집의 중앙에는 화덕도 있었는데, 화덕은 집 안에서 불을 피우는 장소로, 겨울에는 추위를 막고 밤에는 어둠을 밝히는 역할을 했어.

7

신석기 시대의 사회 모습과 관계없는 것은?

① 마을 사람들은 대체로 혈연으로 묶인 거대한 가족이었다.

② 가축을 공동으로 기르는 등 공동체 생활을 했다.

③ 같은 씨족끼리는 혼인을 하지 못했다.

④ 모든 생산 활동은 다른 씨족 땅에서만 했다.

⑤ 씨족끼리 합해지면서 부족 사회를 이루었다.

이렇게 쫓아오다가
다른 씨족 땅에 들어오면
어쩌려고 그러지?

그만 좀 서라!

넌 누구?

앗, 내가 그만
남의 땅에!

영역 침범 죄는
절대 용서받을
수 없다.

미안해.
실수였어.

잔말 말고
따라와.

정말 너무해.
일부러 들어온 게
아닌데….

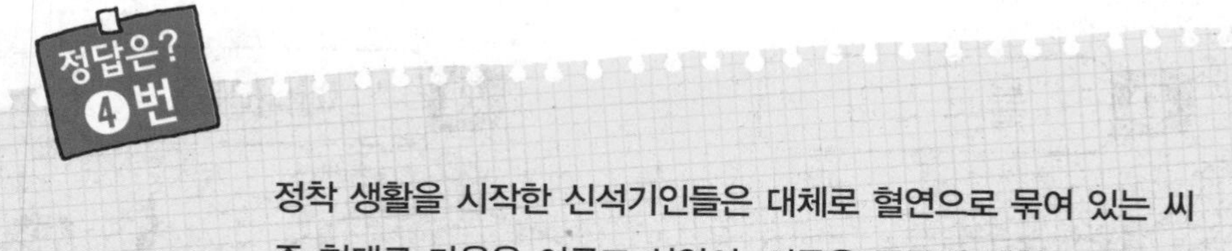

폐쇄적인
사회였구나!

그래도 씨족끼리
합해진 부족 사회는
지배와 피지배가 없는
평등 사회였지!

정답은?
❹번

정착 생활을 시작한 신석기인들은 대체로 혈연으로 묶여 있는 씨족 형태로 마을을 이루고 살았어. 이들은 공동체 생활을 했는데, 모든 생산 활동은 자기 씨족의 땅 안에서만 해야 했어. 그러나 혼인은 다른 씨족과 해야 했는데, 이것을 '족외혼'이라고 해. 혼인으로 여러 씨족이 합해지면서 부족 사회를 이루게 되었지.

8 그림에 나타난 신석기 시대의 신앙은?

중얼 중얼 중얼 중얼...
신령님이 도와주시겠지?
저 무당이 그렇게 용하다며?

① 샤머니즘

② 토테미즘

③ 불교 신앙

④ 애니미즘

⑤ 기독교 신앙

무당이 오늘 고기가 많이 잡힌다고 했어. 작살 들고 출발!

신석기 시대의 신앙

저승에서도
아름답게
사셔야지.
죽은 뒤에 또 다른 세계가 있다고 믿는 **영혼 숭배 신앙**

조상님,
절 받으세요.
나?
특정 동물을 부족의 수호신으로 숭배하는 **토테미즘**

천둥이
너무 싫어.
콰르릉
쉿! 천둥님이
듣고 계셔.
말조심해.
자연 현상에 영혼이 있다고 믿는 **애니미즘**

정답은?
1번

샤머니즘은 주문을 외우는 등의 주술적인 방법으로 신령의 도움을 얻어 악귀를 물리치고 씨족의 구성원들을 어려움에서 구한다는 믿음이야. 신석기인들은 사람을 신령과 연결시켜 주는 존재인 무당과 그 무당의 주술을 믿었던 거지.

9

다음과 같이 짐승 등을 바위에 그려 넣은 까닭은?

❶ 아들 낳기를 기원하려고
❷ 영토 확장을 기원하려고
❸ 비가 내리기를 기원하려고
❹ 벼농사가 잘되기를 기원하려고
❺ 사냥감이 많이 잡히기를 기원하려고

사냥 그물, 고래, 사슴 등이 어디에 새겨져 있는지 찾아봐!

정답은? ❺번

선사 시대 사람들은 사냥감이 많이 잡히기를 기원하며 동굴이나 바위에 짐승, 물고기 등을 그리거나 새겨 넣었어. 문제의 사진은 울산시 울주군 대곡리에 있는 선사 시대의 반구대 바위 그림인데, 높이 4미터에 폭 10미터이고, 국보 제285호로 지정되어 있어.

10

거푸집에 대한 설명으로 바른 것은?

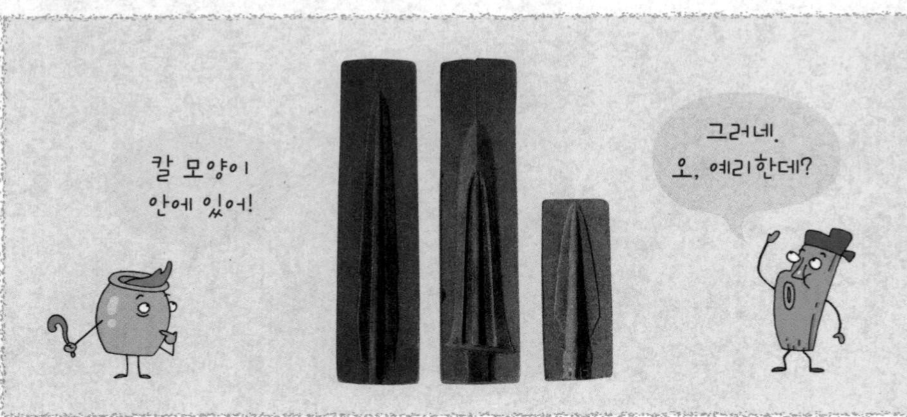
칼 모양이
안에 있어!
그러네.
오, 예리한데?

❶ 사냥을 할 때 사용하는 도구이다.

❷ 쇠붙이를 녹여 부어 도구를 만드는 틀이다.

❸ 음식을 담는 데 사용하는 그릇이다.

❹ 쇠붙이를 녹이는 데 사용하는 그릇이다.

❺ 곡식의 이삭을 따는 농사 기구이다.

내가 만들고 싶은
칼의 모양을 돌에
파는 거야.

그 다음 녹인
쇳물을 여기에
부어 굳히는 거지.
앗 뜨...

거푸집에서
굳은 쇠붙이를 떼어
내면 칼 완성!
짜잔

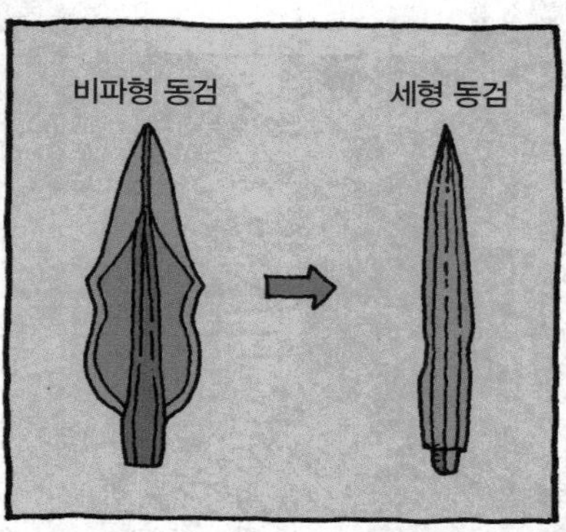
비파형 동검
세형 동검

청동 칼은 비파형 동검에서 칼몸이 좁은 세형 동검으로 발전했다.

정답은?
2번

거푸집은 만들려는 물건의 모양대로 속을 비게 하여 거기에 쇠붙이를 녹여 붓도록 되어 있는 틀이야. 이 틀의 모양을 날카롭게 만들면 칼도 날카롭게 만들어지는 거지. 청동기 시대의 거푸집은 우리나라 곳곳에서 유물로 발견되고 있어.

11

청동기 시대 권력자들의 대표적인 무덤은?

① 덮개돌

② 암각화

③ 돌방

④ 고인돌

⑤ 굄돌

난 큰 업적을 이루었으니 나중에 더 큰 고인돌에 묻히겠지?
내꺼

고인돌을 통해
청동기 시대가 계급
사회였다는 것을
알 수 있지.

정답은?
4번

청동기 시대에는 권력자들이 죽은 뒤 거대한 돌무덤을 세웠는데, 이 무덤을 '고인돌'이라고 해. 고인돌의 모양은 지역에 따라 조금씩 달랐어. 두 개의 굄돌 위에 넓은 덮개돌을 올린 탁자 모양 고인돌과 땅속에 무덤방을 만들고 작은 받침돌을 놓은 뒤 큰 덮개돌을 올린 바둑판 모양 고인돌 등 여러 가지가 있어.

12 청동기 시대의 생활 모습이 아닌 것은?

❶ 정착 생활을 했다.
❷ 사유 재산을 가졌다.
❸ 벼농사를 짓기 시작했다.
❹ 덧무늬 토기를 만들어 사용했다.
❺ 땅 위에 집을 짓고 살았다.

땅 위에 집을 지으니 환해서 좋구려.
오늘 저녁은 맛있는 쌀밥을 지을게요.
내가 구웠어!
나도 젊었을 땐….
애들이 많네.

벼 수확물이 많아서 좋긴 한데, 하루 종일 허리도 못 펴고 일했네.

오늘 거둔 곡식은 민무늬 토기에 잘 담아 놓아야지.

신석기 시대에는 토기가 구워질 때 표면이 갈라져 터지는 것을 막으려고 빗살을 그려 넣었지만, 청동기 시대에는 기술이 발달해서 아무 무늬가 없어도 괜찮았지!

민무늬 토기

정답은? ❹번

청동기 시대에는 벼농사를 짓게 되면서 식량이 부쩍 늘어나 곡식을 저장할 그릇이 필요했어. 민무늬 토기는 곡식을 저장하고 음식을 조리하는 청동기 시대의 그릇이야. 이렇게 농산물이 많아지면서 사유 재산이 생겼고, 사람들 사이에 빈부의 차이가 생기면서 계층도 형성되었어.

13

청동기 시대에 곡식을 벨 때 사용한 도구는?

① 홈자귀

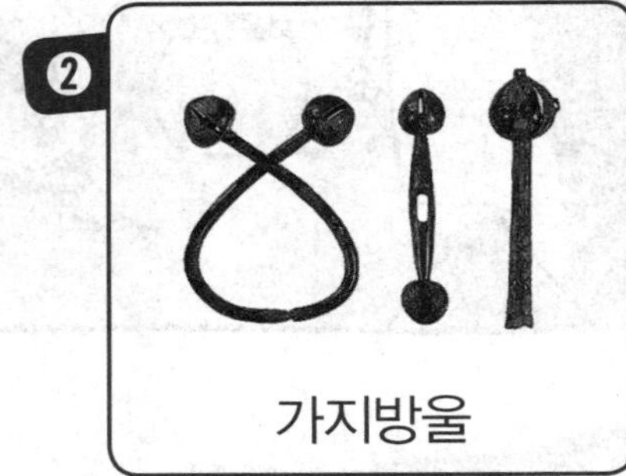

② 가지방울

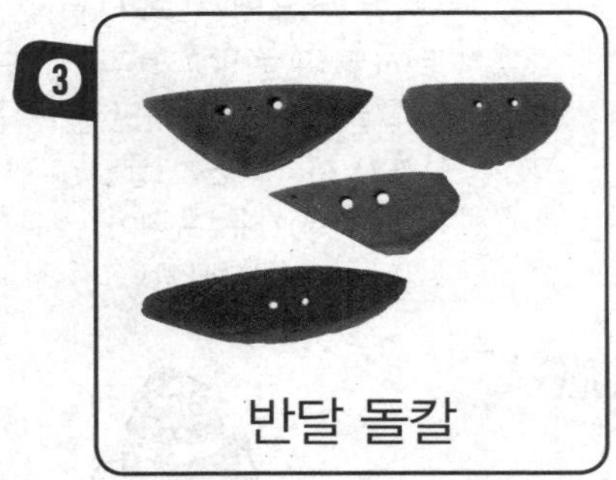

③ 반달 돌칼

④ 미송리식 토기

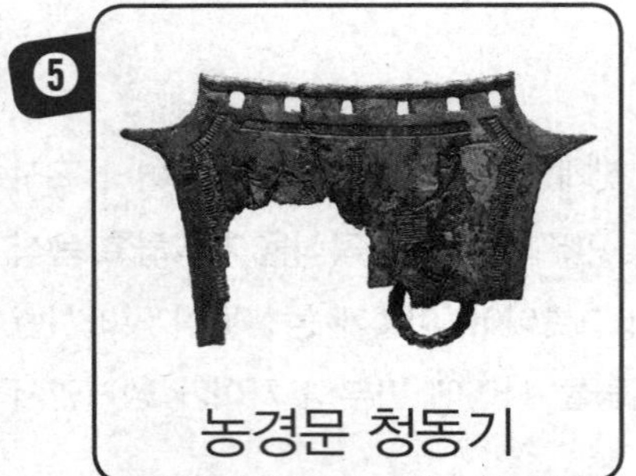

⑤ 농경문 청동기

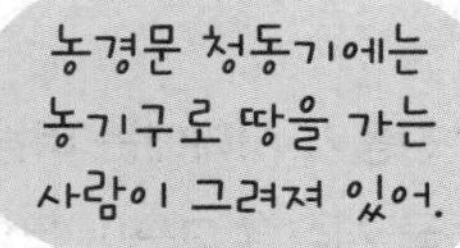
농경문 청동기에는
농기구로 땅을 가는
사람이 그려져 있어.

공부한 날 월 일

해가 중천인디 사람들이 왜 안 나온대유?

그러게 말이유 다 같이 먹을 쌀인디.

정답은? ③번

청동기 시대 사람들은 농사를 지을 때 여전히 돌과 나무로 만든 도구를 사용했어. 청동은 재료를 구하기 어렵고, 농기구를 만드는 방법도 쉽지 않았기 때문이지. 벼농사를 짓기 시작한 청동기 사람들은 돌을 더 날카롭게 갈아 도구를 만들어 사용했어. 곡식을 벨 때는 반달 돌칼, 땅을 일굴 때는 홈자귀를 사용했어.

14

청동기 시대의 지배층과 관계없는 것은?

❶ 
청동 거울

❷ 
고인돌

❸ 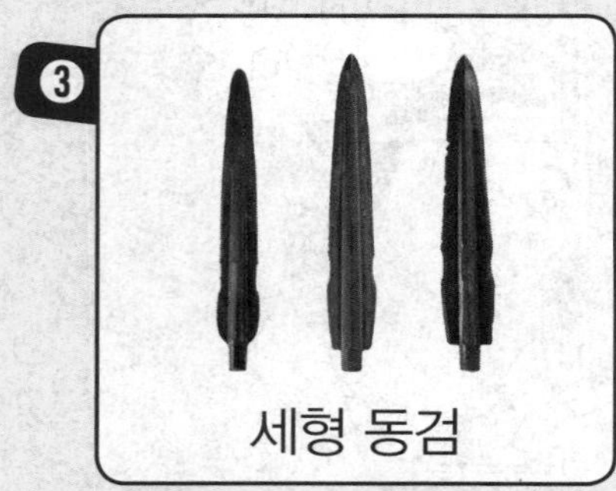
세형 동검

❹ 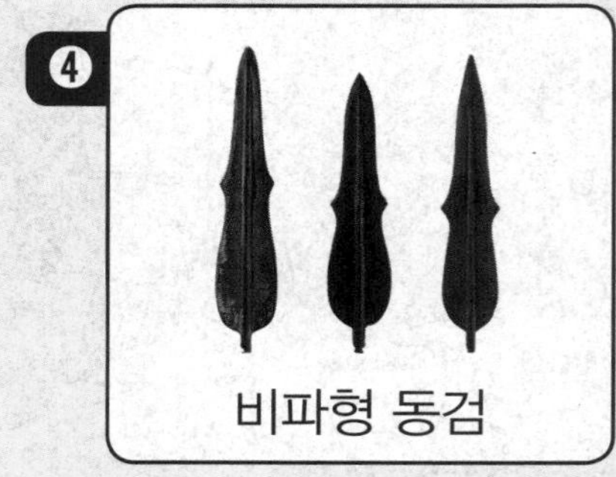
비파형 동검

❺ 
토제 인면상

청동기와 고인돌은
지배층과 관계있으니까
정답은?

청동기 시대에
계층이 생겼다지?
산 너머 부족에
식량이 많대요.
그래?
그렇다면 한번
쳐들어가 볼까?

재물이 많고 힘이 있는 사람이 족장이 되어 부족을 다스렸다.

저쪽도 힘이
만만치 않을 것
같은데요.
나만 믿어.
다 정복해 주겠어!

계층은 부족 사이에도 생겨 더 우세한 부족이 약한 부족을 정복해 나갔다.

정답은?
5번

청동기는 지배층의 무기나 장식품으로 주로 사용되었어. 대표적인 것이 청동 칼과 청동 거울이지. 또한 고인돌은 지배층의 무덤으로, 강한 권위와 지배력을 나타내. ⑤번의 토제 인면상은 흙으로 사람의 얼굴 모양을 빚은 것으로, 신석기인들의 염원이 담긴 종교적인 물건이야.

우리나라 최초의 국가에 대한 설명으로 잘못된 것은?

❶ 철기 문화를 바탕으로 세워졌다.

❷ 나라 이름은 고조선이다.

❸ 나라를 세운 사람은 단군왕검이다.

❹ 기원전 2333년에 세워졌다.

❺ 홍익인간의 이념을 바탕으로 세워졌다.

고조선의 건국 이야기는 《삼국유사》에 실려 전해 오고 있어.

바람 신.

비 신.

구름 신.

나, 환웅은 세 신과 백성들을 이끌고 태백산 꼭대기 신단수 아래로 내려와 사람을 다스리노라.

곰이었던 제가 굴속에서 마늘과 쑥만 먹으며 고통을 견뎌 여인이 되었습니다. 혼인할 사람을 보내 주세요.

환웅과 사람이 된 웅녀가 혼인하여 낳은 단군왕검

정답은?
①번

환웅과 웅녀 사이에서 태어난 단군왕검은 기원전 2333년, 아사달에 도읍을 정하고 나라를 세워 조선(고조선)이라고 했어. 고조선은 청동기 문화를 바탕으로 건국되었지. '널리 인간을 이롭게 한다.'는 '홍익인간'은 우리나라의 건국 이념으로, 지금도 전해져 오고 있어.

16 다음에 나타난 8조의 법으로 알 수 있는 고조선 사회는?

이자는 도둑질을 했습니다.
이자를 노비로 삼아라! 만약 노비가 되기 싫으면 50만 전을 내놓아라!
배가 너무 고파서 그만….

❶ 사유 재산을 인정하지 않았다.

❷ 개인의 생명을 소중히 여겼다.

❸ 국가의 힘이 매우 약했다.

❹ 노비 제도가 있는 사회였다.

❺ 국가는 개인의 일에 관여하지 않았다.

지금까지 전하는 고조선 8조의 법

정당방위
였다고!
넌
사형이야!

사람을 죽인 자는 사형에 처한다.

보다시피
이 모양입니다.
식량으로
배상하라!
불장난을 하다
그만….

남의 몸에 상처를 입힌 자는 곡물로 배상한다.

노비가 될 테냐,
벌금을 낼 테냐?
그냥 몸으로
때울래요.

도둑질한 자는 50만 전을 내놓는다. 그렇지 않으면 노비로 삼는다.

고조선의 법이 이렇게
엄격하다 보니 범죄자가
별로 없었대.

정답은?
4번

고조선에는 사회 질서 유지를 위한 8조의 법이 있었는데, 현재는 3개 조항만 전해져. 첫 번째 조항에는 사람의 목숨을 소중히 여기고, 지배자는 강한 힘을 가졌다는 것이 담겨 있고, 두 번째 조항에는 사유 재산의 인정과 고조선이 농경 사회라는 것을, 세 번째 조항에는 노비 제도가 있는 신분 사회라는 것을 나타내고 있어.

선사 시대
연맹 왕국
삼국
남북국
고려
조선
대한 제국
일제 강점기
대한민국

백제 금동대향로는 61.8센티미터의 몸체에 겹겹이 두른 산, 인물, 봉황, 호랑이 같은 동물들이 표현되어 있어 매우 창의적이고 아름다운 작품이다.

도교의 냄새가
물씬 나네.

2

Q 17~65

삼국 시대의 성립과 발전

고구려, 백제, 신라
삼국의 공통점이
뭔지 알아?

음, 영토 확장!
그리고 왕을 중심으로 한
중앙 집권 체제의
확립이지!

17

다음과 같이 5부족이 다스린 연맹 왕국의 나라는?

구가
우리는 연맹 왕국의 기본 스타일!
저가
우가
王
마가
왕은 중앙을 다스리지.
우리 족장은 지방을 다스리고!

❶ 옥저 ❷ 동예 ❸ 부여
❹ 삼한 ❺ 고구려

'부여' 하면 무시무시한 순장이 떠올라.
주인님과 저승길을 동행하는 것도 영광이다!
노비로 사는 것도 억울한데, 이렇게 같이 죽어야 한다니….

반면에 이렇게 즐기는 '영고'라는 제천 행사도 있었지.

열심히 일한 뒤에 한바탕 노니 더 즐겁구나.

정답은?
3번

부여는 족장이 각 지역을 다스리며 정치에 참여하는 전형적인 연맹 왕국이었어. 부여에는 지배층들이 죽었을 때 노비를 함께 묻는 '순장'이 있었는데, 이는 지배층이 많은 권력을 가지고 있었다는 증거지. 또한 12월에는 '영고'라는 제천 행사가 열려 하늘에 제사를 지내면서 풍년을 기원했어.

18

옥저에 있었던 다음의 혼인 풍습은?

네 나이가 올해 몇인고?
열 살 이옵니다.

그럼, 내 아들놈과 짝을 짓는 것이 어떻소?
그거 좋지. 서로 모르는 사이도 아니고.

너도 싫진 않은 모양이구나. 그럼 어서 따라나서라.
그래라. 시댁 될 집에서 일을 배워야지.

에그, 저 어린 것을….
엄마!

① 맏며느리제

② 족외혼

③ 민며느리제

④ 데릴사위제

⑤ 일부다처제

그 다음 이야기는 이렇지!

이제 너도 나이가 찼으니 너희 집에 돌아가 있어라.

색시, 부지런히 일해 몸값이 마련되는 대로 데리러 가리다.

빨리 데려오려고 저렇게 열심히 하네.

몸값을 마련해 왔습니다.

그간 애 많이 썼구먼. 어서 데려가게나.

떡두꺼비 같은 자식 더도 말고 딱 열만 낳고 잘 살아라.

안녕히들 계세요!

정답은?
3번

옥저의 민며느리제는 며느리가 될 여자아이를 데려다 키우다가 나이가 차면 남자 쪽에서 값을 치르고 혼례를 올리던 제도였어. 이때 어린 색시는 시집에서 밭갈이도 하고, 바느질도 배우다가 결혼할 나이가 되면 친정으로 왔다가 신랑이 몸값을 치르면 다시 시집으로 갔지.

19 다음에서 말하는 동예의 특산품은?

이것이
말로만 듣던
바다표범의 가죽?
자, 주문하신
물건이오.
역시 동예의
특산물은 상품 중의
상품이야.

❶ 단궁
❷ 반어피
❸ 과하마
❹ 비단
❺ 삼베

나처럼 키 작은 말은
과일나무 아래로 지나갈 수
있을 정도로 작다고 해서
'과하마'라고 했어. 나도
동예의 특산물로 유명했지.

사진 한 장
찍어 줄까?

동예의 풍습

올해 농사는
괜찮을 것 같군.

별을 보고 운수를 점치는 점성술이 발달했다.

싫어요. 왜 얼굴도
모르는 건넛마을 처녀에게
장가를 가요?

결혼은 반드시 다른 씨족의 사람과 해야 했다.

매년
10월에는!
동예의
무천!
노는 게 저리도
좋을까?
신난다,
신나!

매년 10월에 '무천'이라는 제천 행사를 열었다.

정답은?
2번

동예에는 특산물이 많았어. 그림에 있는 것은 바다표범의 가죽인 반어피야. 이 밖에도 단궁이라는 활과 과하마라는 작은 말도 특산물 중의 하나였어. 이들 특산품은 일찍부터 중국으로 수출되었다고 해. 그리고 동예는 족외혼, 점성술, 무천 등의 풍습이 있는 나라였어.

20

동예의 책화 제도에 대해 바르게 말한 것은?

❶ 동물들이 사는 곳에 접근하지 말라는 거야. 이 울타리를 넘어가서 잡아야 하는데 말이야.

❷ 다른 마을 사람들과 교류를 활발히 하라는 제도야.

❸ 사냥을 금지하는 동물 보호 운동이라지?

❹ 허락 없이 다른 마을을 침범한 사람을 노예로 삼거나 벌금을 물게 한 제도야.

❺ 다른 마을로 이사를 갈 때에는 노예나 동물을 데려가지 못하게 한 제도야.

출입 금지

저기 '출입 금지' 표시가 힌트겠지?

다른 마을에
넘어갔다가 잡히면
소나 말, 노예로
변상을 했어.

우리가 만만해?
다른 것도 많은데,
왜 하필 우리로
변상하냐고!

그만큼 필요한
존재니까 그렇겠지.
좋게 생각하라고!

정답은? ④번

동예 사람들은 골짜기마다 흩어져 살면서 마을 사이에 교류가 적어졌고, 다른 마을 사람들이 자기 마을에 드나드는 것을 싫어했지. 그러다가 결국 허락 없이 다른 마을을 침범한 사람을 붙잡아서 노예로 삼거나 소나 말로 벌금을 물게 한 뒤 풀어 주는 '책화'라는 제도가 생겼어.

21

삼한에 대한 설명으로 잘못된 것은?

❶ 한반도 남부 지역에서 일어났다.

❷ 마한, 진한, 변한의 연맹체였다.

❸ 마한 지역에서 질 좋은 철광석이 많이 났다.

❹ 모두 78개의 작은 나라들로 구성되어 있었다.

❺ 고조선 남쪽에 있던 '진'과 고조선 유이민의 융합으로 생겼다.

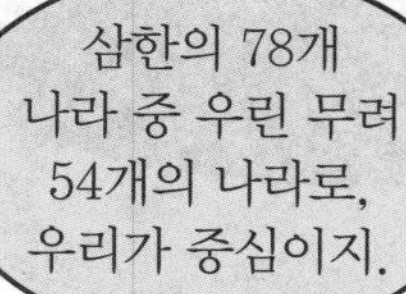
삼한의 78개
나라 중 우린 무려
54개의 나라로,
우리가 중심이지.

마 한

경기·충청·전라도 지역

우리 진한은 고조선이
발전했을 때 있었던
진나라에 뿌리를 두고
있다고!
진 한

경북 지역

우리 변한에서는
질 좋은 철광석이
많이 난다는 사실을
아시는가?
변한

경남 지역

변한 사람들은 철광석으로 품질 좋은 철기를 만들었다.

정답은?
❸번

북쪽에 고조선이 있을 때 남쪽에는 '진'이라는 나라가 있었어. 고조선이 어수선해지자, 고조선 유이민들이 진으로 내려왔어. 철기 문화를 지닌 이들은 진의 토착 세력에 새로운 문화를 전파했고, 두 문화가 융합하면서 마한, 진한, 변한의 삼한이 나타났어. 변한에서는 질 좋은 철광석이 생산되어 일본 등으로 수출하기도 했지.

22 빈칸에 들어갈 말을 바르게 짝지은 것은?

삼한은 일찍부터 정치와 종교가 분리되어 있었대.
제사를 지내는 제사장이 따로 있었다는 거지?

삼한에서는 제사를 주관하는 (㉠)이 (㉡)(이)라는 지역을 다스렸다. (㉠)은 (㉡)에 살면서 제사를 지냈는데, 이곳은 아주 신성한 곳이었다.

❶ ㉠ 족장 – ㉡ 소도

❷ ㉠ 제사장 – ㉡ 천신

❸ ㉠ 천신 – ㉡ 천군

❹ ㉠ 족장 – ㉡ 천군

❺ ㉠ 천군 – ㉡ 소도

도둑 잡아라!
거기 서!
앗, 소도로 들어가면 되겠다.
소도 →

아니, 저놈이 소도로….
어서 썩 나오지 못할까!
메롱~.
여기서부터 소도 지역

소도는 매우 신성한 곳이어서 죄인이 도망 와 숨더라도 잡아가지 못했다.

정답은? ❺번

삼한은 정치와 종교가 분리된 사회였어. 다른 나라의 족장들이 제사도 드리면서 나라를 다스렸던 것과는 달리, 삼한에는 제사를 도맡아 하는 천군이라는 제사장이 있었는데, 이는 족장과 분리되어 있었어. 천군은 소도라는 지역을 다스리며 이곳에서 농경과 종교에 대한 의식을 도맡아 했어.

23

삼한의 사회에 대한 설명으로 잘못된 것을 모두 고르면?

❶ 농사지을 때 철제 농기구를 사용하였다.

❷ 저수지가 많이 만들어졌다.

❸ 농기구를 많이 생산하는 공업 사회였다.

❹ 두레 조직을 통해 공동 작업을 했다.

❺ 계층의 구분이 없는 평등한 사회였다.

나, 비단옷에
가죽신 신은 여자!
지배층

누구는 비단옷에
가죽신 신는데,
난 요게 뭐람!
평민

옛날엔 비가 많이 와도 걱정, 적게 와도 걱정이었는데….
저수지 덕분에 전천후 농사가 가능하겠어.
두레로 농번기에 일을 같이 하니까 정말 좋아.

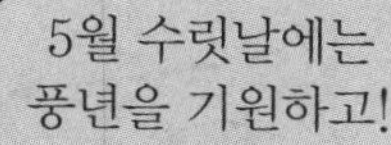
5월 수릿날에는 풍년을 기원하고!

10월에는 계절제를 열어 하늘에 제사를 지내지!

정답은? ❸, ❺번

삼한은 철제 농기구의 사용으로 벼농사가 발달했고, 이를 위한 저수지도 많이 만들어진 농업 사회였어. 농사는 힘을 합쳐서 해야 하는 일이 많기 때문에 '두레'라는 협동 조직을 두었지. 한편 제천 행사를 지냈고, 계층의 구분이 있는 사회였어.

24 다음의 탄생 이야기에 나오는 '나'는?

나의 아버지는 해모수, 어머니는 유화라고 해.
어머니께서는 햇빛을 받고 임신하신 뒤, 커다란 알을 낳았어.
이 알을 깨고 나온 사람이 바로 나야.
나는 일곱 살쯤부터 스스로 활과 화살을 만들어 쏘았는데, 쏘았다 하면 백발백중! 그래서 이름도 활을 잘 쏜다는 뜻이 담겼어.

와!
짝
짝

❶ 온조

❷ 주몽

❸ 비류

❹ 김수로

❺ 박혁거세

나는 하느님의 아들 해모수다. 그대들은 누구인고?
완전 내 스타일!
소녀는 하백의 딸 유화이옵고, 저 애들은 제 동생들입니다.

이 둘이 혼인한 뒤, 유화는 커다란 알을 하나 낳았대.

응애
응애

고구려의 시조 동명 성왕(주몽)의 역사적인 탄생 순간 포착!

정답은?
❷번

고구려의 시조 주몽에 대해 전해지는 이야기야. 주몽의 어머니 유화는 물의 신 하백의 딸이고, 아버지 해모수는 하느님의 아들이었어. 이 둘 사이에서 주몽이 태어났으니 그만큼 주몽이 신성한 존재라는 것을 의미하지.

25 고구려 태조왕이 한 일이 아닌 것은?

① 물자가 풍부한 옥저를 정복했다.

② 왕권을 강화하는 데 힘썼다.

③ 계루부 고씨만 왕위를 이어받도록 했다.

④ 도읍지를 졸본에서 국내성으로 옮겼다.

⑤ 현도군과 요동군을 공격하여 영토를 넓혔다.

5부족의 족장이 왕을 뽑았던 그때가 그립다. 아, 옛날이여~!
영토 확장은 기본이고, 왕권 강화를 위해 왕위 세습제까지! 내가 다 했다고!
태조왕

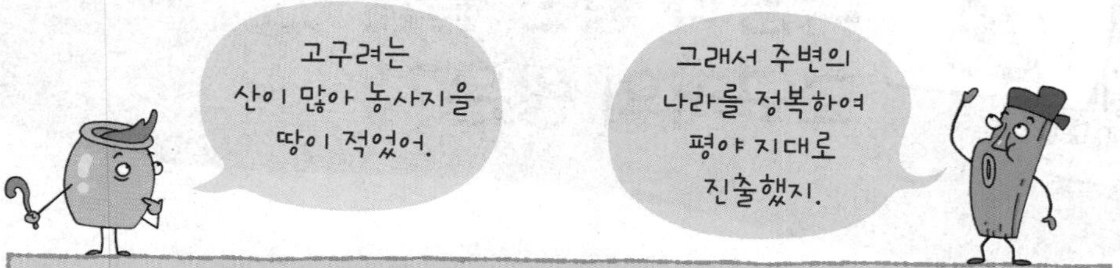

고구려는
산이 많아 농사지을
땅이 적었어.

그래서 주변의
나라를 정복하여
평야 지대로
진출했지.

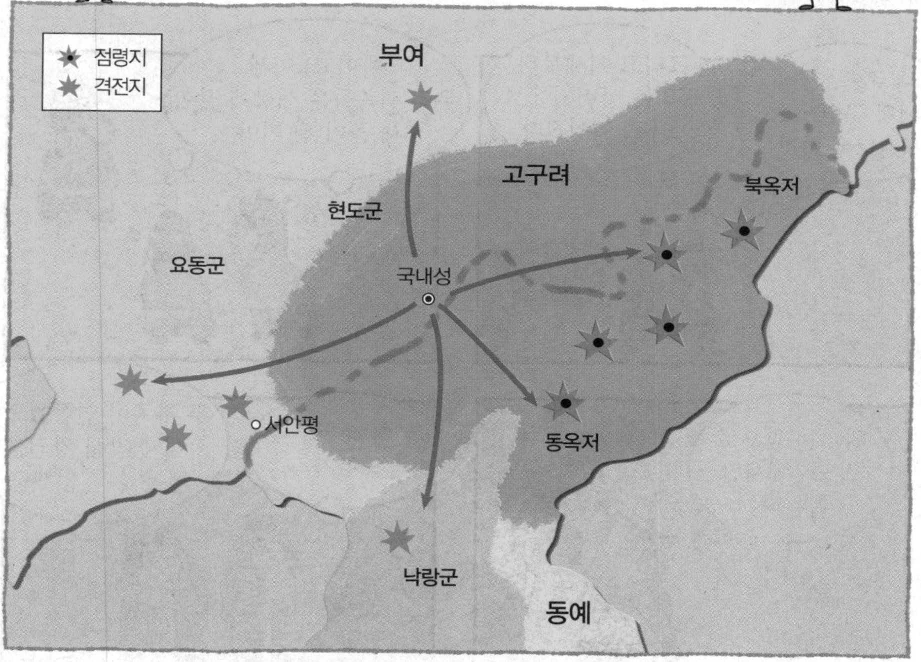

활발한 정복 활동을 벌인 고구려

정답은?
④번

고구려의 정복 활동은 제6대 태조왕 때부터 본격적으로 진행되었어. 태조왕은 먼저 옥저를 정복했고, 현도군과 요동군을 공격하여 영토를 확장했어. 또한 계루부 고씨만 왕위를 세습하도록 하여 왕권을 강화하며 중앙 집권 국가의 기틀을 마련했어. ④번 도읍을 옮긴 것은 제2대 유리왕이 한 일이야.

26 다음과 같은 일을 한 고구려의 왕은?

5부족을 5부의 행정 구역으로 개편토록 하라!
그리고 이제부터 왕위는 아버지에서 아들로 이어진다.

아이고, 이제 우리 귀족들은 새장에 갇힌 새 꼴이 된 거야.

왕비는 앞으로 절노부에서만 뽑는다!

힘센 계루부와 절노부가….
두 부족이 연합했으니 이제 감히 왕권을 넘볼 수는 없겠군.

❶ 장수왕

❷ 고국원왕

❸ 고국천왕

❹ 미천왕

❺ 광개토 대왕

고구려의 진대법

아니, 아저씨.
왜 그러세요?

지금껏 늘 가난하여
구걸을 해서 어머님을 모셨는데,
올해는 흉년이 들어 구걸할
수도 없어 우는 거란다.

엉엉

안됐다.

도와주고
싶지만 내 코가
석 자인걸.

대책이
있어야겠어!

춘궁기 때 곡식을
빌려 가고 추수 때
갚으면 됩니다.

진대법,
참 좋구나!

고국천왕 때에는 가난한 백성을 구제하기 위해 진대법이 시행되었다.

정답은?
3번

고구려의 제9대 고국천왕은 5부족을 5부로 개편하고, 왕위의 부자 상속제를 확립했어. 한마디로 왕권을 강화하기 위한 개혁이었지. 이뿐만 아니라, 을파소를 재상으로 뽑아 진대법을 실시하여 가난한 농민들을 구제했어.

27

백제를 세운, 다음 인물에 대한 설명으로 바른 것은?

이곳이 좋겠다.
북쪽으로 한강을 끼고 있고, 남쪽으로는 평야, 서쪽으로는 큰 바다가 있는 이곳.
도읍지로 부족함이 없사옵니다.

❶ 이름은 온조이다.

❷ 커다란 알에서 태어났다.

❸ 졸본을 도읍으로 삼았다.

❹ 한강 북쪽으로 도읍을 옮겼다.

❺ 고구려를 세운 동명 성왕의 동생이다.

처음엔 마한의
한 나라에서 출발했는데,
이렇게 확장하다니….
진정한 능력자다!
마한은 이미
쇠퇴의 길을 걷고
있다. 마한의
그늘에서 벗어나자!
마한을
정벌하자!
마한
온조왕(?~28)
공격 뒤엔 재빨리
수비 체제로 바꾸는 게 기본!
각 지역에 성벽을 쌓아라.

정답은?
❶번

고구려를 세운 주몽(동명 성왕)과 소서노 사이에서 비류와 온조가 태어났어. 이 둘은 고구려의 태자가 될 수 없자, 남쪽으로 내려와 나라를 세웠어. 온조는 한강 남쪽의 위례성을 도읍으로 삼았지. 그리고 마한의 작은 나라를 하나둘 통합하고, 미추홀에 있던 비류 세력을 흡수하여 세력을 확장했어.

28

백제 고이왕이 한 일이 아닌 것은?

❶ 지방 부족들을 누르고 왕권을 강화했다.

❷ 각 분야의 직무를 담당할 6좌평을 두었다.

❸ 마한의 목지국을 병합하고 한강 유역을 완전히 확보했다.

❹ 불교를 받아들여 왕권을 강화하는 데 뒷받침했다.

❺ 16품의 관등을 정해 등급에 따라 옷의 색깔을 달리 입게 했다.

6좌평은 각각
일을 분담해서
전문적으로 했지!

왕명의 출납
내신 좌평

일반 군사 업무
병관 좌평

창고와 재정
내두 좌평

형벌과 감옥
조정 좌평

예법과 의례
내법 좌평

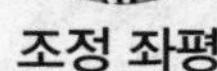

왕궁의 군사 업무
위사 좌평

6좌평

응, '율'은 형벌, '령'은
행정과 관련된 법규야.
율령 반포는 법에 의해
나라를 다스렸다는 것을
말해 주지.

고이왕이
율령 반포도
했다며?

정답은?
④번

백제가 본격적으로 발전한 것은 3세기 중엽 제8대 고이왕 때야. 고이왕은 마한의 중심 세력인 목지국을 병합하고 한강 유역을 완전히 차지한 다음, 왕권을 강화하는 데 힘썼어. 16품의 관리 등급을 마련하고, 율령을 반포하는 등 중앙 집권 국가로 발전할 수 있는 기틀을 마련했지. ④번은 침류왕이 한 일이야.

29

해외로 진출하는 등 4세기 때 백제의 전성기를 이끈 왕은?

백제의 대외 진출
○○○왕의 진출 방향
요서 지방
전진
국내성
고구려
평양성
한성
백제
산동 반도
신라
금성
가야
동진
탐라
규슈 지방
왜
와! 위아래로 쭉쭉 뻗어 나가는구나.

❶ 온조왕

❷ 침류왕

❸ 고이왕

❹ 근구수왕

❺ 근초고왕

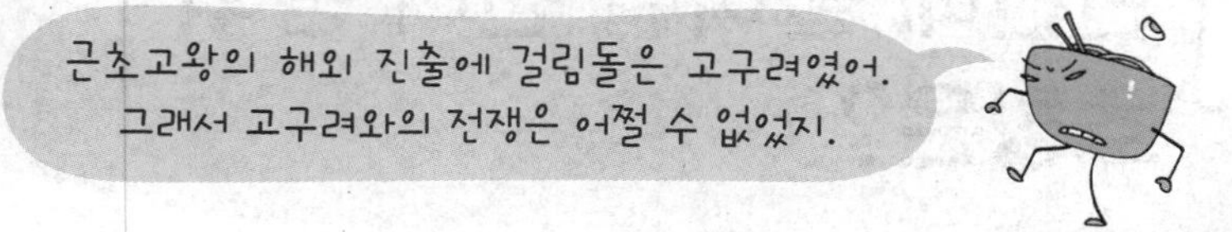

근초고왕의 해외 진출에 걸림돌은 고구려였어.
그래서 고구려와의 전쟁은 어쩔 수 없었지.

두 차례나 우리의 영토를 침략한 고구려를 응징하라!

쓩 쓩

고구려

멈추소서, 지금 우리가 이기기는 했지만 고구려가 그리 약한 나라가 아닙니다.

이만하면 됐지.

음, 그대 말이 옳도다.

근초고왕(?~375)

정답은?
5번

백제의 제13대 근초고왕은 백제의 해외 진출에 크게 기여했던 왕이야. 마한을 정복했고, 황해도를 놓고 고구려와 대결하여 승리했지. 이때 고구려의 고국원왕이 전사했어. 이후 백제의 국제적 지위는 한층 높아졌고, 바다 건너 동진, 왜와 활발히 교류했어.

30

빈칸에 들어갈 신라 왕의 호칭은?

거서간

뜻: 정치적 지배자

↓

차차웅

뜻: 무당

↓

(　　　)

뜻: 이가 많은 사람 (연장자)

↓

마립간

뜻: 최고의 우두머리

'차차웅' 호칭은 신라 초기의 왕이 제사장과 같은 존재였다는 것을 나타내지.

❶ 대왕

❷ 박사

❸ 이사금

❹ 아사달

❺ 석탈해

남해 차차웅이 죽자,
태자인 유리는 석탈해에게
왕위를 양보하려고
이런 시험도 했어.

지혜 있는 사람은
이가 많다 하니, 떡을
물어 시험해 봅시다.
석탈해(?~80)
유리(?~57)

와삭!

이의 수가 많은
유리왕 승!

정답은?
❸번

신라에서 '왕'이라는 호칭을 사용한 것은 제22대 지증왕 때 나라 이름을 '신라'로 확정하면서부터야. 신라의 제1대 왕 박혁거세 뒤에는 '거서간', 제2대 남해왕 뒤에는 '차차웅'이라는 호칭이 붙었지. 그 뒤 '이가 많은 사람', 즉 연장자를 뜻하는 '이사금'과 '최고의 우두머리'라는 뜻의 '마립간'이 사용되었어.

31

신라의 내물왕이 한 일을 모두 고르면?

❶ 나제 동맹을 맺었다.
❷ 마립간이라는 칭호를 사용했다.
❸ 김씨의 왕위 계승권을 확립했다.
❹ 고구려의 남하 정책에 대비했다.
❺ 백제의 도움을 받아 왜를 물리쳤다.

칭호도 바꾸더니, 왕권 강화에 박차를 가하네.
내 아들이자, 다음 왕.
김씨만이 왕이 될 큰 그릇이라고?

우리 신라는
지금 백제·가야는 물론
왜까지 적으로
삼고 있어.
이럴 때 고구려와
친해 두면 우리에게
큰 득이 될 것이야.
내물왕(?~402)

비록 지금은
고구려를 통해
그들 사이에
끼어 가지만,
언젠가는
독자적으로 외교할
수 있겠지.
신라

고구려의 도움을 받은
이후, 고구려 군대가
신라에 머물면서
정치적으로 간섭하기
시작했어.

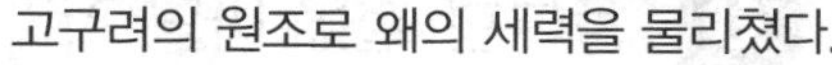
고구려의 원조로 왜의 세력을 물리쳤다.

정답은?
②, ③번

《삼국유사》에는 제17대 내물왕 때부터 마립간 칭호를 썼다고 기록되어 있는데, 이는 연장자에서 통치자로 격이 올라간 것을 나타내지. 또한 강화된 왕권을 바탕으로 김씨가 왕위를 계승하도록 했고, 왜의 침입을 받았을 때 고구려의 힘을 빌려 물리치기도 했어.

32

㉠ 나라에 대한 설명으로 잘못된 것은?

낙동강 유역
평야 지대구나.

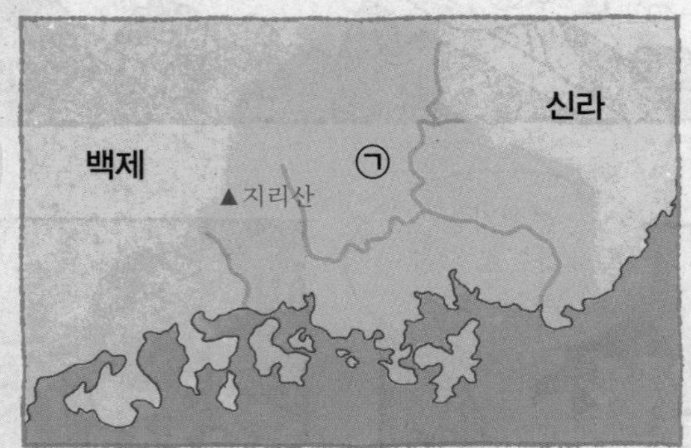
신라
백제
㉠
▲지리산

여섯 나라가
있었다는데?

① 땅이 매우 기름져 먹을 것이 풍부했다.

② 중국과 왜에 철을 팔아 많은 이익을 남겼다.

③ 풍부한 철을 바탕으로 철기 문화를 일으켰다.

④ 뒷날 중앙 집권 국가로 발전했다.

⑤ 처음에는 김수로왕이 세운 나라를 중심으로 힘을 모았다.

가야에 철이
많다 보니 곳곳에서
주문이 밀려드는군.
돈 버는 재미가
좋구나.
서해안으로
낙랑, 대방에
철 수출하러 간다.
난 남해안에
있는 왜로….

찬란한 문화를
꽃피웠는데, 역사 속에서
사라져서 너무 아쉬워.

김수로왕이 태어났다고 전해지는 김해 구지봉

정답은?
4번

2~3세기쯤 낙동강 유역, 옛 변한 땅에서 6가야 연맹이 성립했어. 금관가야가 연맹을 주도하여 김수로왕 때는 신라와 경쟁할 만큼 강한 세력을 유지하기도 했고, 풍부한 철을 중국과 왜 등에 수출하기도 했어. 그러나 중앙 집권 국가로 발전하지 못하고, 신라에 흡수되고 말았어.

33

고구려 소수림왕이 한 일이 아닌 것은?

① 중국 전진과 우호 관계를 맺었다.

② 불교를 공인하여 정신적 통일을 이루었다.

③ 유학 교육 기관인 태학을 설립하였다.

④ 율령을 반포하여 통치 규범을 확립하였다.

⑤ 주변 나라를 정벌하고 영토를 확장했다.

고구려에 불교를
전해야지.
우리는 멀리
전진에서 왔소.
다리 아파.

불교도 받아들였으니,
인재도 양성해야지!
율령을 반포해야겠어.
좋은
생각이십니다.
소수림왕
(?~384)

저기 태학에서
귀족 자제들을
공부시킨다지?
보기 좋네.
태학
나라가 틀을 잡는군.
소수림왕 최고!
늦었어.
빨리 가야지!

정답은?
5번

고구려는 제16대 고국원왕 때 전연과 백제의 침입으로 큰 타격을 받았어. 뒤를 이은 소수림왕은 나라를 안정시키고, 중앙 집권 체제를 강화했지. 372년에는 불교를 받아들였고, 오늘날의 국립 대학 같은 태학도 설립했고, 국가의 법률인 율령을 반포했어. 이듬해에는 나라의 정비에도 힘썼어.

34 고구려 광개토 대왕이 한 일을 모두 고른 것은?

㉠ 우리나라 최초의 연호인 '영락'을 사용했다.

㉡ 진대법을 실시하여 백성들의 생활을 살폈다.

㉢ 서쪽으로는 만주의 대부분을 차지하고, 남쪽으로는 한강 이북까지 진출했다.

㉣ 국가의 법률인 율령을 반포하여 중앙 집권 체제를 강화했다.

난, 대제국 건설에 온 힘을 쏟았지.

광개토 대왕

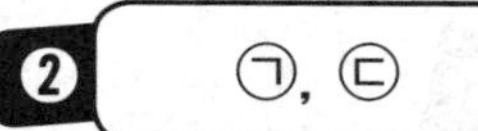

❶ ㉠, ㉡

❷ ㉠, ㉢

❸ ㉡, ㉢

❹ ㉠, ㉣

❺ ㉢, ㉣

'광개토 대왕' 하면
영토 확장이지! 이 비석은
아들인 장수왕이 아버지의
업적을 기리기 위해 세운 건데,
중국 지린 성에 있대.

광개토 대왕의 정복 활동은
쉴 틈이 없다고!

광개토 대왕릉비(일부)

정답은? ❷번

광개토 대왕은 우리나라 최초의 연호인 '영락'을 사용하여 고구려가 중국과 대등하다는 자주 의식을 표현하였어. 또한 적극적인 정복 사업을 펼쳐 고구려의 영토를 북쪽으로는 헤이룽 강, 남쪽으로는 임진강, 서쪽으로는 랴오허 강, 동쪽으로는 연해주까지 확장시켜 대제국을 건설했지.

35

고구려 장수왕이 평양으로 천도한 이유가 아닌 것은?

남진하기엔 도읍이 너무 북쪽이다.
평양으로 옮겨야겠어.
좋은 생각이긴 한데, 이삿짐 쌀 생각하니 눈앞이 캄캄하다.
장수왕

❶ 공기 좋은 곳에서 살고 싶어서

❷ 백제와 신라를 견제하기 위해서

❸ 넓어진 영토를 관리하기 위해서

❹ 광개토 대왕처럼 땅을 더욱 넓히고 싶어서

❺ 서해를 통해 외교 활동을 자유롭게 하려고

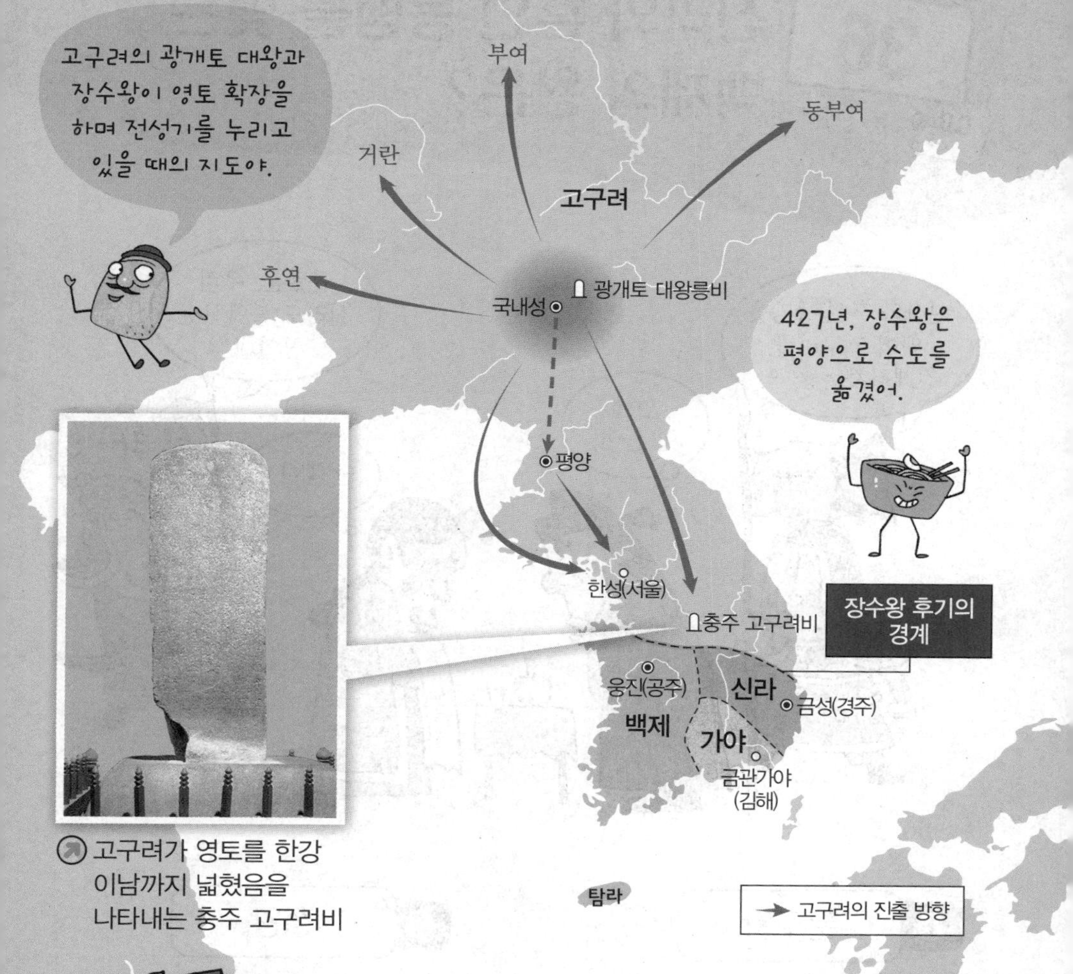

고구려의 광개토 대왕과 장수왕이 영토 확장을 하며 전성기를 누리고 있을 때의 지도야.

부여
동부여
거란
고구려
후연
국내성
광개토 대왕릉비
427년, 장수왕은 평양으로 수도를 옮겼어.
평양
한성(서울)
충주 고구려비
장수왕 후기의 경계
웅진(공주)
신라
금성(경주)
백제
가야
금관가야(김해)
탐라
고구려의 진출 방향

고구려가 영토를 한강 이남까지 넓혔음을 나타내는 충주 고구려비

정답은? ❶번

광개토 대왕에 이어 왕위에 오른 장수왕은 남진 정책을 추진하기 위해 고구려의 수도를 국내성에서 평양으로 옮겼어. 이로 인해 백제는 긴장하게 되었고, 고구려를 견제하기 위해 신라와 나제 동맹을 맺었지. 그러나 고구려는 백제를 쳐서 한강 유역을 차지하고 삼국 간 항쟁의 주도권을 장악했어.

36

신라와 혼인 동맹을 맺은 백제의 왕은?

신라와 혼인 동맹을 맺어 고구려를 견제하자는 거군.
맘에 안 들어.
잘됐군. 우리 신라도 불안하던 참인데.
난 좋아.
백제
신라

① 문주왕

② 성왕

③ 동성왕

④ 개로왕

⑤ 무령왕

그러니까 이게 정략결혼하고 비슷한 거지?

고구려는 여전히 강대하고, 나라 안은 아직 어지러우니….

이런 상황에서는 외교에 힘쓰는 것이 최상의 방법이야.

동성왕 (?~501)

우방 신라가 고구려의 침입을 받았다.

출동하라!

백제군이 도와주지 않았으면, 우리는 모두 죽었을 거요.

사돈 간에 도와주는 건 당연하지요.

신라

백제

혼인 동맹의 힘이 대단하군. 나도 힘을 키울 수 있는 짝을 만나야 하나?

정답은? ❸번

고구려에 한강 유역을 빼앗기고 죽임을 당한 개로왕 이후 백제의 왕들은 나라의 부흥을 위해 온 힘을 기울였지. 제24대 동성왕 역시 중국의 남제와 우호 관계를 맺고, 신라와 혼인 동맹을 맺는 등 고구려의 침략에 대비하면서 왕권을 안정시켰어.

37 백제 무령왕이 한 일을 모두 고르면?

① 수도를 한성에서 웅진으로 옮겼다.

② 중국 남조의 양과 외교 관계를 맺었다.

③ 왕족을 지방의 요지인 담로에 파견하였다.

④ 신라와 혼인 동맹을 맺어 고구려의 침략에 대비하였다.

⑤ 동진으로부터 불교를 받아들여 중앙 집권 체제를 사상적으로 뒷받침했다.

무령왕릉과 유물들

무덤을 지키는 상상 속 동물, 석수

왕의 유물인 무령왕 금제 관식

왕비의 유물인 무령왕비 금제 관식

백제 무령왕과
그 왕비의 무덤인데,
이곳에서 2,900여 점의
유물이 나왔대.

무령왕릉 내부

정답은?
②, ③번

백제의 제25대 무령왕은 국력을 회복하는 데도 힘썼고, 특히 대외 교류로 새로운 부흥을 꾀했지. 중국 남조와도 교류하고, 왜와도 외교 관계를 강화했어. 또한 왕족을 지방의 주요 행정 구역인 담로에 파견하는 담로제를 실시하여 지방 귀족을 통제하고 왕권을 강화했어.

38

다음과 같은 일을 한 백제의 왕은?

이제 우리 백제의 도읍은 사비야.
이제부터 나라 이름이 '남부여'라네.
엥?

내가 저기 한강 하류 지역을 되찾았어!
한강

❶ 무령왕

❷ 동성왕

❸ 고이왕

❹ 성왕

❺ 문주왕

도읍을
지키기 위해 쌓았던
백제의 산성이야.

공주 공산성은 백제가 사비로 도읍을 옮기기 전까지 두 번째 도읍지인 웅진을 지켜 주었다.

성왕은 나제 동맹이
깨진 뒤 신라와 벌인
관산성 전투에서
전사하고 말았어.

부여 부소산성은 웅진(공주)에서 사비(부여)로 천도한 때를 전후해 쌓은 성으로, 적의 침입을 막아 주었다.

정답은?
4번

제26대 성왕은 백제의 부흥을 위해 도읍을 평야 지대인 사비로 옮겼어. 이때 국호도 '남부여'로 고쳤지. 또한 왕권을 강화하기 위해 중앙에 22개 실무 관청, 수도에 5부, 지방에 5방을 설치하며 행정 구역을 정비했지. 그리고 신라와 손을 잡고 고구려에 빼앗겼던 한강 하류 지역을 되찾았어.

39

신라 지증왕 때의 모습을 보고 알 수 있는 사실은?

잘 되는겨?
소가 일을 다 해 주네.

❶ 수리 사업이 활발히 진행되었다.

❷ 품종 개량으로 벼농사가 발달하였다.

❸ 고깃배가 늘어나 어업이 발달하였다.

❹ 우경이 시작되어 농업이 크게 발전하였다.

❺ 여러 가지 새로운 작물을 재배하여 팔았다.

소 없이는
못 살아!

소가 힘쓸 일을
다 해 주니,
보물이 따로 없네.

김홍도의 그림
〈논갈이〉에 등장한 소야.
농경 사회에서는 소가 최고지!
그런데 언제까지 인기 있을까?

정답은?
④번

신라는 제22대 지증왕 때 농업이 크게 발전했는데, 소를 이용하여 밭을 가는 '우경'이 시작되었기 때문이야. 나라에서는 농민들에게 우경을 적극적으로 장려했어. 또한 논과 밭에 물을 끌어다 대는 수리 사업도 활발히 진행되어 농업 생산력이 커졌어. 그러면서 신라 사회는 한층 발전하게 되었지.

40

신라 지증왕이 한 일이 아닌 것은?

❶ 나라 이름을 신라로 확정지었다.

❷ 마립간 대신 왕의 호칭을 사용했다.

❸ 지금의 울릉도인 우산국을 정벌했다.

❹ 우경을 장려하여 농업을 발전시켰다.

❺ 화랑도를 국가적인 조직으로 개편했다.

덕업이 날로 새롭다는 '신'과 사방을 아우른다는 '라'가 나라 이름으로 좋을 듯합니다.
또한 중국처럼 '왕'을 씀이 어떠신지요?
그대들의 의견을 수렴하겠소.
그럼, 이제 바뀌는 거야?

공부한 날 월 일

지증왕은 이사부 장군을
시켜 나무로 사자 모양을
만들어 위협하여
우산국을 정벌했지.
우산국은 바다
한가운데 있음을 믿고
신라를 따르지
않고 있다.
이사부는 군사를
이끌고 우산국을
토벌토록 하라!
너희들이 만일
항복하지 않으면
이 사자를 풀어 놔
버리겠다!
어리석은 자들에겐
꾀가 최고지.
으악!
잘못했습니다.
살려만 줍쇼.

정답은?
5번

신라의 제22대 지증왕은 사로, 사라라고도 불리던 나라 이름을 '신라'로 확정짓고, 거서간·차차웅·이사금 등 최고 권력자를 부르던 이름도 '왕'으로 바꾸었어. 또한 우산국을 정복하여 영토를 확장하면서 신라를 발전시키는 데 큰 공을 세웠지. ⑤번은 진흥왕이 한 일이야.

41 신라 법흥왕이 한 일을 모두 고르면?

❶ 중국의 율령을 신라에 맞게 고쳐 반포했다.

❷ 동해안을 따라 함흥 지방까지 진출했다.

❸ 거칠부에게 《국사》를 편찬하도록 했다.

❹ 불교를 공인하여 백성들의 정신적 통일을 꾀했다.

❺ 귀족이 죽으면 노비들까지 함께 묻는 순장 풍습을 없앴다.

법흥왕이 어떤 일을 했는지
살짝 엿볼까?

539년 ○월 ○일

나는 나라의 질서를 바로잡기 위해 제대로 된 법이 있어야 된다고 생각했다. 그래서 520년, 중국의 율령을 신라에 맞게 고쳐 반포하여 신라 사회의 질서를 바로잡았다. 527년에는 불교를 공인하여 백성들의 정신적인 통일을 이루었다. 귀족들의 반대 때문에 좀 힘이 들긴 했지만, 그래도 결국 성공시켰다.

고구려랑 백제는 불교를 받아들인 뒤로 날로 발전해 가고 있는데 말야,
귀족들은 몰상식한 종교니 뭐니 하며 어찌나 반대하던지.

법흥왕(?～540)

정답은?
❶, ❹번

신라의 제23대 법흥왕은 율령 반포, 불교 공인 등 중앙 집권 국가 체제를 완전히 갖추는 데 업적을 남겼어. 이로 인해 신라는 어엿한 고대 국가 대열에 올라서게 되었지. ②번과 ③번은 제24대 진흥왕이 한 일이고, ⑤번은 제22대 지증왕이 한 일이야.

42 신라에 불교를 받아들이기 위해 목숨을 바친 승려는?

지금 무슨 짓을
하는 거요?
임금님의
명령이오.

이차돈을 시켜
절을 지으라고
하셨사옵니까?
나는 모르는 일이다.
당장 이차돈을
불러오라!

내가 언제 너더러
절을 지으라고
했느냐?
제가 거짓말을
했습니다!

이차돈, 그대가
시키는 대로 했네. 그대가
죽음으로써 불교를
받아들일 수 있다면….

❶ 이차돈

❷ 원광

❸ 의상

❹ 혜초

❺ 원효

하나밖에 없는
목숨을 희생하다니….
고개가 절로
숙여진다.

이차돈(506~527)

이차돈의 목이 베어지자, 잘린 목에서 붉은 피 대신 흰 피가 솟고, 하늘이 캄캄해지고 땅이 진동하며 하늘에서 꽃비가 내렸다.

-《삼국유사》

이차돈 순교비

정답은?
1번

신라에서는 귀족들의 반발로 불교를 받아들이는 것이 쉽지 않았어. 이때 이차돈이라는 신하가 법흥왕에게 불교를 받아들일 수 있는 계책을 내놓았고, 결국 신라에 불교가 공인되었지. 그러나 이를 위해 이차돈은 목숨을 희생하게 되었어.

43

다음과 같이 신라의 영토를 확장한 왕은?

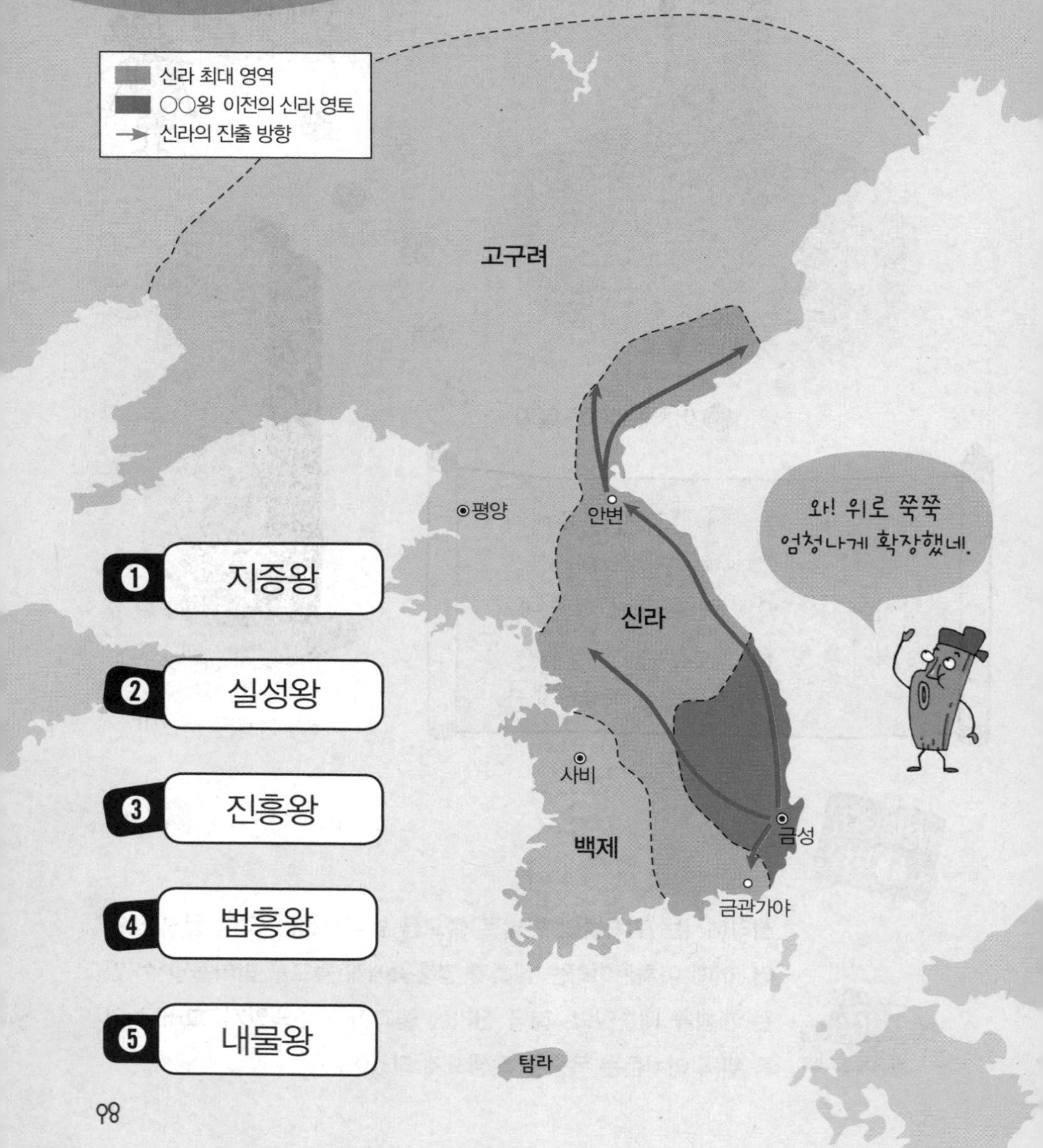

신라 최대 영역
○○왕 이전의 신라 영토
신라의 진출 방향
고구려
평양
안변
신라
사비
백제
금성
금관가야
탐라
와! 위로 쭉쭉 엄청나게 확장했네.

❶ 지증왕

❷ 실성왕

❸ 진흥왕

❹ 법흥왕

❺ 내물왕

이 비석은 진흥왕이 한강 유역을 점령하고 이를 기념하기 위해 북한산에 세운 거야.

서울 북한산 신라 진흥왕 순수비

서 있으니까 다리 아파. 그래도 꾹 참고 철벽 수비!

진흥왕은 자신이 정복한 영토를 돌아보며 이를 기념하기 위해 순수비를 세웠고, 강력한 군대를 두어 수비를 철저히 했다.

정답은?
3번

신라 제24대 진흥왕은 한강 유역은 물론이고, 함경도 지역까지 진출하여 영토를 확장했어. 또한 대가야를 정복하여 가야 연맹을 멸망시켰지. 이런 진흥왕의 정복 활동에 대한 것은 서울 북한산 신라 진흥왕 순수비를 비롯한 단양 신라 적성비, 창녕 신라 진흥왕 척경비, 황초령비, 마운령비를 통해 알 수 있어.

44

삼국이 한강 유역을 차지하려고 한 이유가 아닌 것은?

❶ 자원이 풍부하기 때문에
❷ 밤의 경치가 좋기 때문에
❸ 강을 교통로로 삼을 수 있어서
❹ 많은 인구가 거주하는 중심지여서
❺ 중국과 교류하기에 적합한 곳이어서

한강은 이제
우리 백제 거야.
한강 다시
내놔!
고구려

신라
절대로 안 뺏겨!
이곳만 사수하면
천하를 가진 거나
다름없지.
접근
금지!

정답은? ❷번

고구려, 백제, 신라는 한강 유역을 차지하기 위해 계속 전쟁을 했어. 한강 유역을 차지하면 식량 등 풍부한 물자를 얻고, 많은 인구를 부양할 수 있으며 강을 교통로로 삼아 외국과 물자를 교류하는 데 편리하기 때문이었어. 신라는 한강 유역을 차지하여 한반도의 주도권을 장악해 삼국 통일의 기틀을 마련했지.

45 대가야에 대한 설명으로 바른 것은?

① 중앙 집권 국가로 발전했다.

② 백제에 의해 멸망하였다.

③ 한강 유역 중심에 자리 잡았다.

④ 고구려군의 공격을 받고 쇠퇴하였다.

⑤ 금관가야 다음으로 가야 연맹을 이끌었다.

금관가야에 이어 대가야마저 이렇게 무너지는구나.
가야
신라 미워!

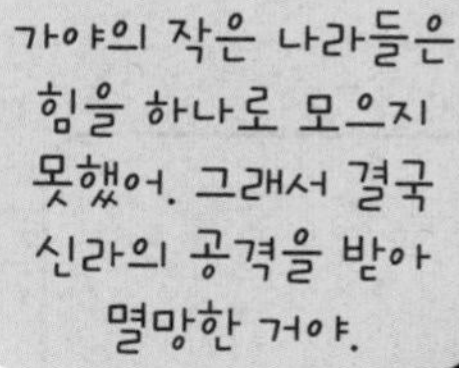
가야의 작은 나라들은
힘을 하나로 모으지
못했어. 그래서 결국
신라의 공격을 받아
멸망한 거야.

고령 지산동 고분군

가야산▲ ○성산가야 (성주)
신라
백제
대가야○ (고령)
▲지리산
아라가야 (함안) ○
고령가야○ (진주)
○금관가야 (김해)
소가야○ (고성)

가야 연맹의 대표적 여섯 나라

고령은 대가야의
옛 지역으로, 고령 지산동
고분군은 수백 기의 무덤이
있는 대표적인 유적지야.

정답은?
5번

초기에 가야 연맹의 중심이었던 금관가야는 5세기 초 고구려 광개토 대왕의 침공으로 쇠퇴하다가 신라 법흥왕에게 멸망당했어. 이후 대가야가 가야 연맹을 주도했지. 그러나 연맹국 안에 분열이 생기고, 신라 진흥왕의 지속적인 정복 활동으로 562년에 대가야와 가야 연맹이 신라에 흡수되었어.

46

살수 대첩에 대한 설명으로 잘못된 것은?

❶ 고구려가 크게 승리하였다.

❷ 을지문덕 장군이 활약하였다.

❸ 고구려가 당나라와 벌인 전투였다.

❹ 수양제가 대군을 이끌고 고구려를 침략했다.

❺ 이 전쟁 뒤에도 수나라는 고구려를 침략했다.

쏴아아

수양제 때문에 내가 죽네.

쏴아

엄마!

공격!

수나라 제2대 황제인 수양제

살수 대첩을 성공으로 이끈 을지문덕

군인의 수가 훨씬 적었던 고구려가 뛰어난 전술로 수나라의 군대를 진압했다는 사실이 포인트야!

정답은? ❸번

수양제가 113만 대군을 이끌고 고구려에 쳐들어왔을 때, 고구려는 요동성에서 이들을 막아 냈어. 이후 수나라가 30만 명의 별동대로 평양성을 공격했는데, 을지문덕 장군이 거짓 항복으로 지는 척하며 수 군대를 유인했어. 그리고 본국으로 돌아가는 수 군대를 살수(청천강)에서 공격하여 크게 이겼지.

47

고구려와 당나라가 벌인 다음의 전투는?

고구려를
이길 수 있을까?
이번 토산 전략은
성공해야 할 텐데.
영차
영차

이제 성이 훤히
내려다보이는구나.

나, 양만춘이
상대해 주겠다!

❶ 요동성 싸움 ❷ 개모성 싸움 ❸ 비사성 싸움
❹ 안시성 싸움 ❺ 건안성 싸움

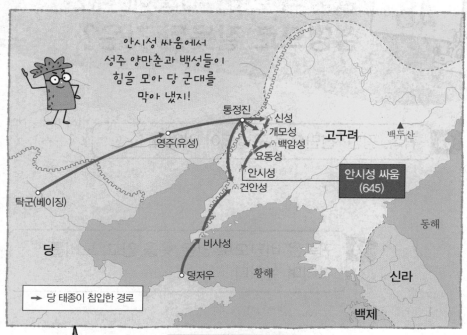

안시성 싸움에서
성주 양만춘과 백성들이
힘을 모아 당 군대를
막아 냈지!

통정진
신성
개모성
고구려
백두산
영주(유성)
백암성
요동성
안시성
안시성 싸움
(645)
건안성
탁군(베이징)
동해
비사성
당
덩저우
황해
신라
→ 당 태종이 침입한 경로
백제

당 태종의 고구려 침입

야, 이제
살았구나.
안시성
공격은
무리였어.
후퇴하라!

정답은?
4번

당 태종은 영류왕을 제거한 연개소문을 벌하겠다는 구실로 고구려를 침략했어. 당은 고구려의 요동성 등을 함락한 뒤 안시성을 공격했지. 당은 안시성이 함락되지 않자, 토산을 쌓아 공격하기도 했는데 병사와 성주인 양만춘, 그리고 백성들이 힘을 합쳐 당의 군대를 물리쳤어.

48

삼국의 신분 제도에 대한 설명으로 잘못된 것은?

❶ 귀족, 평민, 천민으로 구별되어 있었다.

❷ 귀족은 비단으로 만든 옷을 입고, 노비를 부리며 살았다.

❸ 대부분의 사람들이 귀족이었으며, 이들은 특권을 누리며 살았다.

❹ 평민은 주로 농사를 지으며 살았다.

❺ 천민은 대부분이 노비였다.

귀족은
아무나 하나?
조상님께
감사할 뿐.

가장 높은 계층의
귀족

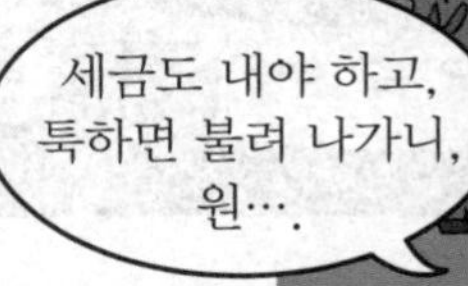
세금도 내야 하고,
툭하면 불려 나가니,
원….

어서 하고
성 쌓으러 가세.

대부분 농민인 **평민**

내 몸이 내 것이
아니라니….

사람마다
신분이 다르다는 게
정말 싫다.

가장 낮은 신분의 **천민**

정답은?
3번

삼국은 귀족, 평민, 천민으로 신분이 나뉘어 있는 엄격한 신분 사회였어. 귀족은 주로 옛 족장의 세력이었는데, 극히 제한된 소수의 귀족들이 모든 특권을 차지했어. 평민은 농사를 지어 세금을 내고, 부역 등에 동원되었기 때문에 삶이 고달팠고, 천민은 대부분 노비들로 신분이 자유롭지 못했어.

49

신라의 골품 제도에 대한 설명으로 잘못된 것은?

음, 그러니까….

❶ 골품 제도란 혈통에 따라 신분이 나뉘어, 생활에 특권과 제약이 따르는 제도란다.
❷ 골품 제도에서는 신분을 크게 '골'과 '두품'으로 나누었어.

❸ '골'은 또 성골과 진골로 나뉘고요.

❹ 두품은 귀족들을 1~5두품으로 구분한 것이란다.
❺ 각 지방의 족장 세력을 받아들일 때 그 세력의 크기에 따라 등급을 매긴 거야.

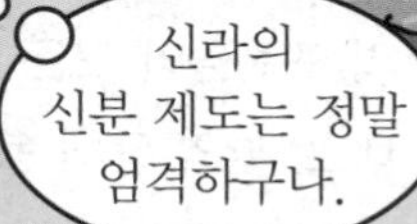
신라의 신분 제도는 정말 엄격하구나.

등급	관직 이름	관복 색깔	골품에 따른 진출 가능 등급			
			진골	6두품	5두품	4두품
1	이벌찬	(자색)				
2	이찬					
3	잡찬					
4	파진찬					
5	대아찬					
6	아찬	(비색)				
7	일길찬					
8	사찬					
9	급벌찬					
10	대나마	(청색)				
11	나마					
12	대사	(황색)				
13	사지					
14	길사					
15	대오					
16	소오					
17	조위					

신라의 골품과 관등표

정답은?
4번

신라에는 귀족의 등급을 구분해 놓은 골품 제도가 있었어. 골품 제도는 부모 모두 왕족인 성골과 한쪽만 왕족인 진골, 일반 귀족인 6두품~4두품, 시간이 지나면서 평민과 같은 대우를 받은 3두품 이하가 있었지. 신분에 따라 올라갈 수 있는 관직이 정해져 있었고, 관직에 따라 옷 색깔도 달랐어.

50

신라의 화백 회의에 대해 잘못 말한 것은?

❶ 귀족의 대표들이 모여 회의하는 것이라오.

❷ 귀족 대표들은 국가의 중요한 일들을 결정하지.

❸ 회의에서 반 이상이 찬성하면 결정되었소.

❹ 소수의 의견도 존중하는 민주적인 제도였소.

❺ 회의는 신성한 4영지에서 열렸소.

화백 회의가 열린 곳은 4영지라고 하는 신령한 곳으로, 지금의 경주 부근이었어.

이러쿵.
저러쿵.

북쪽 – 금강산

서쪽 – 피전

화백 회의 4영지

동쪽 – 청송산

남쪽 – 오지산

정답은?
3번

화백 회의는 신라 정치의 주도권을 잡고 있던 귀족 대표들이 모여 나라의 중요한 일을 결정하던 회의야. 화백 회의에서는 한 사람이라도 반대하면 그 안건이 통과되지 않는 만장일치의 원칙이 적용되었어. 그래서 소수의 의견도 존중하는 훌륭한 민주적인 제도라는 평가를 받고 있지.

51 신라의 화랑도에 대한 설명으로 잘못된 것은?

이랏!
저도 화랑도에
들어갈래요.
역시 화랑도는
달라.

❶ 진흥왕이 개편하였다.

❷ 일부 지역에서 만든 조직이다.

❸ 청소년 심신 수련 조직이었다.

❹ 화랑과 승려, 낭도들로 구성되었다.

❺ 화랑을 따르는 사람을 낭도라고 하였다.

내가 더
낫잖아!
웃기지 마!

여자는 안 되겠다.
곱상한 귀족 소년을
뽑아 화랑으로
받들게 하라.
진흥왕
(534~576)

처음에는 화랑도의 우두머리가 여자였는데, 우두머리로 뽑힌 두 여인이 시기하며 다투는 바람에 이후부터는 남자만 뽑았다.

각국 사신들의 모습을 그린 그림인데, 가운데 있는 신라 사신의 외모가 역시 출중하지?

왜
신라
백제

〈당염립본왕회도〉(6세기쯤)

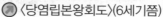

너무 외모만 따지면 곤란하지! 못생기면 화랑도 못 하나?

정답은?
②번

진흥왕은 화랑도를 국가적인 조직으로 확대하였는데, 화랑과 승려, 그리고 화랑을 따르는 낭도들로 구성되었어. '화랑'은 꽃처럼 아름다운 청년이라는 뜻인데, 귀족 출신의 잘생기고 품행이 바른 남자가 화랑이 되었지.

52

다음에서 말하는 화랑도의 다섯 가지 교훈은?

난 화랑도 출신 김유신이야.
열다섯 살에 화랑이 되어 용화향도를
이끌었어. 화랑들은 원광의 가르침인
다섯 가지 교훈을 꼭 지켜야 했어.
물론, 나도 이를 꼭 지키기 위해
노력했지!

① 세속 5계

② 5부 체제

③ 오경박사

④ 신라 5계명

⑤ 훈요 10조

원광의 가르침, 세속 5계

임금님께 충성한다.

부모님께 효도한다.

싸울 때는
물러나지 않는다.

믿음으로
친구를 사귄다.

산 것을 죽일 때는
때와 장소를 가린다.

정답은?
1번

세속 5계는 승려인 원광이 지은 것으로, 화랑도의 중심 이념이었어. 화랑들은 일상생활의 규범, 전통, 각종 의식에 관한 교육은 물론이고 군사 훈련까지 받았고, 명산을 두루 찾아다니며 심신을 단련하기도 했어. 화랑도는 뒷날 신라가 삼국을 통일하는 데 크게 기여했어.

53

다음과 같은 행사가 열렸던 신라의 축제는?

풍악을
울려라!
오늘 활쏘기에서
제대로 실력을
발휘해야지!
오늘
길쌈 대회도
한다지?

① 단오

② 가배

③ 무천

④ 설날

⑤ 영고

곧 한가윗날이야.

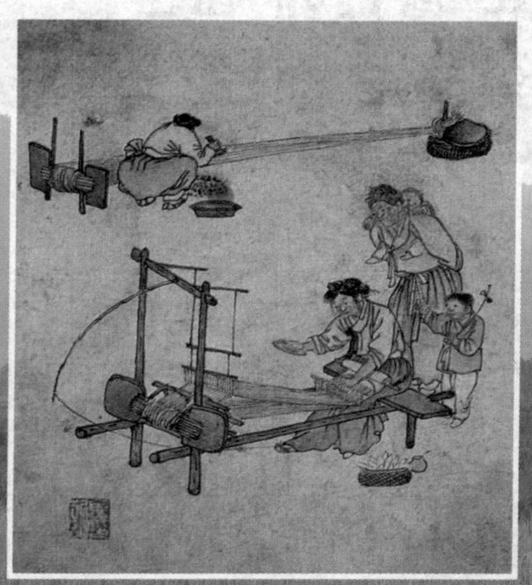

김홍도의 풍속화에 여인들이 길쌈하는 모습이 담겨 있다.

가배는 우리나라의
고유 명절인 추석의
유래가 되었어.
아! 송편 먹고 싶다.

추석에 먹는 송편

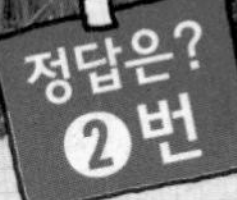

정답은? ❷번

신라에서는 8월 한가위를 '가배'라 하여 1년 중 큰 행사로 여겼어. 이날은 편을 나누어 옷감을 짜는 길쌈 대회가 열렸는데, 진 쪽에서는 〈회소곡〉이라는 노래를 부르며 이긴 쪽에 음식을 접대했어. 또한 조정에서는 풍악을 울리고, 활쏘기 대회를 여는 등 온 나라 사람들이 축제를 즐겼어.

54 삼국의 불교 공인에 대한 설명으로 잘못된 것은?

백성들의 정신이 이리 갈라져 있는데, 좋은 정치를 할 수 있겠는가?
원시적인 신앙은 국가의 이념으로는 적합하지 않아. 세계적인 종교가 필요해.

① 고구려가 가장 먼저 불교를 받아들였다.

② 고구려는 소수림왕 때 불교를 받아들였다.

③ 신라는 법흥왕 때 불교를 받아들였다.

④ 신라는 가장 쉽게 불교를 받아들였다.

⑤ 백제는 침류왕 때 불교를 받아들였다.

음, 불교가 전해지기
전에는 무엇을
믿었을까?

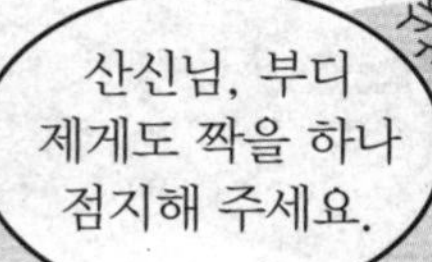
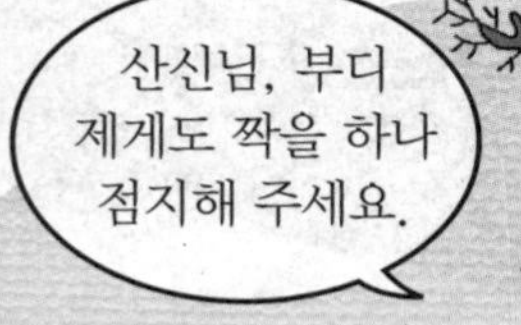
산신님, 부디
제게도 짝을 하나
점지해 주세요.

빗자루님! 어떡하면
재물을 긁어모을 수
있겠습니까?

처녀 귀신
물러가라!
훠이훠이!

백제는 고이왕을
섬긴답니다.
신라는
미추왕!

우리 고구려는
주몽님을
모시지요.

백성들은 무속을
따르고, 나라에서는
시조 신을 국가 신으로
숭배하기도 했구나.

정답은? ❹번

삼국이 국가의 모습을 갖추게 되자, 백성들을 하나로 모을 수 있는 종교가 필요했어. 고구려는 가장 먼저 중국 전진으로부터 불교를 받아들였고(372), 백제가 마라난타를 통해 불교를 받아들였지(384). 신라는 토착 종교의 뿌리가 깊어 불교를 받아들이는 게 쉽지 않았는데, 법흥왕 때 이차돈의 순교로 받아들였어(527).

55 다음에서 나타난 불교의 사상은?

너희들은 다
전생에 지은 죄가 많아서
고생하는 거야.
맥 빠지게 하는 저 소리.
하지만 부럽다. 전생의
업보가 없는 덕에….

① 유교 사상

② 노장 사상

③ 신선 사상

④ 법가 사상

⑤ 윤회 사상

인과응보라고!

불교의 윤회 사상은
삼국이 불교를
받아들이는 데
큰 몫을 했어.

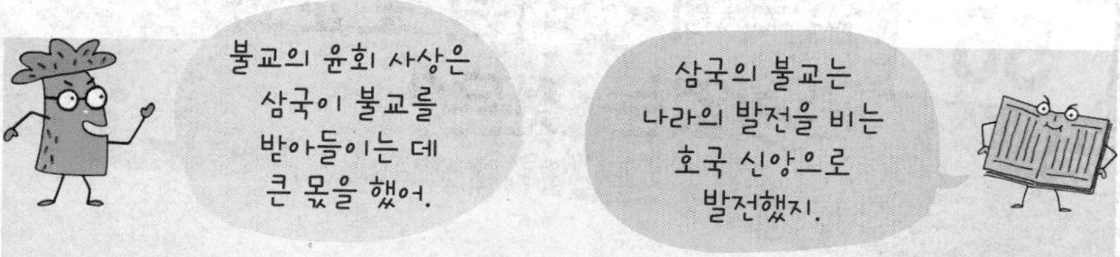

삼국의 불교는
나라의 발전을 비는
호국 신앙으로
발전했지.

어렵게 세운 황룡사와 황룡사 구층 목탑은 불타 없어졌지만, 불교의 힘으로 나라를 지키려는 마음은 아직 이곳에 남아 있지.

황룡사는 신라 진흥왕 때 궁궐을 짓다가, 황룡이 나타났다는 소문이 돌자 절로 고쳐 지었는데, 몽골의 침입으로 불타 지금은 그 터만 남아 있다.

정답은?
5번

삼국의 귀족들은 처음에는 불교를 달갑지 않게 생각했지만, 불교의 윤회 사상이 귀족들의 특권을 뒷받침해 주었기 때문에 마음을 열게 되었어. 또한 왕이 곧 부처라는 사상도 백성들의 마음을 하나로 모아 왕권을 강화하는 데 도움이 되었어.

56

삼국에 전래된 도교와 관계없는 것은?

❶ 일본으로부터 전래되었다.
❷ 고구려는 보장왕 때 전래되었다.
❸ 노자와 장자가 대표적 인물이다.
❹ 신라의 화랑도는 도교와 관련이 있다.
❺ 도교는 불로장생을 추구하는 사상이다.

이곳은 불교의 땅이라고 했지.
당에서 온 도사들이구나.
도교를 전하는 역사적 사명을 띠고 왔지!

백제의 산수무늬 벽돌이나 사택지적비 등에서 도교가 생활 속에 뿌리내렸음을 알 수 있지.

산, 구름 등 신선 세계를 표현한 산수 봉황무늬 벽돌

신라 역시 화랑도를 국선도·풍월도·풍류도라 한 데서 도교의 흔적을 찾을 수 있어.

만물의 근원인 도를 중심에 두어야 한다고 강조한 노자

정답은?
1번

도교는 중국에서 생겨난 것인데, 중국을 오가는 사람들에 의해 삼국에 조금씩 알려지기 시작하다가 고구려 보장왕 때 전래되었어. 도교는 수행을 통해 불로장생하고자 하는 사상으로, 대표적인 사상가로는 노자와 장자가 있지. 도교에서는 특정한 신을 섬기기보다는 도를 닦아 신선이 되는 것을 가장 큰 목표로 삼았어.

57

다음 삼국의 인물이 공통적으로 한 일은?

☆ 고구려의 이문진
☆ 백제의 고흥
☆ 신라의 거칠부

신라 사람은
이름이 참 특이하네.
잊어버리기 힘들겠어.

① 불교를 백성들에게 전파하는 데 힘썼다.

② 왕권 강화를 위해 율령을 반포하였다.

③ 역사를 정리하여 역사책을 편찬하였다.

④ 유학 교육 기관을 설립하였다.

⑤ 중국의 침략에 맞서 용감하게 싸웠다.

고구려에서 가장 먼저 역사책을 만들었다고 들었어요.

역사책에 대해 좀 더 알고 싶어요.

이 녀석, 요즘 역사에 관심이 많구나. 그렇다면 내가 쉽게 알려 주지.

음, 역사책에는 왕실의 신성한 내력이나 왕들의 업적 등이 담겨 있었단다.

제법이네.

왕권을 강화하려는 목적이 있었군요?

정답은?
3번

역사책은 나라의 힘을 과시하거나 왕실의 권위를 높여 왕권을 강화하기 위해 만들어졌어. 고구려에서는 일찍이 《유기》 100권이 편찬되었다가 이후 영양왕 때 이문진이 《신집》 5권으로 정리하였어. 백제에서는 근초고왕 때 고흥이 《서기》를, 신라에서는 진흥왕 때 거칠부가 중심이 되어 《국사》를 편찬했어.

58 삼국의 유교에 대한 설명으로 잘못된 것은?

❶ 유교는 귀족 사회의 질서를 유지하는 데 도움이 되었다.

❷ 고구려는 소수림왕 때 태학을 세워 유학을 가르쳤다.

❸ 백제는 오경박사를 두어 유학을 가르치도록 하였다.

❹ 신라에서는 지방에 경당을 설치하여 유학과 무술을 가르쳤다.

❺ 신라에 보급된 유교의 모습은 임신서기석을 통해 엿볼 수 있다.

신라의 유교는 화랑도의 신의와 충효 정신에서 단연 돋보이지!

임금님께는 충성!

친구 사이엔 신의!

임신년 6월 16일에 두 사람이 함께 맹세하여 기록한다. 하늘 앞에 맹세한다. 지금으로부터 3년 이후에 충도를 지키고 허물이 없기를 맹세한다. (이하 생략)

임신서기석에는 신라의 두 화랑이 나라에 충성하고, 학문에 전념할 것을 맹세한 내용이 담겨 있다.

정답은?
4번

삼국은 유교가 귀족 사회의 질서를 유지하는 데 도움이 되었기 때문에 중요하게 생각했어. 고구려는 유학을 태학과 경당에서 가르쳤어. 태학은 귀족의 자녀를 위한 학교였고, 경당은 평민을 위한 것이었지. 백제는 오경박사라고 불리는 학자들을 통해 유학을 가르쳤고, 신라에서도 유교의 도덕이 널리 권장되었어.

59

삼국의 시가와 음악에 대한 설명으로 바른 것은?

❶ 〈서동요〉는 고구려의 향가이다.

❷ 〈황조가〉는 백제 행상인의 아내가 지었다.

❸ 신라의 백결 선생이 〈방아 타령〉을 지었다.

❹ 왕산악은 가야금을 만들었다.

❺ 음악 활동이 거의 이루어지지 않았다.

쿵더쿵
쿵덕
백결 선생
얼쑤
왕산악

삼국의 시가

신라의 〈서동요〉

선화 공주님은
남 몰래 정을 통해 놓고
밤마다 밤마다 서동님을
몰래 안고 간다네.

공주가 뭘
어쨌다고?
선화 공주님은~

아, 꾀꼬리가
참으로 정답네.

고구려의 〈황조가〉

펄펄 나는 저 꾀꼬리,
암수 서로 정답구나.
외로워라, 이내 몸은
뉘와 함께 돌아갈꼬.

백제의 〈정읍사〉

달님이시여!
좀 더 높이 돋으시어
멀리 비추어 주십시오.
시장에 가 계시옵니까?
진 데를 디딜까 두렵습니다.

밤이 깊었는데
왜 돌아오지
않으실꼬.

정답은?
3번

삼국 시대의 시가는 오늘날까지 전해지고 있는데, 신라의 향가 〈혜성가〉, 〈서동요〉, 고구려의 유리왕이 지은 한시 〈황조가〉, 그리고 백제 어느 행상인의 아내가 지었다는 〈정읍사〉가 당시에 지어진 작품이야. 또한 음악도 유행하여 거문고, 가야금 등의 악기도 발달했지. ④번 왕산악은 거문고를 만들었어.

60

장군총에 대한 설명으로 잘못된 것은?

❶ 경주에 있다.
❷ 7층으로 쌓아 올렸다.
❸ 계단식으로 되어 있다.
❹ 고구려의 대표적인 석총이다.
❺ 동양의 피라미드라고 불린다.

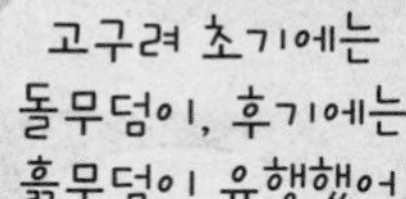
고구려 초기에는
돌무덤이, 후기에는
흙무덤이 유행했어.

와~,
대단하다!
높이가
13미터래.

정답은? ❶번

돌을 쌓아 올려 만든 돌무덤인 석총은 중국의 지린 성 지안 일대에 1만 2천여 기가 모여 있는데, 그중 대표적인 것이 장군총이야. 장군총은 위로 올라가면서 각 층의 넓이와 높이를 줄여 안정감 있게 만들었어. 누구의 무덤인지는 밝혀지지 않았지만, 고구려 왕의 것으로 추정하고 있어.

61 사신도에 대한 설명으로 바른 것은?

이게 바로
사신도?
4방위를
지킨다네.

❶ 신라의 고분에 그려진 그림이다.

❷ 돌무지무덤 양식 고분에 그린 것이다.

❸ 사신은 각 나라에서 온 사람을 말한다.

❹ 죽은 뒤 지켜 주기를 바라는 마음이 담겼다.

❺ 유교의 영향으로 무덤에 사신도가 그려졌다.

고구려의 〈사신도〉

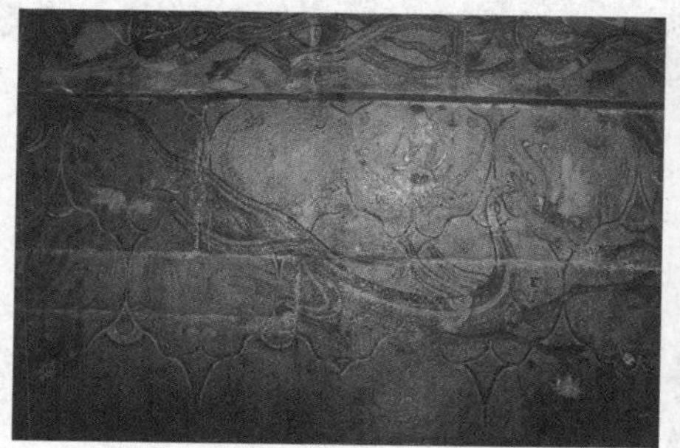

동쪽을 지키는 **청룡**

서쪽을 지키는 **백호**

남쪽을 지키는 **주작**

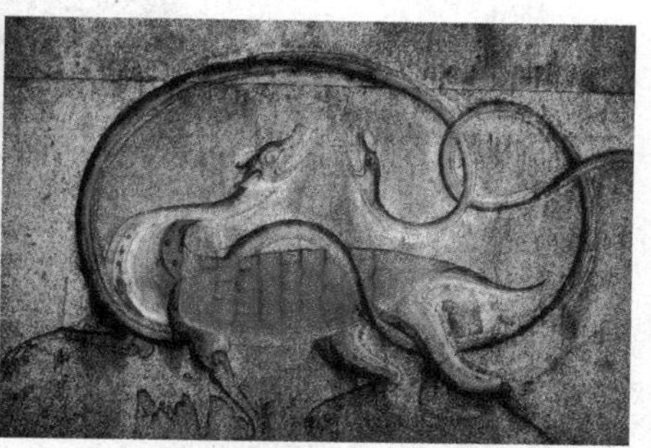

북쪽을 지키는 **현무**

'사신'이란
네 신이란 뜻이지.

정답은? ④번

고구려의 무덤은 굴식 돌방무덤 양식이 많았는데, 이 무덤에는 벽이 있기 때문에 그림을 그릴 수 있었어. 고구려 사람들은 도교의 영향을 받아 죽은 뒤에도 사신(청룡, 백호, 주작, 현무)이 자신을 지켜 주기를 바라는 마음으로 무덤에 사신도를 그려 넣었어.

62

다음에서 말하는 백제의 유적은?

7세기에 만들어져서
우리나라에 현존하는
석탑 중 가장 오래되었지.
나도 탑이 되고 싶어.

❶ 익산 미륵사지 석탑
❷ 익산 왕궁리 오층 석탑
❸ 서천 성북리 오층 석탑
❹ 부여 무량사 오층 석탑
❺ 부여 정림사지 오층 석탑

이 탑이 세워져 있는
절터는 백제 역사 유적
지구로, 유네스코
세계 유산이야.

백제의 유물과 유적

와! 섬세하고
온화한 아름다움과
우아한 멋을 간직한
백제의 유물!

백제 금동대향로

부여 정림사지 오층 석탑

정답은?
①번

우리나라에 있는 석탑 중 가장 오래되었고, 커다란 규모를 자랑하는 익산 미륵사지 석탑은 국보 제11호로, 원래 미륵사라는 절에 있었어. 지금은 절은 사라지고 석탑만 남아 있지. 미륵사지 석탑은 나무로 목탑을 만들던 백제 사람들이 재료를 돌로 바꿔서 목탑 형식으로 석탑을 쌓은 거야. ②, ③, ④번은 고려 시대의 탑이야.

63

다음 유물과 관계없는 것을 모두 고르면?

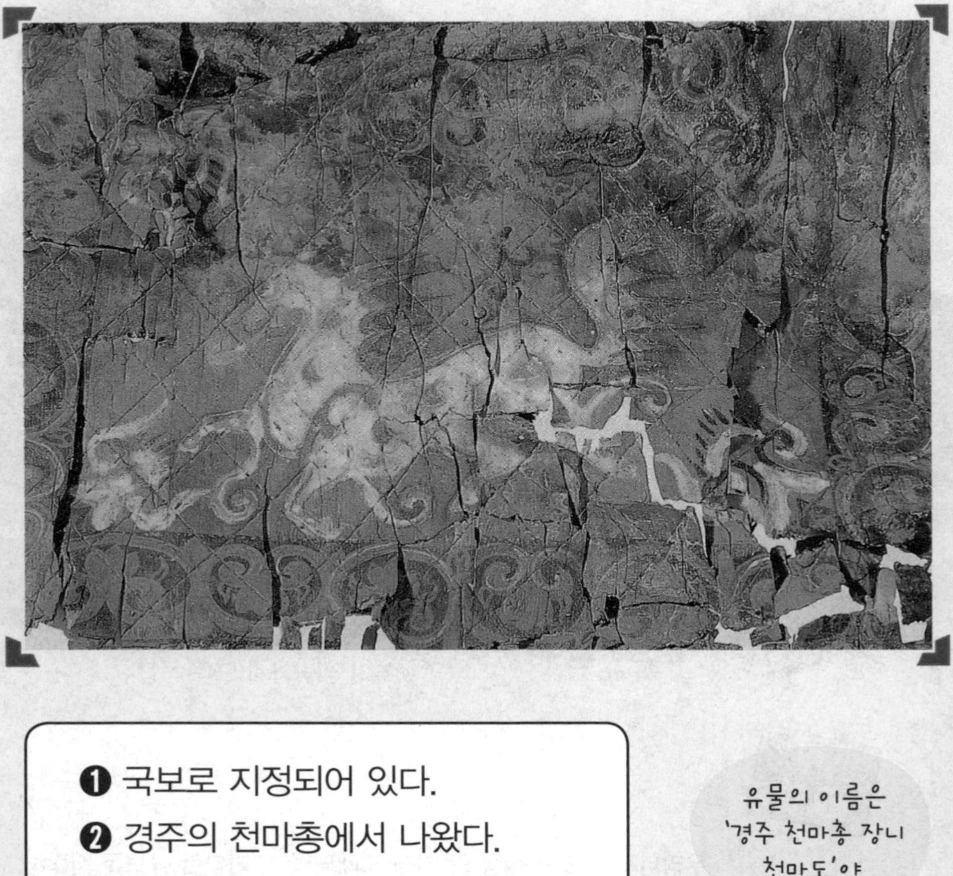

❶ 국보로 지정되어 있다.
❷ 경주의 천마총에서 나왔다.
❸ 고구려의 대표적인 유물이다.
❹ 백제인의 예술 솜씨를 보여 준다.
❺ 하늘을 나는 천마를 그린 것이다.

유물의 이름은 '경주 천마총 장니 천마도'야.

와! 신라의 유물!
눈이 호강하네.

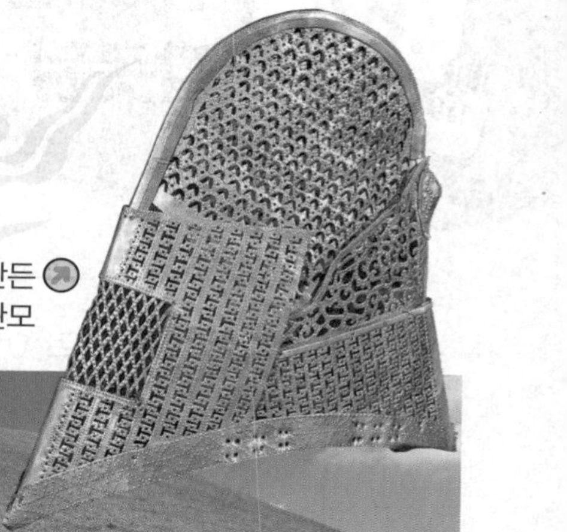

금판 여러 장을 붙여 만든 천마총 관모

신라 시대의 많은 유물이 출토된 고분, 천마총

정답은?
③, ④번

신라의 고분은 경주 부근에 많이 남아 있는데, 금관총·천마총 등이 대표적이야. 천마총에서 나온 '경주 천마총 장니 천마도'는 자작나무 껍질을 겹쳐서 만든 말다래에 하늘을 나는 천마를 그려 넣은 것으로, 신라인의 뛰어난 예술 솜씨를 보여 주지. 국보 제207호로 지정되어 있어.

64

경주 첨성대에 대한 설명으로 잘못된 것은?

❶ 신라 선덕 여왕 때 쌓았다.
❷ 동양에서 가장 오래된 천문대이다.
❸ 쌓은 돌의 수는 모두 360여 개이다.
❹ 신라의 뛰어난 과학 기술을 보여 준다.
❺ 갠 날과 해가 있을 때만 쓸 수 있었다.

저 멋있는 조형물은 뭔가?

첨성대라오. 아니, 이렇게 유명한 것을 아직까지 몰랐단 말이오?

저 속은 통해 있어서 사람들이 위아래로 오르내리면서 천문을 관측할 수 있지.
음, 친숙한 이 느낌은 뭐지? 원기둥꼴 내 몸매랑 닮아서 그런가?

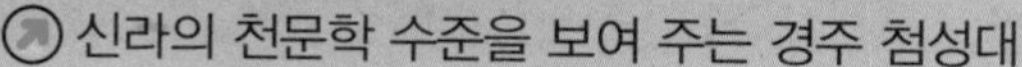
신라의 천문학 수준을 보여 주는 경주 첨성대

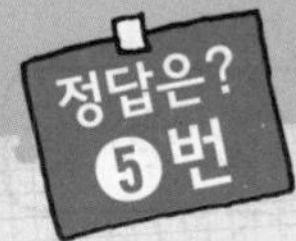

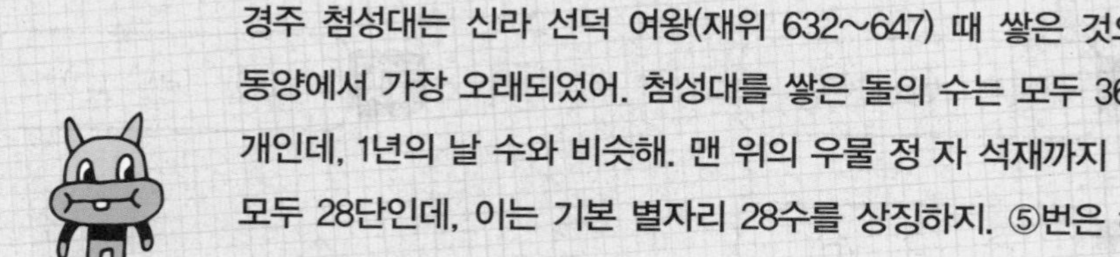

정답은?
⑤번

경주 첨성대는 신라 선덕 여왕(재위 632~647) 때 쌓은 것으로, 동양에서 가장 오래되었어. 첨성대를 쌓은 돌의 수는 모두 360여 개인데, 1년의 날 수와 비슷해. 맨 위의 우물 정 자 석재까지 따져 모두 28단인데, 이는 기본 별자리 28수를 상징하지. ⑤번은 해시계에 대한 설명이야.

65

왜에 전해진 삼국의 문화 중 바른 내용을 모두 고른 것은?

㉠ 백제의 왕인이 도자기 만드는 기술을 전했다.

㉡ 신라는 배 만드는 기술과 둑 쌓는 기술을 전했다.

㉢ 왜의 다카마쓰 고분 벽화는 신라의 영향을 받았다.

㉣ 백제의 아직기가 말 기르는 법과 말 타는 법을 전했다.

㉤ 고구려의 승려 담징이 종이, 먹, 벼루 만드는 법을 전했다.

이번에는
누가 오므니까?

❶ ㉠, ㉡, ㉢

❷ ㉠, ㉡, ㉣

❸ ㉠, ㉢, ㉤

❹ ㉡, ㉣, ㉤

❺ ㉢, ㉣, ㉤

백제

유교에서는 충효를….

아하!

그렇구나!

고구려

혼신의 힘을 다해서!

신라

삼국의 찬란한 문화가 일본(왜)에 전파되어 아스카 문화의 바탕을 이루었지.

정답은?
4번

먼저 백제의 아직기가 말 기르는 법과 말 타는 법을, 왕인이 유교와 한자를 전했어. 이후 고구려의 승려 담징이 왜에 건너가 호류사 금당 벽화를 남겼지. 왜의 다카마쓰 고분 벽화는 고구려의 영향을 받은 거야. 또한 신라는 배 만드는 기술과 둑 쌓는 기술, 도자기 만드는 기술 등을 전했어.

선사 시대
연맹 왕국
삼국
남북국
고려
조선
대한 제국
일제 강점기
대한민국
불국사 대웅전 앞마당에서 직접 확인하도록!

경주 불국사 다보탑(왼쪽)과
경주 불국사 삼층 석탑.
우리나라의 가장 대표적인 석탑으로,
불교의 교리를 담고 있다.

3

Q 66~90

통일 신라와 발해의 발전

남쪽에는 통일 신라,
북쪽에는 발해가 있었던
시대를 뭐라고 하지?

나를 어찌 보고!
너무 쉬운 거 아냐?
그야, 남북국 시대지!

66

신라의 김춘추가 한 일이 순서대로 놓인 것은?

㉠
김춘추
고구려에 도움을 요청하러 난 떠나오.

㉡
저희 신라와 함께 백제를 공격해 주십시오.
당 태종

㉢
우리 신라를 좀 도와주십시오.
연개소문
그럼, 죽령 이북의 땅을 내놓으시오.

㉣
휴, 간신히 고구려에서 빠져나왔네.

❶ ㉠ → ㉡ → ㉢ → ㉣

❷ ㉠ → ㉢ → ㉣ → ㉡

❸ ㉡ → ㉢ → ㉠ → ㉣

❹ ㉣ → ㉡ → ㉢ → ㉠

❺ ㉢ → ㉠ → ㉡ → ㉣

김춘추의 외교 전략은 삼국 통일을 성공적으로 이끌었지. 뒷날 태종 무열왕이 되었어.

경주 태종 무열왕릉비는 태종 무열왕의 업적을 기리기 위해 세웠다.

태종 무열왕 (603~661)

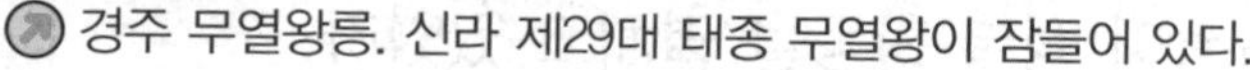
경주 무열왕릉. 신라 제29대 태종 무열왕이 잠들어 있다.

정답은?
2번

신라 진흥왕이 백제가 차지한 한강을 점령하자, 백제는 신라의 중심지인 대야성을 공격하여 빼앗았어. 이에 신라의 김춘추는 백제를 치기 위해 고구려에 도움을 요청하기도 했으나 여의치 않자, 당나라 태종을 설득하여 신라와 당나라가 연합 군대를 조직하도록 했어.

67 성충이 의자왕에게 편지를 보냈을 때의 백제 상황은?

의자왕이
제발 내 뜻을 알아
줘야 할 텐데….
성충

신이 시세의 변화를 살피건대,
반드시 전쟁이 있을 것입니다.
만일 다른 나라가 쳐들어오면
육로로는 탄현(지금의 대전)을
넘어오지 못하게 하고,
수로로는 기벌포(지금의 장항)에
들어오지 못하게 막아야 하옵니다.

❶ 의자왕은 충신들의 말에 귀를 기울였다.

❷ 의자왕이 정복 활동을 펼치고 있었다.

❸ 의자왕이 나랏일을 돌보지 않고 있었다.

❹ 나라가 안정되어 전성기를 누리고 있었다.

❺ 신라와 함께 당을 칠 준비를 하고 있었다.

의롭고 자비로워
해동증자라고 불리던
의자왕이 어쩌다가….

마마께서는 정말
풍류를 아시옵니다.

풍악을 울리고
춤을 추도록 하라.
나는 놀 자격이
있다고!

의자왕(?~?)

지금 신라와 당이
손을 잡고 있는데,
마마께서는 잔치나
베풀고 계시니….

또 저 잔소리.
알았으니 그만
물러가시오.

신라는 반드시 우리를
먼저 공격합니다!

정답은?
③번

신라와 당나라 연합군이 백제로 쳐들어갈 무렵, 백제의 의자왕은 사치와 향락에 빠져 나랏일을 돌보지 않았어. 충신들은 백제의 운명을 걱정하여 글을 올리고 바른말을 했으나 의자왕은 거들떠보지도 않았지. 끝내 신라와 당나라 연합군의 공격을 받게 되었어.

68

신라와 당의 연합군에 맞서 황산벌로 간 백제의 장군은?

옛날 월나라 왕 구천은
5천여 명의 군사로 70만 명의
오나라군을 무찔렀다.

오직 죽음으로써 나라를
구할 결의가 돼 있다면
우리도 5만의 신라군을
무찌를 수 있다!

우리는 모두
죽을 각오가 돼
있습니다.

1. 계백
2. 흥수
3. 김춘추
4. 의직
5. 관창

→ 나당의 백제 침입로

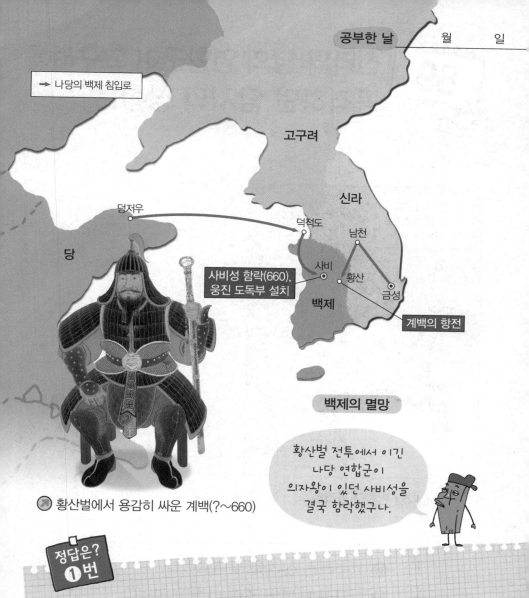

고구려
신라
덩저우
덕적도
남천
당
사비
사비성 함락(660),
웅진 도독부 설치
황산
금성
백제
계백의 항전

백제의 멸망

황산벌 전투에서 이긴
나당 연합군이
의자왕이 있던 사비성을
결국 함락했구나.

황산벌에서 용감히 싸운 계백(?~660)

정답은?
1번

5천여 명의 결사대를 이끌고 황산벌로 나간 계백은 신라군과 죽음의 대결을 벌였어. 이 전투에서 신라의 어린 관창이 죽자, 이 일이 신라군을 더욱 자극하여 신라군이 맹렬히 돌진했고, 결국 백제군은 크게 패했어. 계백을 비롯한 많은 군사가 목숨을 잃었고, 이 패배로 백제는 사실상 멸망의 길로 접어들었어.

69

신라와 당의 연합군이 고구려를 공격하던 당시의 상황은?

당군의 진격로
신라군의 진격로
고구려의 성
당
고구려
신라
부여성
남소성
목저성
신성
회원진
현도성
요동성
국내성
박작성
안시성
오골성
비사성
평양성

나당 연합군 공격로

위, 아래에서
공격하네.
긴급 상황!

❶ 고구려는 신라를 무너뜨렸다.
❷ 고구려 내부의 권력 다툼이 있었다.
❸ 전세는 고구려 쪽으로 점점 기울었다.
❹ 고구려는 백제와 연합하여 대항했다.
❺ 고구려의 연남생이 신라에 투항했다.

700여 년의 역사를 지닌
고구려가 이렇게
사라지네그려.

남생·남건·남산아!
너희는 절대 권력을
다투면 안 된다.

665년, 대막리지 연개소문이 세상을 떠났다.

형님이 우리를
없앤다니!
작은형,
무서워요.
남건
남산

곧 아들 사이에 권력 다툼이 일어났다.

하하하~!
고구려는 병들었다.
이때를 놓칠쏘냐.
당 고종

이 기회를 노려 당은 고구려를 침략했다.

고구려
아이고,
지친다, 지쳐!

평양성이 나당 연합군에 함락되었다.

정답은?
2번

665년에 연개소문이 세상을 떠난 뒤, 세 아들은 권력 다툼을 벌였어. 그리고 연개소문의 큰아들 남생이 당나라에 투항했지. 이러한 기회를 틈타 당 고종은 666년 12월에 고구려를 대대적으로 침략했어. 시간이 지날수록 전세는 연합군 쪽으로 기울었고, 결국 668년에 평양성이 함락되고 말았어.

70

빈칸에 들어갈 인물을 바르게 짝지은 것은?

고구려가 멸망한 이후에 부흥 운동이 일어났다.
(㉠)은 고구려의 왕족인 (㉡)을 왕으로 추대하고
유민들을 모아 당군에 맞서 싸웠다. 그러나 지배층의 분열로
힘이 약해지면서 실패했다.

안동도호부
당군은
물러가라!

❶ ㉠ 검모잠 – ㉡ 안승

❷ ㉠ 복신 – ㉡ 도침

❸ ㉠ 안승 – ㉡ 검모잠

❹ ㉠ 도침 – ㉡ 복신

❺ ㉠ 검모잠 – ㉡ 복신

어떻게 된 거냐면….
우리는 정신적인 지주가 될 수 있는 왕이 필요하다.
왕족인 안승이 그 역할을 해 줄 것이다.
검모잠

검모잠이 안승을 왕으로 추대하여 고구려 부흥에 힘썼다.

내가 왕인데, 권력은 검모잠이 쥐고 있는 게 영 불편해.
앗! 저 표정은 배신을 예고하는 듯!
안승
그렇게 된 거구나.

부흥군의 왕인 안승이 실질적인 권력을 쥔 검모잠에게 불만을 품었다.

정답은? ❶번

당나라는 안동 도호부를 설치하고, 고구려의 옛 땅을 직접 지배하려고 했어. 그러자 검모잠 등은 한성에서 안승을 왕으로 받들고 당군을 몰아내려고 싸웠지. 고구려의 부흥 운동은 신라의 지원을 받기도 했으나, 안승이 검모잠을 죽이고 신라로 망명하면서 실패로 끝났어.

71

신라의 삼국 통일에 대한 설명으로 잘못된 것은?

❶ 신라군이 당의 육군을 매소성에서 물리쳤다.

❷ 신라군이 당의 수군을 기벌포에서 물리쳤다.

❸ 우리 민족이 이룬 최초의 통일이었다.

❹ 신라는 대동강 이북 땅까지 넓은 영토를 차지했다.

❺ 신라가 고구려·백제를 통합하여 민족 문화의 밑바탕을 이루었다.

나당 전쟁과 삼국 통일

신라군의 진격로
당군의 진격로
격전지
대동강
평양
회양
수곡성
마전
매소성
적성
신라
한주
상주
사비
금성(경주)
기벌포
676년, 신라는 대동강~용흥강을 경계로 삼국 통일을 완성했다.
675년, 신라는 매소성에서 당에 승리했다.
676년, 신라 수군은 기벌포에서 당에 승리했다.

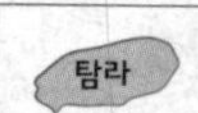
탐라

통일하는 과정에서 당의 도움을 얻었고, 대동강 이남 지역에 한정된 불완전한 통일이 한계였어.
하지만 우리 민족이 이룬 최초의 통일이었다는 점은 정말 대단해.

정답은? 4번

백제와 고구려를 무너뜨린 신라는 당이 신라마저 다스리려고 하자, 당에 본격적으로 맞섰어. 1년 남짓 이어진 신라와 당의 평화는 깨지고, 매소성과 기벌포에서 싸움을 벌였지. 신라는 대동강 이남 땅에서 당군을 완전히 몰아내고, 676년에 삼국을 통일했어.

72

삼국 통일을 이루고 바닷속에 묻힌 신라의 왕은?

❶ 무열왕

❷ 문무왕

❸ 진흥왕

❹ 신문왕

❺ 선덕 여왕

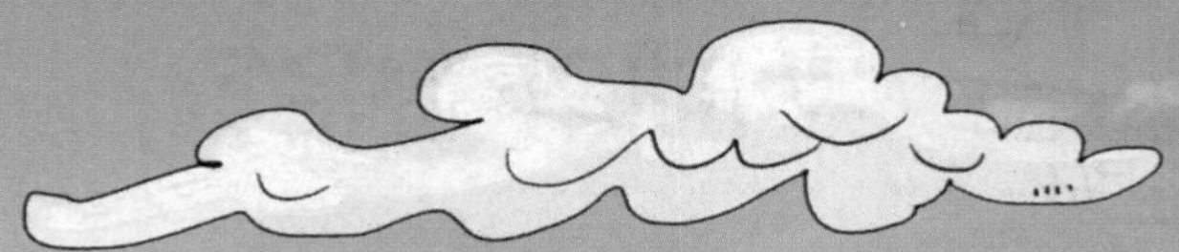

문무왕은 죽는 순간까지 나라와 백성들을 걱정한 진정한 왕이었어.

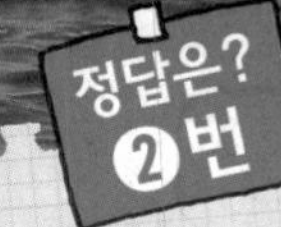
정답은?
❷번

문무왕은 세상을 떠날 때 시신을 화장하여 그 뼛가루를 동해 바다에 뿌리라고 했는데, 이는 자신이 용이 되어 통일 신라에 쳐들어오는 왜구를 막겠다는 뜻이었어. 그의 아들 신문왕은 아버지의 유언에 따랐고, 그 뒤 사람들은 문무왕의 뼛가루가 뿌려진 감포 앞바다의 바위를 문무 대왕릉으로 여기고, 대왕암이라고 불렀어.

73 다음에서 말하는 통일 신라 시대의 절은?

절 이름은 나라를 지켜 주는 감사한 마음을 담아 지어야겠구나.
신문왕
네, 깊으신 생각이옵니다.

❶ 화엄사

❷ 성주사

❸ 부석사

❹ 법주사

❺ 감은사

역시 불교가 최고지요?

도대체 감은사는
언제 없어진 거야? 이곳에
호국 사찰이 멋지게
있어야 하는데, 아쉽다.

두 탑이 나란히 서 있는 경주 감은사지

정답은?
5번

문무왕이 삼국 통일 후 부처의 힘을 빌어 왜구의 침입을 막고자 절을 세우기 시작했는데, 생전에 완성하지 못하자 아들인 신문왕이 그 뜻을 이어받아 682년에 완성했어. 신문왕은 아버지의 호국 은혜에 감사하는 뜻에서 절 이름을 '감은사'라고 했어. 절은 무너져서 없고, 지금은 경주 감은사지 동·서 삼층 석탑만 남아 있어.

74

통일 신라 때 지방에 5소경을 둔 목적을 모두 고른 것은?

㉠ 왕권을 약화시키기 위해서

㉡ 수도의 기능을 보완하기 위해서

㉢ 지방 귀족들의 힘을 키우기 위해서

㉣ 점령지를 효과적으로 관리하기 위해서

㉤ 지방 통치의 어려움을 극복하기 위해서

자넨, 특별히 소경을 설치한 이유를 아는가?
그건 말일세….

❶ ㉠, ㉡, ㉢

❷ ㉠, ㉡, ㉣

❸ ㉡, ㉣, ㉤

❹ ㉡, ㉢, ㉣

❺ ㉢, ㉣, ㉤

지방을 효과적으로 다스리기 위해 이렇게 국토를 다시 편성했대.

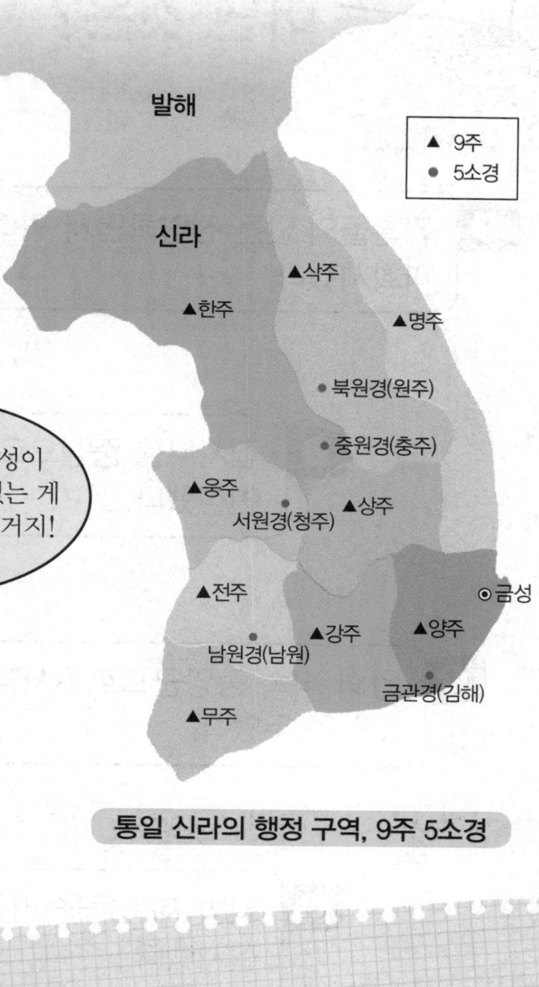

발해
신라
▲ 9주
● 5소경
▲삭주
▲한주
▲명주
● 북원경(원주)
● 중원경(충주)
▲웅주
● 서원경(청주)
▲상주
▲전주
⊙금성
▲강주
▲양주
● 남원경(남원)
● 금관경(김해)
▲무주

신문왕은 수도 금성이 동쪽으로 치우쳐 있는 게 영 마음에 걸렸던 거지!

통일 신라의 행정 구역, 9주 5소경

정답은?
❸번

신문왕은 넓어진 영토를 효과적으로 다스리기 위해 국토를 9개 주로 나누었어. 또한 주요 지역에 작은 수도인 소경을 만들었지. 그런 다음 그곳에 고구려와 백제의 유민, 신라 출신의 힘 있는 세력가들을 살게 했는데, 소경은 시간이 지나면서 지방의 정치·경제·문화의 중심지가 되었어.

75 통일 신라 신문왕이 한 일이 아닌 것은?

① 김흠돌의 난을 진압하면서 귀족 세력을 약화시켰다.

② 집사부를 중심으로 중앙 기구를 10여 부서로 편성했다.

③ 왕의 직속 중앙군으로 9서당, 지방군으로 10정을 두었다.

④ 지방 세력들을 키우기 위해 상수리 제도를 실시했다.

⑤ 지방을 효과적으로 다스리려고 9주 5소경을 두었다.

지방 세력을 견제한 상수리 제도

각 주의 향리 한 명씩을 중앙으로 올려 보내도록 하라!

중앙의 관리가 돼서 좋기는 한데, 내 세력권과 이리 떨어지니.

우리 세력을 억압하려는 꼼수!

상수리 제도는 고려 기인 제도의 기원이 되었고, 조선 시대에는 경저리 제도로 변화되었어.

상수리 제도 (통일 신라) ➡ **기인 제도** (고려) ➡ **경저리 제도** (조선)

정답은?
4번

귀족 김흠돌의 반란을 진압한 신문왕은 왕권을 강화하기 위해 통일 신라의 중앙·정치·지방·군사·토지 제도를 재정비했어. 상수리 제도는 왕권을 위협하는 지방 세력들을 억압하기 위해 지방의 세력가를 도읍에 머무르게 하는 것이었어. 상수리는 중앙 관청에서 일을 하는 한편, 중앙과 지방의 연락 책임 등을 맡았어.

76

빈칸에 들어갈 말을 바르게 짝지은 것은?

(㉠)은 귀족들에게 직무의 대가로 준 땅이었다. 귀족들은 그 땅에서 세금을 거두고, 그 지역 백성들까지 부리며 살았다.
이에 비해 (㉡)은 땅에서 나오는 수확물만 귀족들이 가질 수 있었다.
신문왕은 (㉠)을 폐지하고 대신 (㉡)을 주었다.

허, 좋은 시절은 다 간 거야.

그러게 말야. 아! 싫다.

1. ㉠ 관료전 – ㉡ 녹읍
2. ㉠ 녹읍 – ㉡ 관료전
3. ㉠ 녹읍 – ㉡ 정전
4. ㉠ 관료전 – ㉡ 정전
5. ㉠ 정전 – ㉡ 녹읍

관료전 제도로 바뀌었을 때 좋은 점은 뭐지?

농민이 귀족의 직접적인 지배에서 벗어났다는 거지!

녹읍

이보게들, 주인 어른 댁 집수리 좀 해야겠네.

이런 젠장, 일거리가 또 생겼네.

관료전

내 노동력은 이제 나의 것!

귀족이라고 함부로 못 할걸세.

정답은?
❷번

신문왕 때는 귀족들의 세력을 누르고 왕권을 강화하기 위해 녹읍 대신 관료전을 지급하고(687), 2년 뒤에는 녹읍을 없앴어(689). 녹읍과 관료전은 둘 다 관직에 오른 귀족들에게 주는 것이었지만, 그곳에 사는 백성들의 노동력에 대한 권리가 있느냐, 그렇지 않느냐에 차이가 있었어.

77

통일 신라 성덕왕 때 일반 백성에게 지급한 땅은?

나라에서 땅을 준다며?
땅을 받는 대신 수확의 일부를 세금으로 내야 한대.

그리고 조세를 못 내면 노비가 된대.
죽어라 일해야겠네.
땅을 준 게 좋은 거야? 나쁜 거야?

❶ 녹읍

❷ 과전

❸ 관료전

❹ 공음전

❺ 정전

성덕왕의 공을 기리기 위해 아들인
경덕왕이 만들기 시작한 종이야.
손자인 혜공왕이 완성했지.

어?
소리가 안 난다!

성덕 대왕 신종

종이 제 소리를
내려면 여자아이를
쇳물에 함께 녹여 종을
만들어야 하느니라.
여자아이를 시주 받아 종을 만들었더니, 우렁찬 종소리가 울려 퍼졌다는 전설이 있다.

종소리가 엄마를
부르는 것처럼 '에밀레,
에밀레' 하고 들려서
'에밀레종'이라고
불리게 됐지.

정답은?
5번

녹읍이 없어지고 관료전 제도가 실시되자, 백성들은 귀족들의 지배에서 벗어날 수 있었어. 이후 성덕왕은 백성들에게 정전을 주어 경작하게 하여 정치적 안정을 꾀했어. 그리고 당나라의 문화를 받아들이고 문물 발달에도 힘썼는데, 이러한 공을 기리기 위해 성덕 대왕 신종이 만들어졌어.

78 통일 신라와 당의 무역에 대한 설명으로 바른 것은?

요즘 당과의
무역으로 짭짤합니다.
벌 때 바짝
벌자고!
도도한 저 표정,
잘되나 보네.

❶ 신라 상인들은 바닷길을 이용했다.

❷ 비단, 책, 사치품 등을 당에 수출했다.

❸ 당에서 베, 인삼, 금은 세공품을 수입했다.

❹ 당나라의 승려들이 신라로 유학을 왔다.

❺ 신라에 당나라 사람들이 머무는 곳이 있었다.

공부한 날 월 일

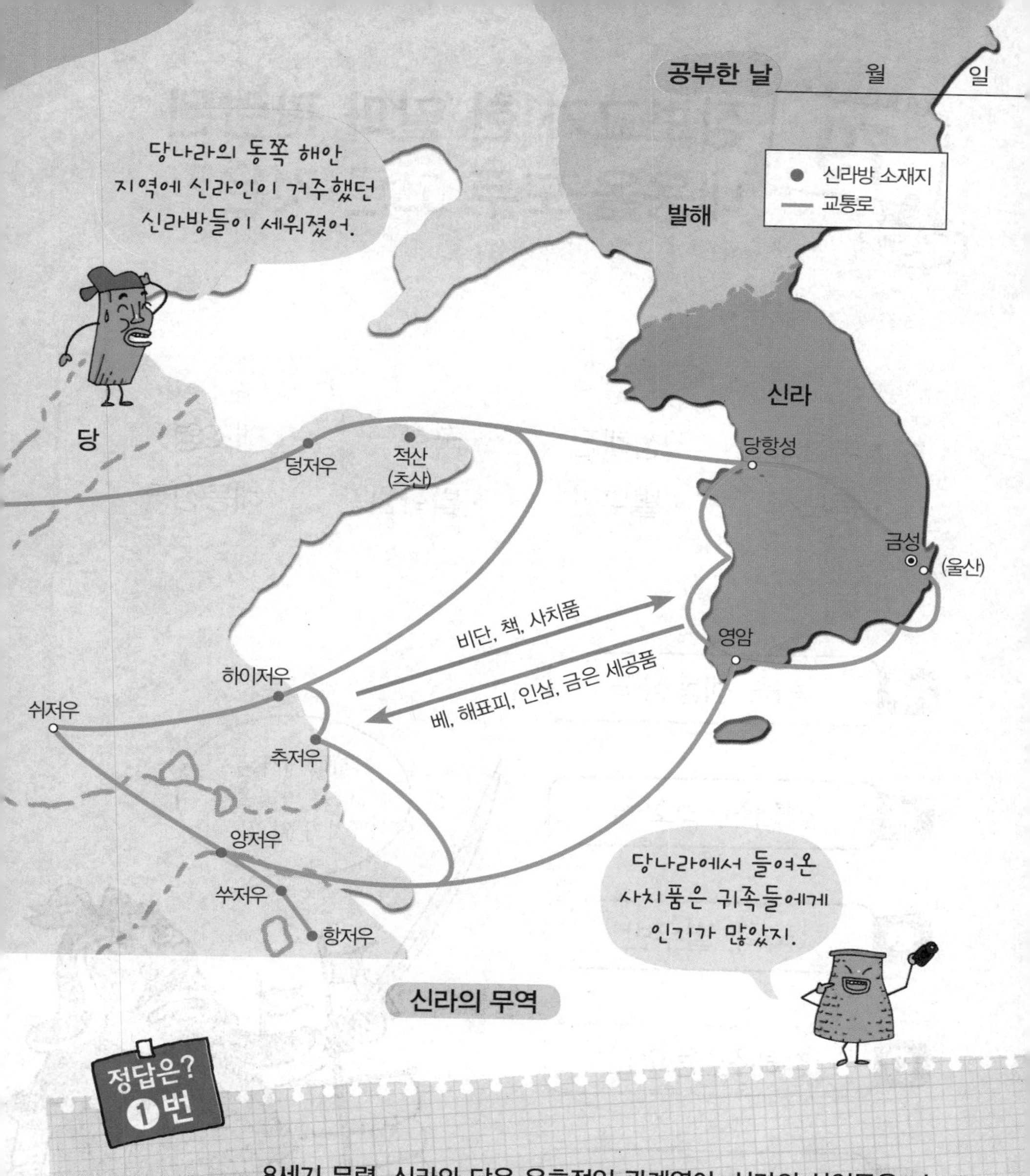

당나라의 동쪽 해안 지역에 신라인이 거주했던 신라방들이 세워졌어.

● 신라방 소재지
— 교통로

발해

신라

당

당항성

덩저우

적산 (츠산)

금성

(울산)

영암

비단, 책, 사치품

베, 해표피, 인삼, 금은 세공품

하이저우

쉬저우

추저우

양저우

쑤저우

항저우

당나라에서 들여온 사치품은 귀족들에게 인기가 많았지.

신라의 무역

정답은? ❶번

8세기 무렵, 신라와 당은 우호적인 관계였어. 신라의 상인들은 바닷길을 이용해 당을 오가며 활발하게 무역을 했는데, 당나라에 신라 사람들이 모이면서 자연스럽게 집단 거주지인 신라방이 세워졌지. 또한 신라의 상인들 외에도 유학생과 승려들도 학문을 배우기 위해 당나라에 가기도 했어.

79 장보고가 한 일과 관련된 내용을 모두 고른 것은?

• 녹읍	• 청해진	• 국학	• 대조영
• 동모산	• 별무반	• 법화원	• 해동성국

❶ 녹읍, 해동성국

❷ 청해진, 법화원

❸ 국학, 별무반

❹ 청해진, 동모산

❺ 대조영, 법화원

바다에서는
나를 따라올
자가 없지!

오!
멋지세요!

내가 당나라에 있었을 때,
신라인들이 당나라 해적에게
잡혀가는 것을 보고 울분을 느끼고
고국으로 돌아왔지. 이후
난 해상 세력을 평정하고,
국제 무역을 주도했어.

장보고(?~846)

청해진이 설치되었던 전라남도 완도에 있는 장도의 모습으로, 이곳은 해상 무역의 중심지였다.

'해상 왕'으로
최고시네!

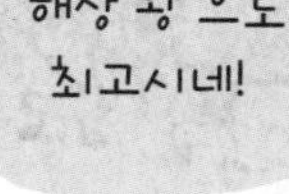

정답은?
②번

바다를 통한 나라 사이의 무역이 활발해지자, 해적들의 약탈이 심해졌어. 장보고는 흥덕왕의 허락을 받고 지금의 완도에 일종의 해군 기지인 청해진을 설치하여 해적을 소탕하고 남해와 서해의 해상 무역을 장악했어. 법화원은 장보고가 당나라에 세운 절로, 당나라에 있던 신라인들의 마음을 하나로 모으는 역할을 했어.

80

'진국'을 세우고 왕이 된 사람은?

나는 고구려가 멸망한 지
30년 만인 698년,
동모산 기슭에 '진국'이라는
나라를 세웠지.

진

① 이해고

② 이진충

③ 대조영

④ 걸걸중상

⑤ 걸사비우

대조영이 세운 나라가 발해 아니야? 그럼, 진국은? 나라를 둘이나 세운 거야?

698년, 처음 이름은 '진국'이고, 713년에 '발해'로 바꾸었어. 발해를 어떻게 세웠는지 보자고!

신세 참 서글프다.

고구려가 멸망하니, 유민 신세가 되었네.

고구려 유민은 모여라! 당나라 지배에서 벗어나 나라를 되찾자!

와

대조영 (?~719)

대조영 장군, 말갈족도 행동을 함께하겠소.

좋소.

와! 대조영의 승리다!

당나라군 후퇴!

쾅

정답은?
3번

고구려 유민인 대조영은, 거란의 추장 이진충이 당의 가혹한 통치에 맞서 반란을 일으키자, 아버지 걸걸중상과 말갈족 추장 걸사비우와 함께 이 반란에 참가했어. 이후 아버지와 말갈족 추장이 목숨을 잃었으나, 천문령에서 당을 크게 이기고 발해를 세웠어.

발해에 대한 설명으로 잘못된 것은?

❶ 고구려 유민들이 지배층이 되어 말갈족을 다스렸다.

❷ 무왕은 영토를 넓히고 기틀을 다졌다.

❸ 문왕은 당나라와의 교류를 단절시켰다.

❹ 3성 6부의 중앙 통치 제도를 두었다.

❺ 무왕은 장문휴를 시켜 수군으로 산둥 반도의 등주(덩저우)를 공격했다.

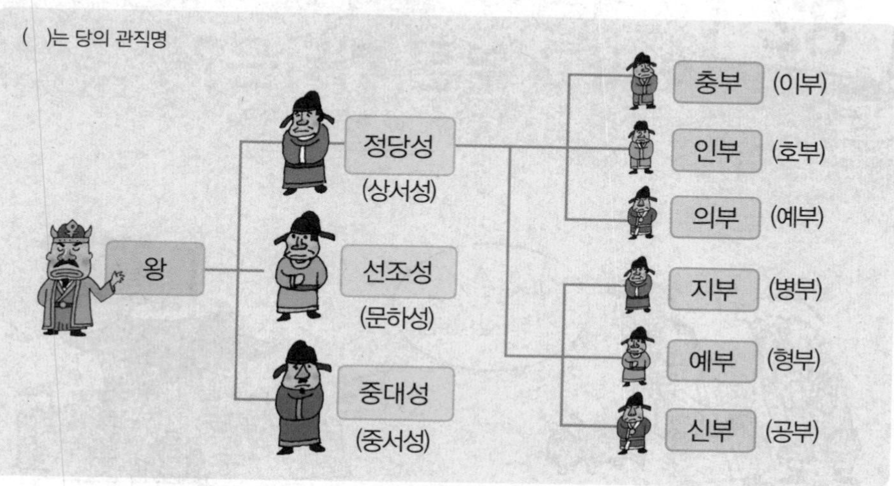
( )는 당의 관직명
왕
정당성
(상서성)
선조성
(문하성)
중대성
(중서성)
충부 (이부)
인부 (호부)
의부 (예부)
지부 (병부)
예부 (형부)
신부 (공부)

발해의 3성 6부

힘을 키웠으니
주변 나라와 친해져
나라를 부강하게
만들겠다!
지당하신
생각이옵니다.
고구려를 계승한
발해는 당나라의
발달된 문물을
받아들여 더욱 빛났지!
문왕(?~793)

정답은?
③번

발해의 제3대 문왕은 그동안 사이가 나빴던 당나라와 교류를 시작하여 당나라의 문물과 제도 등을 받아들였어. 중앙 통치 제도인 3성 6부도 당나라의 제도를 수용한 것이었는데, 3성의 운영 방식이나 유교적 성격을 띤 6부의 명칭은 독자적인 모습이었어.

82

당나라가 발해를 '해동성국'이라고 부른 까닭은?

발해에 가서
살고 싶어라.

해동성국

❶ 바다 자원이 많은 나라이기 때문에

❷ 주변 나라와 사이좋게 지냈기 때문에

❸ 동쪽에 있는 가장 작은 나라이기 때문에

❹ 당나라와 형제 관계를 맺었기 때문에

❺ 정치적 안정과 번영을 누렸기 때문에

거란

회원부

철리부

동평부

안원부

막힐부

용천부

미타호

당

상경

발해

안변부

솔빈부

부여부

동경

정리부

현덕부

장령부

중경

용원부

● 발해의 5경

서경

압록부

남해부

남경

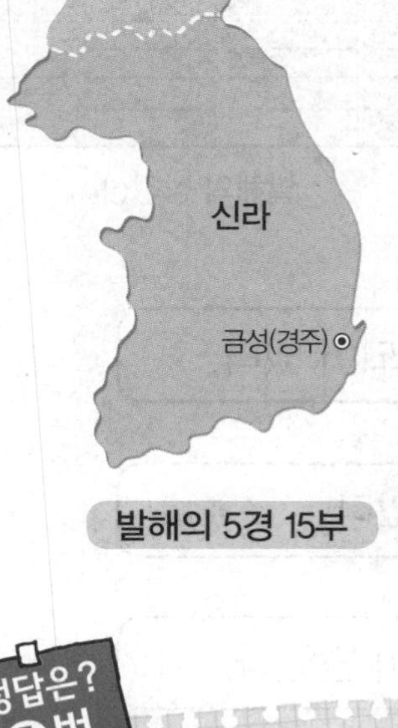

신라

금성(경주)

발해는 상경을 중심으로
사방으로 뻗은 5개의 도로를
만들어, 주변 나라들과
활발하게 교류하면서
번영을 이루었어.

상경

발해의 5경 15부

정답은?
5번

818년에 즉위한 제10대 선왕은 영토를 확대하여 고구려의 옛 땅을 대부분 되찾았어. 그리고 5경 15부 62주의 지방 행정 구역을 완비했어. 당나라는 눈부시게 성장한 발해를 '해동성국'이라고 불렀는데, 바다 동쪽에 있는 번성한 나라라는 뜻이야.

83 다음을 보고 알 수 있는 사실은?

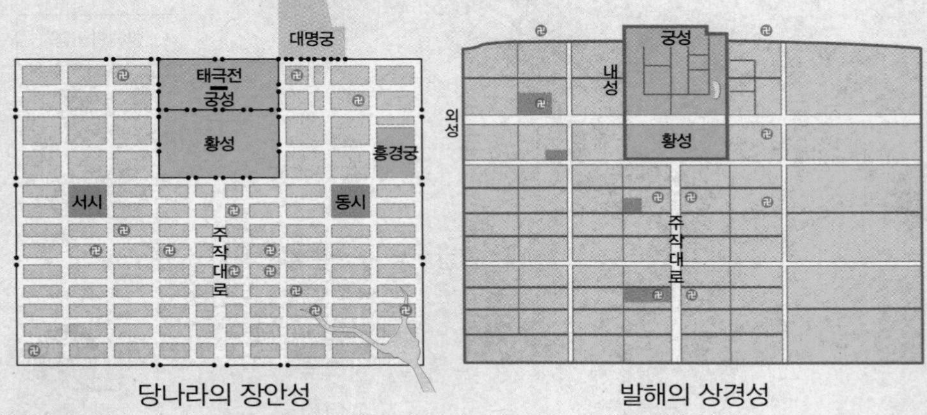
대명궁
태극전
궁성
황성
흥경궁
서시
동시
주작대로
궁성
내성
외성
황성
주작대로

당나라의 장안성

발해의 상경성

❶ 두 도시 모두 자유로운 형태로 되어 있다.

❷ 당과 발해는 전혀 교류하지 않았다.

❸ 당은 고구려 문화의 영향을 많이 받았다.

❹ 발해의 상경성은 당의 장안성 영향을 받았다.

❺ 발해는 당과 전혀 다른 문화를 만들었다.

상경성은 당나라의 수도
장안성을 그대로 본떴구나.
바둑판 같다.
담비 가죽
신상품 있어요.
상경성에는 큰 시장이
있어 시끌벅적했지. 높이
6미터가 넘는 흥륭사 석등 탑은
지금까지 남아 있어.

흥륭사 석등 탑

정답은? ④번

발해는 당나라와 외교 관계를 맺은 뒤 당의 문화를 활발히 받아들였어. 도읍 상경성을 지을 때 당의 장안성을 본떠 대등한 규모로 지었어. 상경성은 전체를 바둑판처럼 나누어 계획적으로 만들었고, 가운데는 남북을 연결하는 큰 도로인 주작대로를 만들었어.

84 빈칸에 들어갈 말이 순서대로 놓인 것은?

발해는 초기에 (㉠) 문화를 그대로 이어받았다.
하지만 점차 (㉡)의 영향을 받았고,
(㉢)의 문화와도 섞여
독특한 문화를 만들었다.

발해 문화는
여러 문화가 어우러져
독특하게 발달했지.

❶ ㉠ 고구려 – ㉡ 말갈족 – ㉢ 신라

❷ ㉠ 백제 – ㉡ 당 – ㉢ 고구려

❸ ㉠ 고구려 – ㉡ 당 – ㉢ 말갈족

❹ ㉠ 고구려 – ㉡ 신라 – ㉢ 말갈족

❺ ㉠ 말갈족 – ㉡ 당 – ㉢ 고구려

발해가 세워지자,
대부분의 말갈족은
발해의 백성이
되었어.

발해의 유물

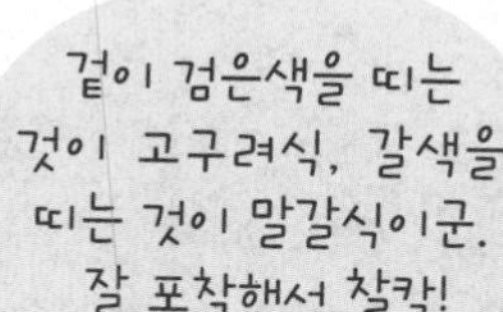
겉이 검은색을 띠는
것이 고구려식, 갈색을
띠는 것이 말갈식이군.
잘 포착해서 찰칵!

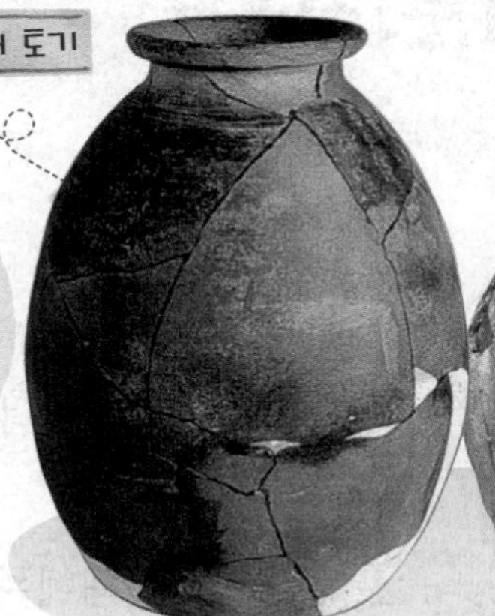
고구려식 발해 토기

말갈식 발해 토기

온돌을 보니까
한숨 자고 싶은데,
아함!

온돌의 모양과 방식이 고구려와 비슷한 발해의 온돌

정답은?
③번

발해 문화는 힘찬 고구려의 문화와 화려한 당 문화가 어우러진 데다가 말갈족의 문화도 섞이게 되었어. 그래서 웅장하면서도 부드럽고, 소박하면서도 세련된 멋이 있지. 이처럼 발해는 여러 문화의 영향을 받았지만, 그것을 독자적인 문화로 발달시켰어.

85

빈칸에 들어갈 말을 바르게 짝지은 것은?

똑똑한 인재를 길러 내는 게 내 몫이었지.

신라는 신문왕 때 (㉠)을 설치하여 지배층 자녀에게 유교 경전을 가르쳤다.
그리고 원성왕 때에는 (㉠)의 학생들 가운데 유교 경전에 대한 이해가 뛰어난 사람들을 관리로 선발하는 (㉡)를 시행하였다.

❶ ㉠태학 – ㉡빈공과

❷ ㉠국학 – ㉡독서삼품과

❸ ㉠서당 – ㉡빈공과

❹ ㉠국학 – ㉡빈공과

❺ ㉠태학 – ㉡독서삼품과

공자 왈
맹자 왈….

유학의 발전

국학은 경덕왕 때
'태학감'이라고 고쳐
불렀다가 혜공왕 때
다시 '국학'으로 바뀌었어.

시험이 코앞으로
다가왔구나.
태학감 시험 안내
장소: 태학감 앞뜰
시험 과목
필수 – 《논어》, 《효경》
선택 – 《맹자》, 《대학》 중
택일

유교 경전으로 시험을 치르는 독서삼품과는 불교를 옹호하는 진골 출신들의 반발로 성과를 거두지 못했다.

당나라 빈공과에 합격한 최치원(857~?)

신라에는 독서삼품과
출신은 아니어도
최치원처럼 당나라에서
유학한 학자도 많았어.

정답은?
2번

국학은 신문왕 때인 682년에 세운 국립 교육 기관으로, 유학을 가르쳤는데 《논어》, 《효경》이 필수 과목이었어. 그리고 원성왕 때인 788년에 독서삼품과가 생겼지. 독서 능력에 따라 3등급으로 나눠 관리를 뽑는 것으로, 국학에서 공부한 학생들을 대상으로 했어.

86

삼국을 통일한 신라의 지배적인 사상(신앙)은?

❶ 기독교

❷ 유교

❸ 힌두교

❹ 이슬람교

❺ 불교

이곳은 불교 교육의
중심지인 인도의 날란다
사원이야. 각 나라의 승려들이
이곳을 찾지. 그럼 신라의
승려도?

나, 혜초 역시 이곳에서
공부했어. 인도의 다섯 나라를
순례하고는 여행기
《왕오천축국전》을 썼지.
지금 자랑하시는 거
맞죠?

정답은?
❺번

통일 신라의 지배적인 사상은 불교였어. 따라서 당나라에 유학을 가서 불교를 공부하는 승려들도 많았고, 당나라 교종의 여러 종파가 신라에 전해지기도 했어. 교종은 경전의 교리를 중요하게 여겼는데, 이 중 의상이 전한 화엄종은 특히 귀족들의 호응을 얻었어.

87

다음 이야기와 관계있는 사람은?

아, 목말라.

물이
꿀맛이구나.

악!
해골 물을!
아! 모든 것은
자기의 마음에서
비롯되었구나!

깨달음을 얻은 이상,
남의 나라에
갈 필요가 없지.
부럽다!

❶ 원효

❷ 자장

❸ 설총

❹ 혜초

❺ 도선

원효의 사상과 정토교

화쟁 사상에 대해 설명해 놓은 원효의 《십문화쟁론》

불교의 대중화에 힘쓴 원효(617~686)

우리는 정토교!
나무아미타불!

화쟁 사상은 우리와 우리를 둘러싼 세계가 결국 하나라는 일심 사상에 바탕을 두고 있어.

정답은? ❶번

원효는 불교가 여러 교리로 서로 대립하고 있는 것을 좋지 않게 생각해, 이를 화합·조화시켜야 한다는 '화쟁 사상'을 주장했어. 그리고 사람들에게 '나무아미타불'을 외우면 극락에 갈 수 있다고 가르쳤지. 이것이 일반 민중을 위한 정토교야.

88

불국사에 대한 설명으로 잘못된 것은?

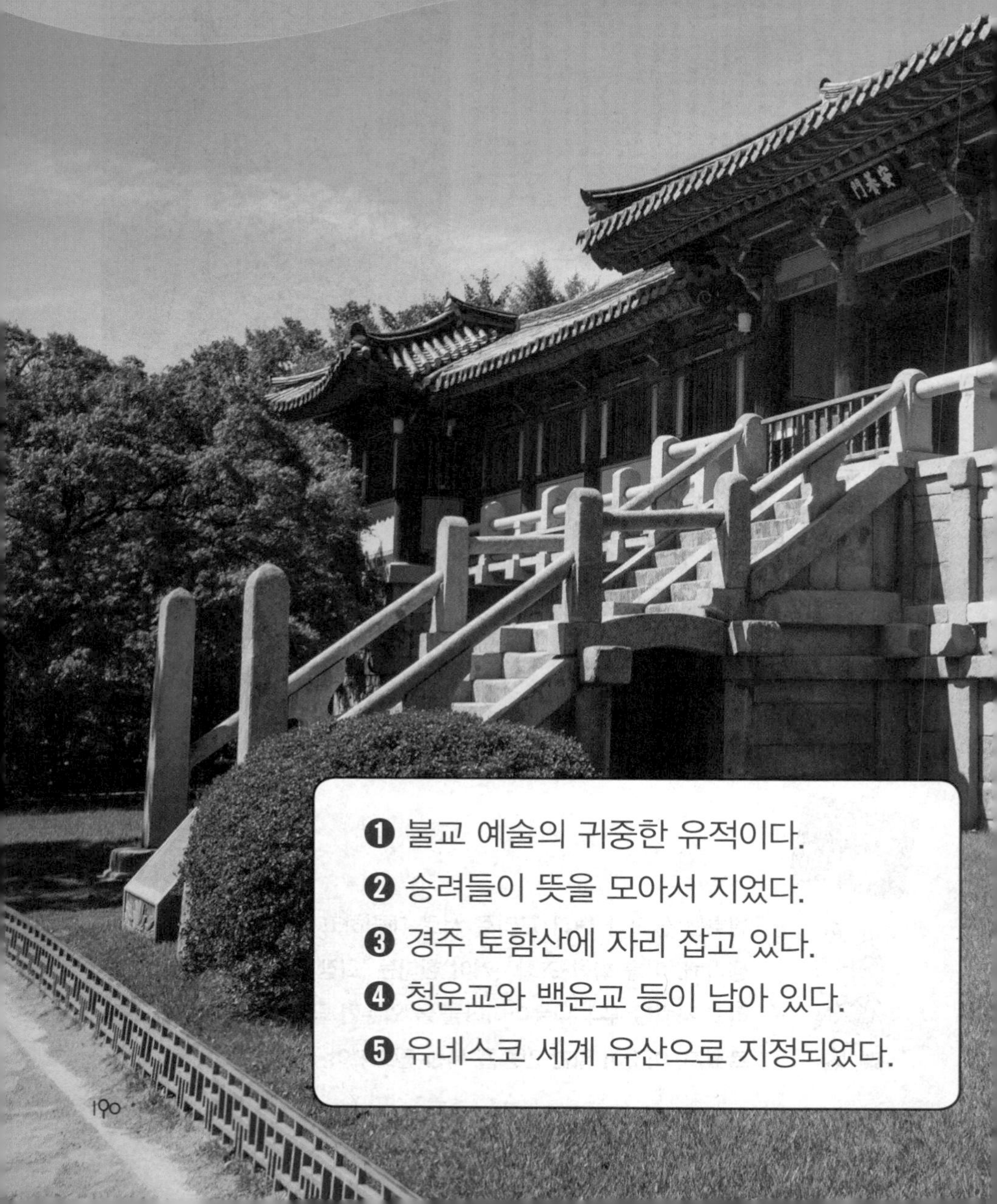

❶ 불교 예술의 귀중한 유적이다.
❷ 승려들이 뜻을 모아서 지었다.
❸ 경주 토함산에 자리 잡고 있다.
❹ 청운교와 백운교 등이 남아 있다.
❺ 유네스코 세계 유산으로 지정되었다.

공부한 날 월 일

《삼국유사》에 김대성이
전생의 부모를 위해 석굴암을,
현생의 부모를 위해
불국사를 지었다고 전해져.
정말 효심이 깊지?

정답은? ②번

경주 토함산에 있는 불국사는 신라 경덕왕 때 재상이었던 김대성이 짓기 시작하여 이후 혜공왕 때 완성하였어. 불국사에는 대웅전을 중심으로 불국사 삼층 석탑, 불국사 다보탑 등이 있는데, 1995년에 유네스코 세계 유산으로 지정되었어.

89

통일 신라와 관계있는 것을 모두 고른 것은?

㉠ 석굴암　　㉡ 정혜 공주 묘
㉢ 영광탑　　㉣ 성덕 대왕 신종
㉤ 흥륭사 석등 탑　　㉥《무구 정광 대다라니경》

① ㉠, ㉣, ㉤
② ㉡, ㉢, ㉣
③ ㉠, ㉡, ㉢
④ ㉠, ㉣, ㉥
⑤ ㉡, ㉢, ㉤

통일 신라는 불교 문화유산이 많다지요?
과연 웅장하고 멋져.

공부한 날 월 일

천장이 둥근 돔 형태로 지어진 화강암 사찰이야.

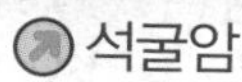
석굴암

《무구 정광 대다라니경》은 경주 불국사 삼층 석탑에서 발견되었는데, 세계에서 가장 오래된 목판 인쇄물이야.

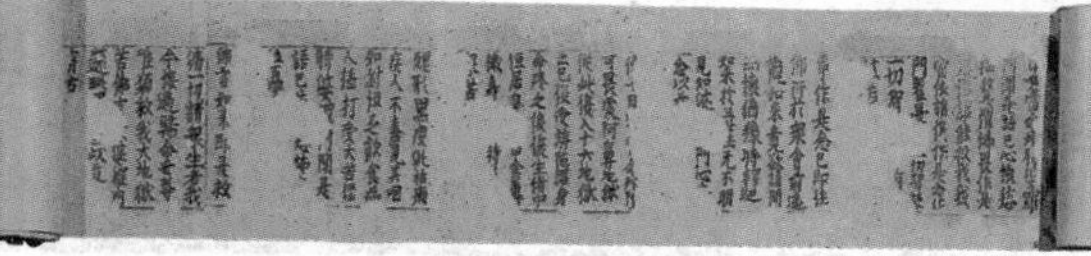
《무구 정광 대다라니경》

정답은?
4번

통일 신라 때는 불교가 발달하면서 불국사와 석굴암, 성덕 대왕 신종 등의 불교 문화유산이 많이 만들어졌어. 또한 목판 인쇄술이 발달했는데, 세계에서 가장 오래된 목판 인쇄물인 《무구 정광 대다라니경》을 펴냈지. ㉡, ㉢, ㉤은 발해의 유물이야.

90

참선을 중시한, 신라 하대에 유행한 불교의 종파는?

불도의 깨달음은 마음에서 마음으로 전하는 것입니다. 따라서 문자나 말이 필요 없지요.
오호라, 교종보다 나은 것도 같고.

지방에서 독자적으로 세력을 다지려는 내게는 안성맞춤이야.
이들 지방 호족과 손잡는다면….

1. 도교
2. 교종
3. 선종
4. 밀교
5. 원불교

신라 말에는 선종 승려인 도선에 의해 풍수지리가 널리 퍼졌는데, 이에 따라 각 지방의 호족들은 자기들의 근거지를 명당이라고 생각했어.

풍수지리의 대가인 도선(827~898)

뒤에는 산이 있어 바람을 막고, 앞에는 강이 있어 물길도 원활하구나.
또한 좌청룡, 우백호의 형상이니 참으로 명당일세.
청룡? 백호? 고양이 새끼 한 마리 안 보이는데.

정답은? 3번

신라 말에는 불교의 종파 중에서도 참선을 중요시하는 선종이 유행하기 시작했어. 선종의 각 파들은 지방 호족과 유대를 맺으면서 여러 종파를 이루었는데, 그중 유력한 것이 9산이었어. 9산은 대부분 호족의 근거지와 가까운 지방에 자리 잡았어.

선사 시대
연맹 왕국
삼국
남북국
고려
조선
대한 제국
일제 강점기
대한민

청자 상감 매화 대나무 학무늬 매병.
옥빛을 띠고 매끄러운 선이 돋보이는 고려청자로,
고려 시대의 대표적인 도자기이다.

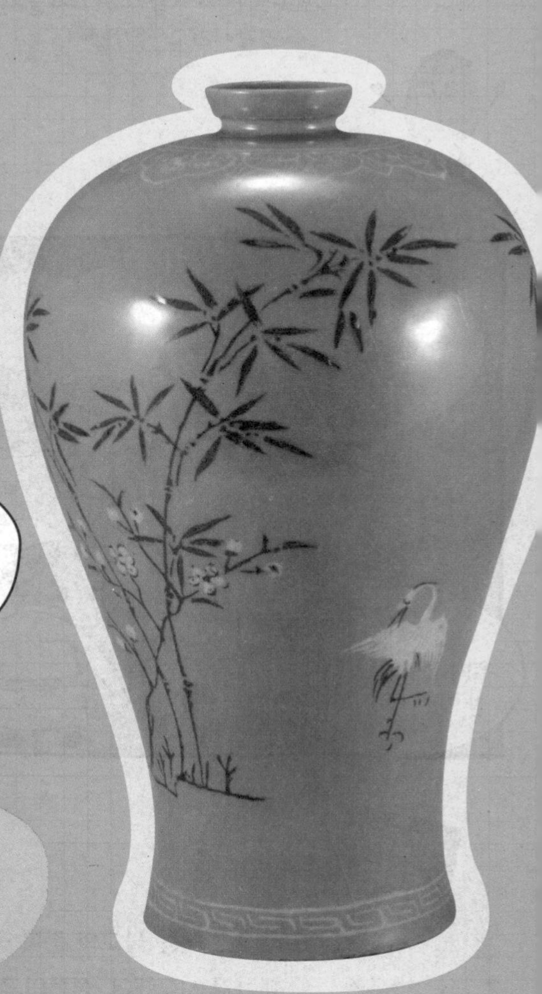

청자
주전자라오.
고려청자는
언제 봐도
기품이 있어요.

4 Q 91~150

고려의 성립과 변천

'고려' 하면
뭐가 생각나?

고려청자, 고려 인삼….
그리고 '코리아'라는
이름이 생각나.
어때, 대단하지?

91

옛 백제의 땅에 후백제를 세운 사람은?

나는 경상북도 상주에서 태어났어.

서남 해안을 지키는 장수가 되어 해적을 무찌르는 데도 공을 세웠지.

또한 군사를 일으켜 옛 백제 땅의 대부분을 차지했어.

그리고 결국 후백제를 세웠지.

❶ 궁예

❷ 견훤

❸ 왕건

❹ 기훤

❺ 이성계

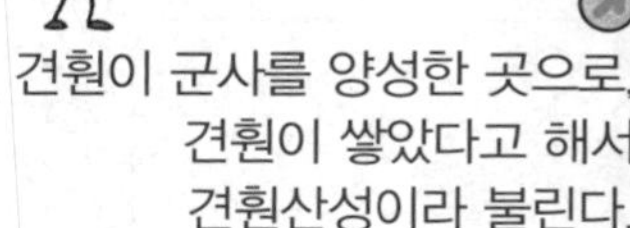
이곳이
견훤의 숨결이
깃든 곳이구나.

견훤이 군사를 양성한 곳으로, 견훤이 쌓았다고 해서 견훤산성이라 불린다.

여기에
백제의 부활을 꿈꾸던
견훤의 왕궁이 있었단
말이지?

전라북도 전주시에 있는 후백제의 왕궁 터이다.

정답은?
2번

신라의 장군이었던 견훤은 신라 말, 부패한 정부에 항거하는 농민군을 모아 세력을 키웠어. 북쪽으로 영토를 넓혀 옛 백제의 땅인 전라도와 충청남도의 대부분을 차지했지. 그리고 900년에 견훤은 완산주에 도읍을 정하고, 자신을 '백제의 왕'이라고 부르며 후백제를 세웠어.

92

후고구려에 대한 설명으로 잘못된 것은?

❶ 왕건이 세웠다.

❷ 901년에 세워졌다.

❸ 처음 정한 도읍은 송악이었다.

❹ 905년, 도읍을 철원으로 옮겼다.

❺ 911년, 나라 이름을 태봉으로 바꾸었다.

고구려를
다시 세우자!

내가 바로, 후고구려를
세운 승려 출신 궁예야.
애꾸눈이 포인트인데, 알아보겠지?
내가 후고구려를 세우면서부터
후삼국 시대가 시작되었어.
발해
궁예는 철원으로
도읍을 옮기고,
그곳에서 죽었다.
철원
송악(개성)
901년,
후고구려를
세웠을 때의
도읍이다.
후고구려
(태봉)
신라
금성
(경주)
완산주
(전주)
후백제
나라 좀 잘 다스리시지.
신하들을 의심하고,
성격도 포악하고,
결국 왕위에서도
밀렸다면서요?

후삼국의 영역

정답은? ❶번

신라 왕족 출신인 궁예는 중부 지역의 호족들을 기반으로 강원·경기·황해·충청북도의 대부분을 차지하고, 세력을 크게 떨쳤어. 그리고 901년에 송악을 도읍으로 정하고 후고구려를 세웠지. 궁예는 자신을 미륵불이라고 부르며 포악한 정치를 하다가 결국 민심을 잃고 말았어. ①번 왕건은 고려를 세웠지.

93

태조 왕건에 대한 설명으로 잘못된 것은?

❶ 궁예의 부하였다.
❷ 송악의 호족 출신이었다.
❸ 송악에서 철원으로 도읍을 옮겼다.
❹ 신하들의 추대를 받고 왕이 되었다.
❺ 918년, 나라 이름을 '고려'로 바꾸었다.

그대들의 뜻에 따라 어진 임금이 되어 보겠소.
시중께서 여러분을 구하려고 일어서셨소.
만세!

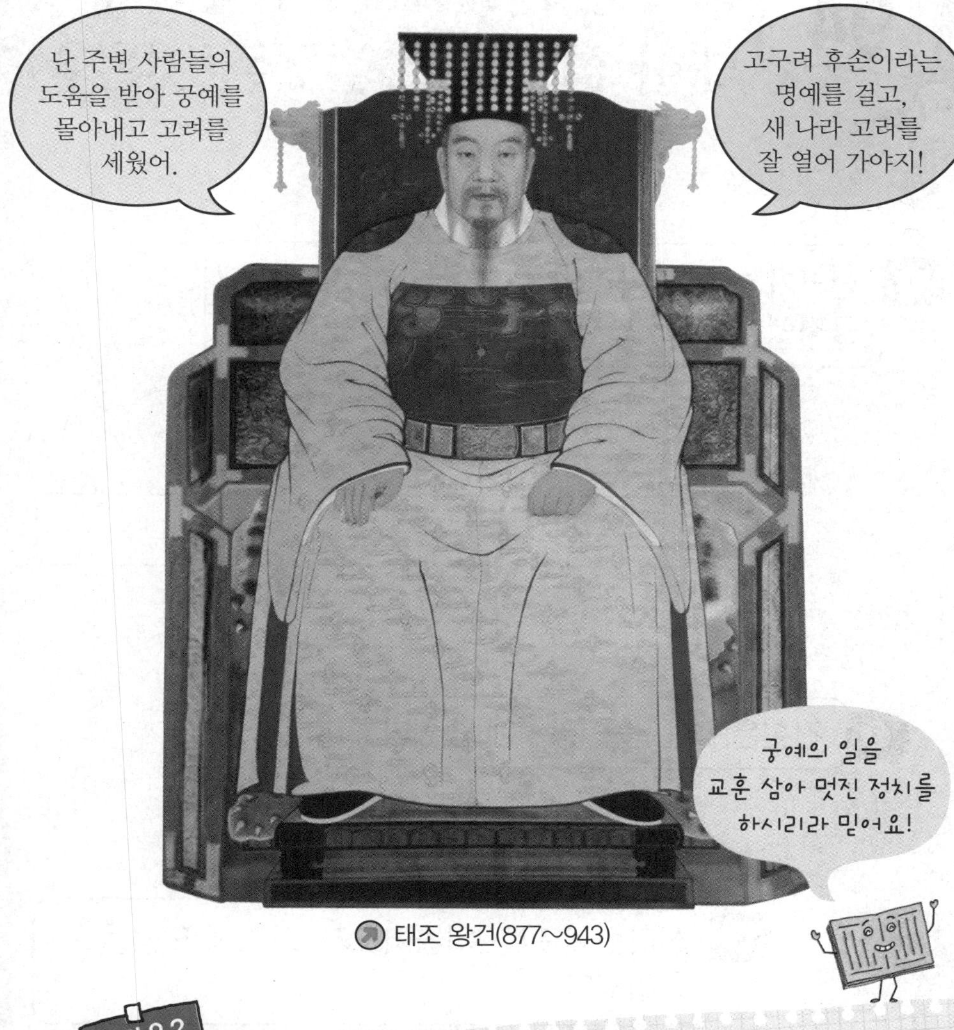

난 주변 사람들의 도움을 받아 궁예를 몰아내고 고려를 세웠어.

고구려 후손이라는 명예를 걸고, 새 나라 고려를 잘 열어 가야지!

궁예의 일을 교훈 삼아 멋진 정치를 하시리라 믿어요!

태조 왕건(877~943)

정답은?
3번

해상 무역으로 세력을 넓힌 호족 집안에서 태어난 왕건은, 궁예의 부하로 들어가 높은 벼슬에 올랐지. 그리고 918년에 궁예를 몰아내고 왕위에 올랐어. 919년에는 도읍을 철원에서 교통이 편리한 송악으로 다시 옮겼는데, 이때부터 송악을 개경이라 불렀어.

94

후백제 견훤의 신라 공격에 대한 설명으로 잘못된 것은?

❶ 신라가 고려와 가까이 지내자, 견훤이 신라를 공격했다.

❷ 견훤은 신라의 도읍인 금성을 점령했다.

❸ 견훤은 경순왕을 왕위에 앉혔다.

❹ 신라는 견훤이 쳐들어오자, 고려에 도움을 청하였다.

❺ 신라는 자주적으로 견훤의 공격에 대항하여 승리했다.

아니, 후백제가
쳐들어오는데 여기서
술자리를 벌이고
있었다고?

흐르는 물에
술잔 띄워 놓고,
시 한 수 읊고
좋았겠다.

경주 포석정지

그걸 말이라고 해?
결국 경애왕은 스스로
목숨을 끊는 비극을
맞이했잖아.

그대는
왕의 자격이 없도다!
자결하도록 하라!
경애왕

견훤

정답은? ❺번

신라가 라이벌 격인 고려와 가까이 지내자, 견훤은 분노하여 927년에 신라를 공격했어. 이때 신라의 경애왕은 포석정에서 태평스러운 한때를 보내다가 급히 고려에 도움을 요청했는데, 고려 군대가 오기 전에 견훤이 금성을 점령했지. 견훤은 신라의 경애왕을 스스로 죽게 하고, 경순왕을 왕위에 앉혔어.

95

견훤이 아들 신검에 의해 갇혔던 절은?

맏아들인 저를 두고,
어찌 넷째 금강에게
왕위를 물려주려 하셨나요?
반성하세요!
아비를 가두는
자식이 어디에
있단 말이냐!
견훤
신검
너무
못됐다.

❶ 낙산사

❷ 부석사

❸ 백담사

❹ 금산사

❺ 월정사

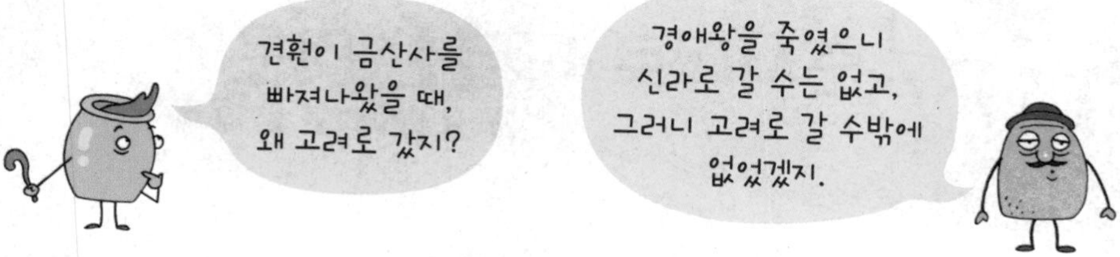

견훤이 금산사를 빠져나왔을 때, 왜 고려로 갔지?

경애왕을 죽였으니 신라로 갈 수는 없고, 그러니 고려로 갈 수밖에 없었겠지.

금산사는 전라북도 김제에 있는 절로, 견훤이 신검에 의해 갇혔던 곳이다.

정답은?
4번

견훤은 왕위를 넷째 아들인 금강에게 물려주려고 마음먹었어. 견훤의 속셈을 눈치챈 맏아들 신검이 일을 꾸며 금강을 살해하고, 아버지인 견훤을 금산사에 가두었지. 3개월 동안 갇혀 있다가 금산사를 빠져나온 견훤은 결국 고려로 가서 왕건에게 항복했어.

96 고려의 후삼국 통일 과정을 순서대로 나열한 것은?

신검이
중군에 있다.
중군을 쳐라!

㉠ 왕건, 신검이 이끄는 후백제 격파

고려

㉡ 왕건, 고창 전투에서 견훤이 이끄는 후백제 격파

나라 이름을
고려라 하노라!

㉢ 왕건, 고려 건국

어쩔 수 없는
선택이오.

㉣ 신라 경순왕, 고려에 항복

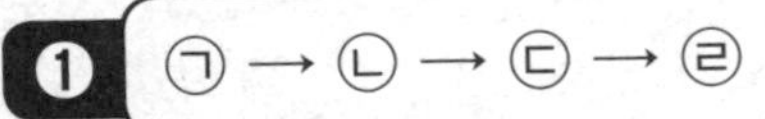
① ㉠ → ㉡ → ㉢ → ㉣

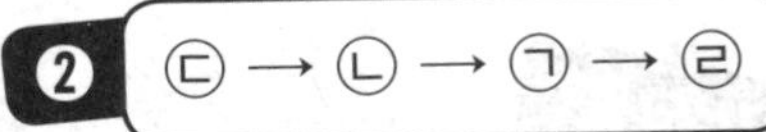
② ㉢ → ㉡ → ㉠ → ㉣

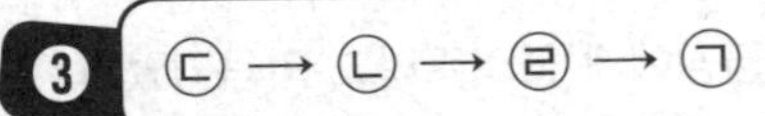
③ ㉢ → ㉡ → ㉣ → ㉠

④ ㉡ → ㉣ → ㉠ → ㉢

⑤ ㉡ → ㉢ → ㉠ → ㉣

이 민속놀이는
고려군이 고창(안동)
전투에서 후백제에
승리한 것을 기념하기
위해 벌인 행사였어.

왕건군과 견훤군의 싸움에서 유래한 안동 차전놀이

와!
두두두두두..
이힝~

우르르 달려드는
모습이 전투하는
모습과 닮았네.

정답은?
3번

918년에 건국된 후 고려는 후백제와 몇 번의 전투를 벌였는데, 930년에 고창(안동) 전투에서 왕건의 고려군이 크게 이겼어. 935년에는 신라의 경순왕이 왕건에게 항복했고, 마지막으로 936년에 왕건이 후백제를 격파하고 신검의 항복을 받았지. 936년, 후백제의 멸망으로 후삼국은 통일되었어.

97

태조 왕건이 다음과 같이 혼인 정책을 실시한 까닭은?

지방 호족의 딸과 혼인하여 전부 내 가족으로 만들었어.
가족사진 한번 찍기 힘드네.

❶ 고구려의 옛 땅을 되찾기 위해서

❷ 호족들의 힘을 키워 주기 위해서

❸ 호족들로부터 세금을 많이 걷기 위해서

❹ 호족들에게 불교를 전해 주기 위해서

❺ 호족들을 자기편으로 만들기 위해서

도대체, 가족이 몇이야?

태조 왕건의 호족 융합 정책

사심관으로
임명하니, 동경을
잘 다스리시오.

호족들을 사심관으로 삼아 출신 지역을 다스리게 하는 **사심관 제도**

나는 볼모나
다름없어.

호족의 자식들을 수도인 개경에 머물게 하는 **기인 제도**

공로가 큰
호족에게는 왕씨를
내려 주겠노라!

호족들에게 왕족의 성씨인 왕씨를 내려 준 **사성 정책**

사심관 제도와
기인 제도는 호족들을
견제한 것이고,
혼인 정책과 사성 정책은
회유하려는 거였군.

정답은?
5번

고려가 통일을 이룰 당시, 지방 곳곳에서는 호족들이 독자적으로 자기 지역을 다스리고 사병까지 거느리며 세력을 떨치고 있었어. 그래서 왕건은 전국의 호족을 끌어들이기 위해 그 딸들과 혼인하여 그들을 자기편으로 만들었지. 왕건의 부인은 29명이었고 자녀도 34명이나 되었어.

98

태조 왕건이 정치사상을 담아 남긴 문서는?

첫째	불교의 힘으로 나라를 세웠으므로 사찰을 빼앗지 마라.
둘째	사찰은 도선의 풍수지리 사상에 맞게 짓고 함부로 짓지 마라.
셋째	왕위는 맏아들이 잇는 것을 원칙으로 하되, 맏아들이 어질지 못하면 다음 아들이 잇게 하라.
넷째	거란은 짐승과 같은 나라이므로, 거란의 제도를 따르지 마라.
다섯째	풍수지리 사상을 존중하고, 서경을 중시하라.
여섯째	연등회와 팔관회를 성실하게 지켜라.
일곱째	왕은 바른말을 하고, 남을 욕하는 자를 멀리하라.
여덟째	관리의 월급을 함부로 깎지 말고, 농민의 세금을 가볍게 하라.
아홉째	차령산맥 이남과 공주강 밖의 사람은 쓰지 마라.
열째	유교 경전과 역사책을 읽어서 옛날을 거울삼아 현재를 경계하라.

❶ 홍범 14조

❷ 시무 28조

❸ 왕건 10조

❹ 훈요 10조

❺ 고려 10조

왕건의 무덤인 현릉. 현재 북한 지역인 경기도 개풍에 있다.

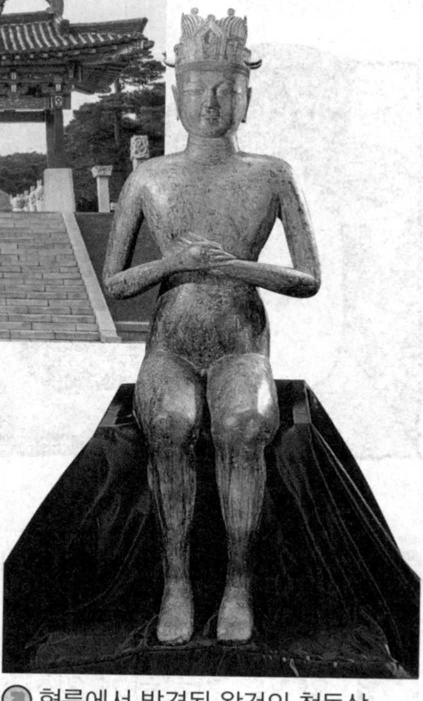

현릉에서 발견된 왕건의 청동상

태조 왕건은 훈요 10조를 남기고, 한 달 뒤 66세의 나이로 생을 마감했어.

정답은? ④번

태조 왕건은 자신의 정치 이념과 사상을 정리한 훈요 10조를 후대 왕들에게 남기며 반드시 지킬 것을 당부했어. 훈요 10조의 제4조에는 고려의 자주적 입장이 담겨 있어. 그리고 제5조에서는 서경을 중시했는데, 그곳은 고구려의 옛 수도였던 평양이기 때문이었어. 또한 제6조에서는 불교를 중시했던 것을 알 수 있지.

99

고려에서 시행한 노비안검법과 관계없는 것은?

노비들의 출신 성분을 가려
본래 양인이던 사람이
전쟁 포로나 재물에 팔려 온
경우에는 모두 풀어 줘라!

❶ 광종이 실시한 정책이다.

❷ 왕권을 강화하기 위한 목적이었다.

❸ 실시 후 노비들의 수가 줄어들었다.

❹ 양인들이 늘어나 세금이 많이 걷혔다.

❺ 호족의 세력을 키워 주기 위한 것이었다.

광종의 왕권 강화 정책

네 가지
색으로
구분한대.
옷에 따라
다른 대우를
한다지?
싫다,
싫어.
서열이
이렇게
드러나다니….

관복의 색깔을 구분하여 관리들의 서열을 분명히 하는 **공복 제도**

포 고 문
고려는 이제 과거를 통해
관리를 뽑는다. 모든 양인
이상에게는 시험 자격이
주어지니, 시험을 치를 자는
○월 ○일 ○궁 앞뜰로….

능력 있고 왕에게 충성하는 관리를 시험으로 뽑는 **과거 제도**

항복!

공신과 호족 세력을
숙청한 것도 왕권을
강화하기 위한 일!

정답은?
5번

949년, 왕위에 오른 광종은 후삼국 시대의 혼란을 틈타 호족들이 불법적으로 차지하고 있던 많은 노비들을 다시 양인으로 만들어 주었어. 이는 호족들의 세력을 꺾어 왕권을 강화하기 위한 것이었어. 결국 호족의 경제력과 군사력을 약화시켰지.

고려 성종이 한 일을 모두 고르면?

① 최승로가 올린 시무 28조를 받아들였다.

② 쌍기의 건의에 따라 과거 제도를 만들었다.

③ 국자감과 향교를 세워 유교 경전을 가르쳤다.

④ 팔관회와 연등회를 성대하게 열었다.

⑤ 전국을 경기와 5도 양계로 나누었다.

시무 28조는
유교 정치 이념을
바탕으로 한 개혁안이었어.
성종은 이것을 토대로
중앙 집권 체제를
갖추었지.

이제부터는 그대들
호족 대신 목사인 내가
이 지방을 다스리겠소.

12목을 설치하고, 지방관을 파견하여 다스리도록 했다.

팔관회와 연등회는 너무
번거롭고 요란스러울 뿐
아니라, 막대한 국고금이
지출되므로 앞으로
폐지하노니 ….

팔관회와 연등회를 없애 국고의 낭비를 줄였다.

국자감
최고의
국립 대학!

중앙에는 국자감, 지방에는 향교를 세워 유학 교육을 실시했다.

정답은?
①, ③번

고려 제6대 왕 성종은 최승로의 시무 28조를 받아들여 유교 정치 이념에 따라 통치 체제를 정비했어. 중앙 관제는 2성 6부제로 정비했고, 지방에는 12목을 두었어. 12목에는 목사를 파견하여 다스리게 했지. ②번은 광종, ⑤번은 현종 때의 일이야.

101

빈칸에 들어갈 고려의 중앙 정치 기구는?

우리는 주로 국방 관련 문제를 다루지.
우리는 새로운 법이나 제도를 제정해.
㉠
㉡

❶ ㉠ 도병마사 – ㉡ 상서성

❷ ㉠ 도병마사 – ㉡ 식목도감

❸ ㉠ 식목도감 – ㉡ 도병마사

❹ ㉠ 식목도감 – ㉡ 중서문하성

❺ ㉠ 도병마사 – ㉡ 중서문하성

㉠과 ㉡은 고려의 독자적인 회의 기구였어.

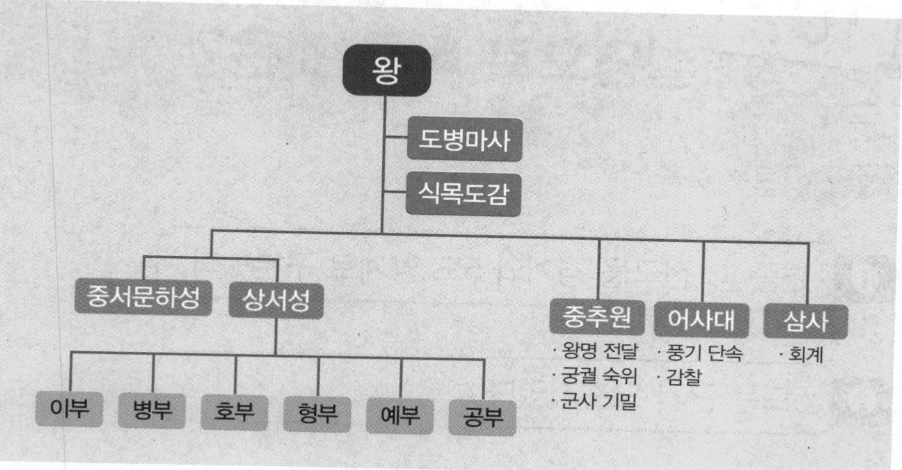
왕
도병마사
식목도감
중서문하성
상서성
중추원
어사대
삼사
· 왕명 전달
· 궁궐 숙위
· 군사 기밀
· 풍기 단속
· 감찰
· 회계
이부
병부
호부
형부
예부
공부

고려의 중앙 정치 기구

최고 통치 기구는 중서문하성으로, 그 우두머리를 문하시중이라 불렀지.
당의 제도를 고려의 실정에 맞게 변형시킨 2성 6부제로 운영했어.

정답은?
❷번

고려의 중앙 정치 제도는 성종 때 유교 정치사상을 바탕으로 당의 3성 6부를 받아들여 고려의 실정에 맞게 운영되었어. 상서성은 중서문하성에서 결정된 정책을 실제로 행하는 실무 기관이었지. 이에 6부가 딸려 있어 각각 일을 분담했어.

102

고려의 지방 행정 조직에 대한 설명으로 바른 것은?

① 현종 때 전국을 경기와 5도 양계로 구분했다.

② 5도는 군사 요충지였다.

③ 5도에는 병마사가 파견되었다.

④ 양계에는 안찰사가 파견되었다.

⑤ 향·소·부곡은 지방의 중심지 역할을 했다.

경상도 안찰사로 임명하니,
도민들이 나라에 충성하도록
잘 다스리시오.

고려는 개경 외에도 지방에 도읍인 '경'을 두었어. 초기에는 개경·서경·동경이 3경이었고, 후기에는 동경 대신 남경이 3경에 포함되었어.

향·소·부곡의 사람들은 무거운 세금을 내는 데다 이사 갈 자유도 없이 이렇게 시키는 것만 만들고 살아야 하나?

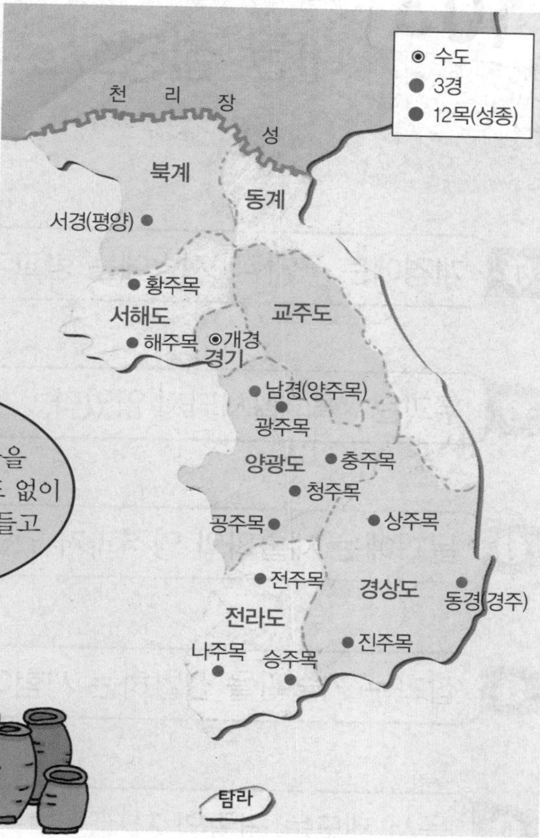

◉ 수도
● 3경
● 12목(성종)

천리장성
북계
동계
서경(평양)
황주목
서해도
교주도
해주목
개경
경기
남경(양주목)
광주목
양광도
충주목
청주목
공주목
상주목
전주목
경상도
동경(경주)
전라도
진주목
나주목
승주목
탐라

고려의 지방 행정 조직(5도 양계)

정답은?
1번

고려는 성종 때 12목을 설치한 이후, 현종 때 전국을 경기와 5도 양계로 구분하는 지방 행정 조직이 완비되었어. 5도는 일반 행정 구역으로 안찰사가, 양계는 군사 행정 구역으로 병마사가 파견되었어. 5도 아래에는 군·현을 두었어. 또한 특수 행정 구역인 향·소·부곡이 있었어. 경기는 개경과 그 주변의 군·현을 말해.

103 고려의 교육과 과거 제도에 대한 설명으로 잘못된 것은?

❶ 개경에는 국자감, 지방에는 향교가 있었다.

❷ 무과는 거의 실시되지 않았다.

❸ 문과에는 제술과와 명경과가 있었다.

❹ 잡과는 기술관을 선발하는 시험이었다.

❺ 음서 제도는 귀족의 자제만 보는 시험이었다.

무관은 서러워서 못 살겠네.
시험도 안 보는 애들은 부모 잘 만난 거지, 뭐.
히잉~!

교육 제도

국자감
향교

인재를 양성하기 위해 개경에 국자감, 지방에 향교를 세웠다.

과거 제도

왜 나만
보는 거지?

과거 시험을 실시하여 실력으로 인재를 선발했다.

정답은?
5번

고려는 광종 때 처음으로 과거제를 실시했는데, 국자감이나 향교에서 공부한 사람들이 이를 통해 관리가 되었어. 과거 시험은 문신을 뽑는 제술과·명경과, 기술관을 뽑는 잡과, 승직자를 뽑는 승과가 있었고, 무관을 뽑는 무과는 거의 치러지지 않았지. 한편, 음서 제도로 귀족의 자제는 과거를 거치지 않고 관리가 되기도 했어.

104 다음과 관계있는 고려의 토지 제도는?

경은 후백제를 멸망시키는 데 공이 컸으니, 땅 100결을 수여하노라.
이 역분전 제도는 주관적이야. 개혁이 필요해!
찬밥.
태조
경의 인품과 관직에 맞게 전지 50결을 내리노라.
경종
인품이란 기준은 너무 애매해.

❶ 정전 ❷ 진대법 ❸ 녹읍
❹ 골품제 ❺ 전시과

전시과 대 공음전

관직에 있던 저 때가 좋았지.

수조권이란 땅에 대하여 농민에게 세금을 거둘 수 있는 권한을 말해.

전시과는 관리에게 토지를 준 것이 아니라 수조권을 준 것이므로, 퇴직하면 토지를 나라에 돌려주어야 했다.

저 땅은 자손 대대로 물려줄 우리 땅이야!

반면 공음전은 대대로 물려줄 수 있는 땅으로, 나라에 공로가 있는 5품 이상의 고위 관리에게 내려졌다.

정답은?
5번

전시과는 경종 때의 토지 개혁으로, 모든 토지는 나라의 소유라는 원칙 아래 관리들의 등급에 따라 전지와 시지를 나누어 준 토지 제도야. 여기서 농사짓는 땅을 '전지', 땔감을 얻는 산을 '시지'라 해서 '전시과'라고 불렀어. 나라 소유의 땅이기 때문에 퇴직할 때는 돌려주어야 했지.

105 거란의 소손녕에 맞서 외교 담판을 벌인 사람은?

나, 소손녕은 고려의 대신을 만나 담판을 지어야겠다.
컴 온, 고려 대신!
아우~ 졸려…
반드시 소손녕을 설득해서 적군이 물러가도록 해야 할 텐데….

❶ 서희

❷ 성종

❸ 윤관

❹ 소배압

❺ 강감찬

고려에 쳐들어온 까닭이 무엇이오?
고려는 신라 땅에서 일어났고 고구려의 옛 땅은 우리가 가졌는데, 고려가 우리 땅을 침입했소.
소손녕
서희
또한 우리를 멀리하며 송을 섬기고 있기 때문이오.

우리 고려야말로 고구려의 진정한 후예요. 그래서 이름까지 고려라 하지 않았소?

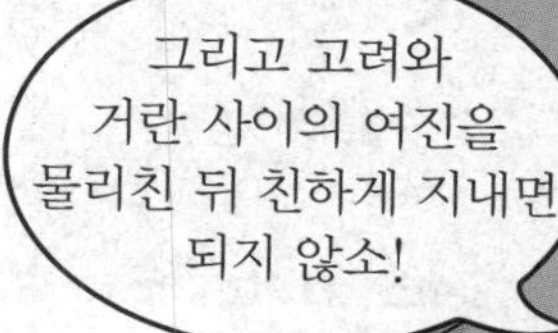
당당하고 논리적인 모습! 거란의 코가 납작해지겠는걸.

그리고 고려와 거란 사이의 여진을 물리친 뒤 친하게 지내면 되지 않소!
음, 말로는 도저히 대적할 수가 없구나!

정답은? ❶번

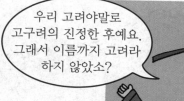

만주 일대에 성장한 거란은 발해를 멸망시키고 고려와 국경을 접하게 되었어. 고려는 송과 친하게 지냈지만, 거란과는 적대적이었어. 이에 993년, 소손녕이 이끄는 거란군이 고려를 침입했어. 그때 서희는 차근차근 소손녕을 설득시켜 거란군을 물러나게 했지.

106 고려가 거란과 외교 담판 뒤, 압록강 이남에 설치한 것은?

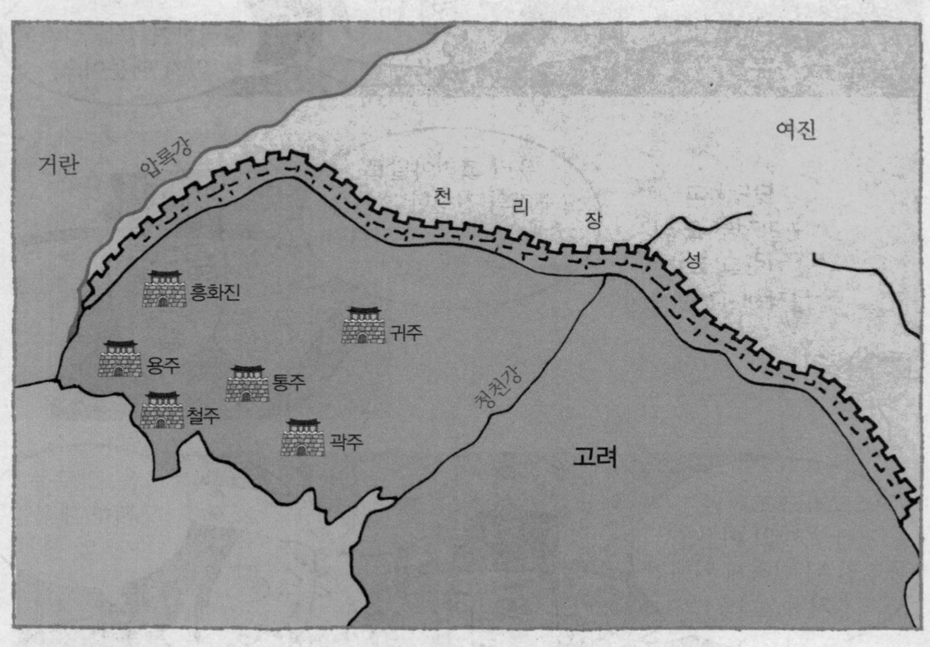

거란
압록강
여진
천
리
장
성
흥화진
귀주
용주
통주
철주
곽주
청천강
고려

❶ 동북 9성

❷ 강동 6주

❸ 동북 6성

❹ 고려 6주

❺ 별무반

우리가 여진을 물리치고 우리의 옛 땅인 압록강 이남을 되찾는다면 우리가 어찌 거란과 통로를 열어 가까이 지내지 않겠소?

너무 논리적이야.

강동 6주의 탄생을 예고하는 역사적 담화의 현장이군.

장군의 뜻을 받아들이겠소!

고려와 외교 관계를 맺은 것에 만족해야지.

정답은?
❷번

서희는 논리적으로 거란의 소손녕을 설득하여 압록강 이남 동쪽의 땅을 고려의 땅으로 인정받았어. 그리고 그곳에 자리 잡았던 여진을 물리친 뒤 성을 쌓고 강동 6주를 설치했지. 강동 6주는 흥화진, 귀주, 용주, 철주, 통주, 곽주를 말해.

107 강감찬이 거란에 맞서 활약한 전투는?

고려를
쳐부수자!

발단 1018년에 소배압이 이끄는 거란군이 고려로 쳐들어왔다.

아이,
속상해.

경과 소배압은 개경 공격에 실패하고 돌아가기로 했다.

다시는 고려에
얼씬대지 못하게 하라!

결과 강감찬이 돌아가던 거란군을 크게 무찔렀다.

❶ 행주 대첩

❷ 처인성 전투

❸ 귀주 대첩

❹ 살수 대첩

❺ 한산도 대첩

귀주 대첩의 영웅, 강감찬 장군

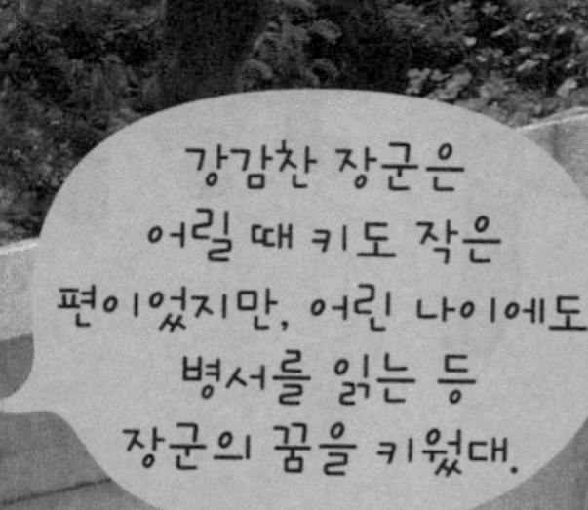
강감찬 장군은
어릴 때 키도 작은
편이었지만, 어린 나이에도
병서를 읽는 등
장군의 꿈을 키웠대.

고려를 구한 강감찬 장군

강감찬 장군의 출생지인 낙성대

정답은?
3번

고려가 거란의 강동 6주 반환 요청을 거부하자, 1018년에 소배압이 10만 거란군을 이끌고 고려로 쳐들어왔어. 1019년, 강감찬은 냇물을 막았다가 한 번에 흘려 보내는 전략으로 타격을 입힌 다음, 물러나는 거란군을 귀주에서 크게 물리쳤어. 이게 '귀주 대첩'이야.

108

윤관이 여진족을 토벌하기 위해 만든 특수 부대는?

윤관 장군님과 한마음으로!
윤관
우리의 힘을 보여 줄 때가 왔다.

❶ 해병대

❷ 삼별초

❸ 별무반

❹ 특수반

❺ 조의선인

별무반의 구성

신보군
보병인 **신보군**

신기군
기병인 **신기군**

항마군
승려로 이루어진 **항마군**

별무반의 작전

① 전방에서 신기군이 돌격하여 적의 기세를 꺾는다.
② 이때 기세를 몰아 신보군이 전진하여 달려든다.
③ 후방에서는 항마군이 잘 싸울 수 있도록 받쳐 준다.

윤관이 여진족을 정벌하고 동북 9성을 쌓은 뒤 선춘령에 '고려의 영토'라고 새긴 비를 세웠는데, 이때의 모습을 추측해 그린 〈척경입비도〉이다.

정답은?
3번

여진족은 초기에는 고려를 부모의 나라로 섬겼으나, 12세기 초 세력을 확장하면서 고려와 충돌했어. 이에 1104년, 고려는 윤관의 건의로 특수 부대인 별무반을 조직했어. 그리고 1107년에 윤관은 별무반과 17만 대군을 이끌고 여진족을 격퇴하고 동북 9성을 쌓았으나, 1년 만에 돌려주었어.

109

고려의 천민 계층에 속하지 않는 사람은?

①
노비

②
도살업자

③
뱃사공

④
농민

⑤
광대

천민은 가장 낮은 신분으로 사는 사람들이지!

고려의 신분 계층

지배 계층

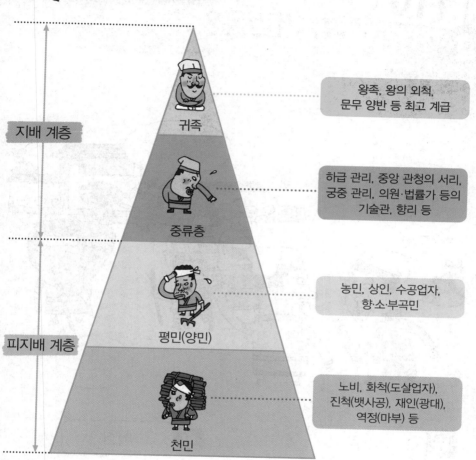

- 귀족: 왕족, 왕의 외척, 문무 양반 등 최고 계급
- 중류층: 하급 관리, 중앙 관청의 서리, 궁중 관리, 의원·법률가 등의 기술관, 향리 등

피지배 계층

- 평민(양민): 농민, 상인, 수공업자, 향·소·부곡민
- 천민: 노비, 화척(도살업자), 진척(뱃사공), 재인(광대), 역정(마부) 등

정답은?
④번

고려 사회의 신분은 귀족, 중류층, 평민(양민), 천민으로 나뉘었어. 대대로 신분을 물려받았고, 신분 사이의 구별이 엄격했어. 귀족과 중류층은 지배 계층이고, 평민과 천민은 피지배 계층이었지. ④번의 농민은 평민에 속했어.

110

다음과 관계있는 고려의 사회 기관은?

여기에 가면 곡식을 꿀 수 있다며?

춘궁기나 흉년에 빌려주려고 곡식을 저장해 놓는다는구먼.

추수하거든 꼭 갚아야 하네.

휴, 한시름 덜었네.

❶ 대비원

❷ 의창

❸ 제위보

❹ 상평창

❺ 혜민국

나도 도움이 필요해. 멍!

곡식을
내놓아 물가를
조절하시오!
상평창

물가를 조절하는 **상평창**

도와줄게!
제위보
아이고,
살았다.

구제를 위한 **제위보**

대비원
요, 고뿔
때문에….

병을 치료해 주는 **대비원**

혜민국
약을
얻어 정말
다행이야.

약을 무료로 나누어 주는 **혜민국**

이 외에도 교육을 장려하는 학보,
불교 장학 재단인 경보 등
고려 시대에는 보가 많았어.

정답은?
❷번

고려 시대에는 백성들을 위한 구제 대책이 있었어. 의창은 평상시에 곡식을 저장해 두었다가 춘궁기나 흉년에 빌려주는 국립 구호 기관이었어. 또한 성종 때 설치된 상평창은 값이 쌀 때 곡물을 사 두었다가 곡물 값이 오르면 싼값에 내놓아 물가를 조절하였어. 이 외에도 여러 가지 빈민 구제 기관과 의료 기관이 있었어.

고려의 사회 모습에 대한 설명으로 잘못된 것은?

① 혼인은 같은 계층 사이에서 했으며 자유롭게 교제했다.

② 근친혼과 동성혼이 널리 행해졌다.

③ 단오, 유두, 한가위 등의 명절이 있었다.

④ 종교 행사는 법으로 금지되어 있었다.

⑤ 남녀의 차별이 크지 않아 딸도 재산에 대한 권리가 있었다.

고려의
무궁한 발전을
기원합니다.
불교
행사

팔관회 연등회

야호~!

풍속

액운을 말끔히
씻어 주세요!

단옷날 그네 타기 유둣날 머리 감기

이 외에도
한가위에 조상께
제사를 지내는 등
여러 행사가
있었어.

정답은?
④번

고려의 불교는 생활과 가까이 있었어. 그래서 나라의 평안을 천지 신명께 비는 팔관회나 석가 탄신일에 복을 비는 연등회 같은 종교 행사가 자주 열렸어. 한편, 혼인 풍습으로는 데릴사위제가 있었고, 가까운 일가붙이와 혼인하는 근친혼이나 같은 성씨끼리 혼인하는 동성혼이 성행했어.

112

고려 때 만들어진, 우리나라 최초의 화폐는?

개경에는 번듯한 상점이 많군.
그래서 사람들도 많이 모이지.

사람들은 물건을 사고팔 때 대부분 곡식이나 옷감으로 바꿨지.

무겁기도 하고 불편하지.
그래서 화폐가 만들어지지 않았는가!

짜잔! 내 이름은 뭘까?

❶ 해동통보

❷ 삼한통보

❸ 상평통보

❹ 동국통보

❺ 건원중보

우리나라
최초의 화폐!

건원중보

동국통보

삼한통보

활구

해동통보

난 그것으로 물건을
살 수 있다는 게
믿어지지가 않아요!

오! 고려의
화폐가 한눈에
들어오네.

이렇게 간편하고
좋을 수가!

정답은?
5번

고려 시대의 경제에서 농업은 중요했어. 사람들은 물건을 사고팔 때 쌀과 베를 이용했는데, 점차 불편을 느껴 화폐를 만들게 되었어. 그래서 996년, '건원중보'라는 화폐가 최초로 만들어진 거지. 그러나 화폐에 대한 이해가 부족하여 널리 쓰이지 못했어.

113 고려의 대외 무역에 대한 설명으로 잘못된 것은?

① 여진과는 교역을 하지 않았다.

② 아라비아 상인과 교역을 하였다.

③ 무역 항구로 벽란도가 번창하였다.

④ 송과의 무역이 가장 활발했다.

⑤ 우리나라가 '코리아'로 서양에 알려졌다.

어제는 송나라 사람들이 오더니, 오늘은 일본 사람들이 왔나 보군.
아잉~ 깎아 줘

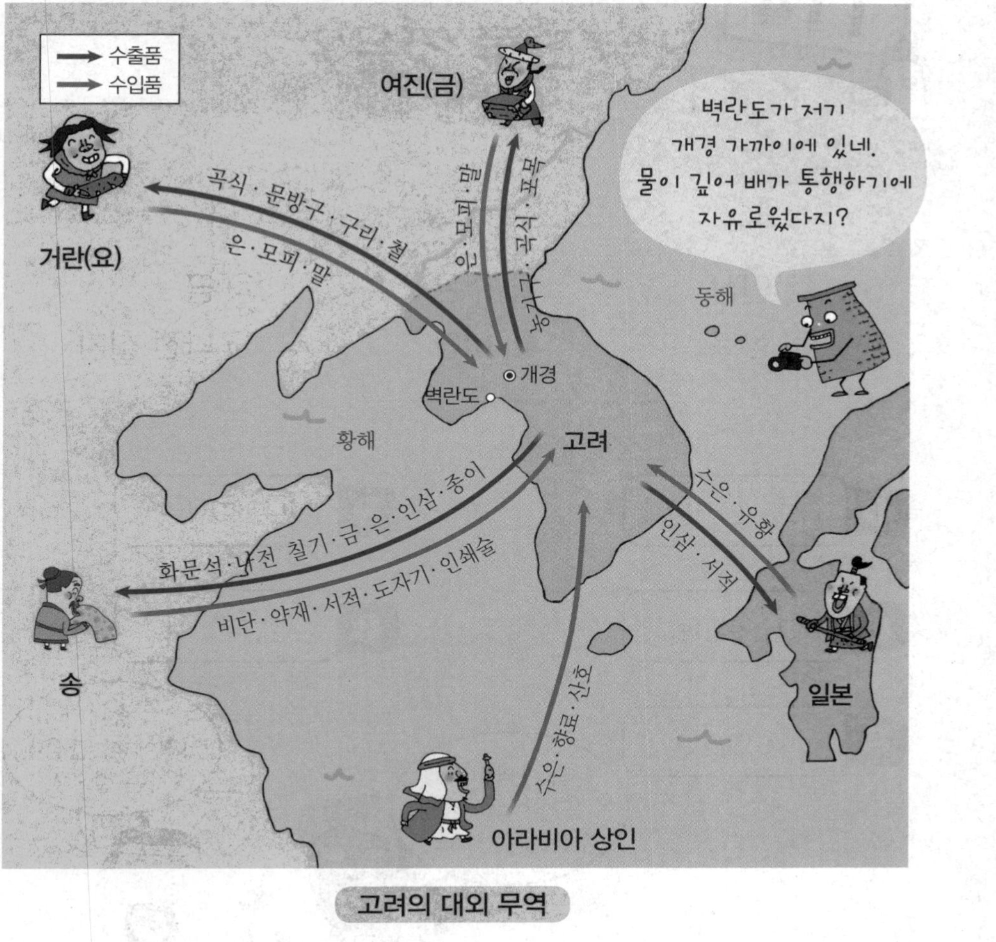

고려의 대외 무역

정답은?
①번

고려는 송을 비롯해 거란, 여진, 아라비아, 일본 등과 교역을 했어. 그 결과 고려가 '코리아'라는 이름으로 서양에 알려지게 되었어. 또한 예성강 하류의 벽란도는 여러 나라의 배들이 모여드는 중요한 국제 무역항으로 번성했지.

114

고려에서 수출한 물건을 모두 고른 것은?

㉠ 인삼	㉡ 수은	㉢ 금
㉣ 향료	㉤ 비단	㉥ 나전 칠기

❶ ㉠, ㉡, ㉣

❷ ㉡, ㉢, ㉣

❸ ㉠, ㉢, ㉥

❹ ㉢, ㉣, ㉥

❺ ㉡, ㉣, ㉤

우리 아라비아의 수은 좋아요. 김씨, 수은 안 살래요?

전 송나라 서적에 더 관심이 가는 걸요?

수은, 향료, 산호

인삼, 화문석, 종이

서적

우리나라 책 좋다해. 나도 김씨네 인삼 세 뿌리 달라해.

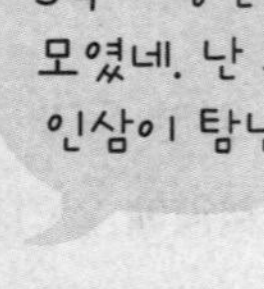
3국의 상인들이
모였네. 난 고려
인삼이 탐난다.

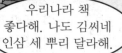

고려 상인은 주로 송나라에 금, 은, 인삼, 나전 칠기, 화문석, 종이 등을 팔았어.

금잔과 잔 받침

인삼

나전 칠기

정답은?
3번

고려, 송, 아라비아, 일본 상인들은 자기 나라의 특산품을 다른 나라에 팔기도 하고, 또 다른 나라의 물건을 사기도 했어. 고려는 문화가 발달한 송과 활발히 교류했는데, 사신, 학자, 승려들을 송으로 보내 문화나 여러 가지 제도를 받아들였어.

115

다음을 통해 알 수 있는 고려 전기 사회의 모습은?

왠지 집안
자랑하는 냄새가
나는데?

· 해주 최씨(최충)
· 경원 이씨(이자연)
· 경주 김씨(김부식)
· 파평 윤씨(윤관)

① 사유 재산을 인정하는 사회였다.

② 누구에게나 똑같은 기회가 주어졌다.

③ 무신들이 중심이 되어 정치가 이루어졌다.

④ 대대로 고위 관리가 되는 문벌 귀족이 있었다.

⑤ 여러 민족이 어우러져 사는 다민족 사회였다.

문벌 귀족 사회의 성립

왜 저리
태평이야?
아버지가
3품 벼슬이래.
음서 제도를
믿는 게로군.

음서 제도를 통해 과거를 거치지 않고 관리가 될 수 있었다.

자손 대대로
물려줄 내 땅!

공음전은 5품 이상의 고위 관리에게 준 토지로, 세습할 수 있었다.

우리는
이 시대의 지배층!
특권은
당연한 것!

문벌 귀족들은 그들만의 특권을 오랫동안 지키려고 했다.

정답은?
4번

고려 전기에는 여러 대에 걸쳐 고위 관리가 배출되는 가문이 등장하였는데, 이들을 '문벌 귀족'이라고 해. 이들은 개경에 살면서 중요한 관직을 독점하고, 공음전의 혜택을 받으면서 많은 토지와 노비를 소유했어. 주로 왕실이나 다른 문벌 귀족 집안과 혼인하여 권력을 장악하고 정치를 주도했지.

116

다음에서 찾고 있는 고려의 문벌 귀족은?

사람을 찾습니다

☆ **가문**: 경원 이씨 집안

☆ **가족**: 할아버지 이자연, 외손자 고려 인종

☆ **정계 진출의 계기**: 할아버지 덕분에 과거 시험 없이 벼슬에 오름.

☆ **특기**: 중요한 관직에 자식들 앉히기, 뇌물 챙기기, 거슬리는 사람 귀양 보내기 등

① 척준경

② 이자겸

③ 이의방

④ 이소응

⑤ 이의민

이자겸의 난

난 인종의 외조부!
이제 내 세상일세.
인종
이자겸

이자겸이 왕실과 외척 관계를 이루어 정권을 장악했다.

인종과 신하들이
날 제거하려고 하는데
어찌 해야 하오?
군사를
일으킵시다.
이자겸
척준경

이자겸의 권력이 강해지자, 인종이 이자겸을 제거하려고 했다.

폐하,
피하시옵소서!

이자겸은 반란을 일으켜 궁을 불태우고 인종을 감금했다.

척준경, 네가
나를 배신해?

그러나 그 뒤 이자겸은 척준경의 배신으로 체포되어 귀양을 갔다.

정답은?
❷번

이자겸의 난은 지배층 사이의 분열과 문벌 귀족 사회의 모순을 그대로 드러낸 사건이야. 이자겸은 외손자인 인종이 즉위하는 데 큰 역할을 한 뒤 셋째와 넷째 딸도 인종과 혼인시켜 막강한 권력을 행사했어. 인종이 자신을 제거하려 하자 반란을 일으켜 자신이 왕이 되려고 했다가 결국 제거되고 말았지.

고려 중기 두 정치 세력의 빈칸에 들어갈 사람은?

개경파 VS 서경파

	개경파	서경파
중심 인물	( )	묘청·정지상
출신 배경	문벌 귀족	지방 세력
대외 정책	사대주의	북진 정책
기본 사상	유교	풍수지리
역사 의식	신라 계승	고구려 계승

① 김안

② 백수한

③ 박수경

④ 김종식

⑤ 김부식

개경파
금나라의 요구를
들어주어야 합니다.

서경파
금을
정벌합시다!
나라의 자존심은
어디에 있나?

서경 천도는 절대로
아니 되옵니다!!

풍수지리적으로
서경이 좋단 말이지?
일단 가 보고!

정답은?
5번

이자겸의 난으로 왕실의 권위는 떨어지고, 특정 가문이 정권을 독점하는 일이 계속되는 가운데 개경의 귀족 세력인 김부식 일파 역시 이자겸처럼 금나라에 대해 사대 정책을 이어 갔어. 그러자 묘청·정지상 등 서경 출신을 중심으로 이에 반대하며 서경으로 도읍을 옮길 것을 주장했어.

118 묘청이 난을 일으키며 주장한 내용이 아닌 것은?

① 서경으로 도읍을 옮깁시다!
② 금나라를 정벌합시다!
③ 유교 이념을 지켜야 합니다!
와
와
④ 이제 나라 이름은 대위입니다!
⑤ 고려의 왕을 황제로 불러야 합니다!

묘청은 서경을
중심으로 북쪽에서
세력을 형성했었구나.
그런데 관군의 힘이
너무 강했어.

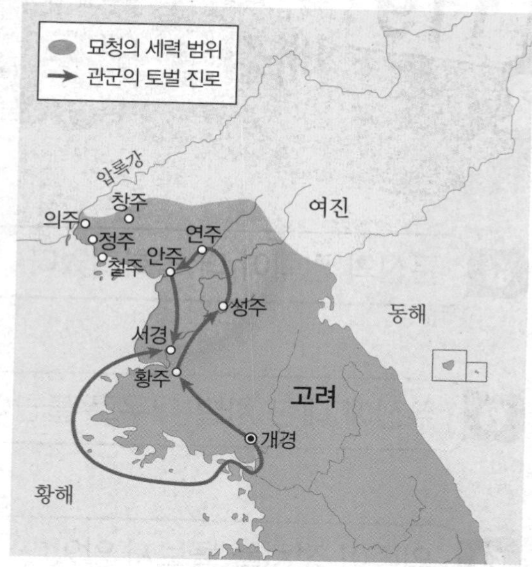
묘청의 세력 범위
관군의 토벌 진로
압록강
창주
의주
정주
철주
안주
연주
성주
서경
황주
고려
개경
여진
동해
황해

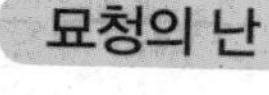
묘청의 난

춥고
배고파!
더 이상은
무리야.
서경성
이제는
지쳤어!

정답은?
3번

서경 천도 계획이 좌절되자, 1135년 1월에 묘청은 서경에서 난을 일으켜 서경 천도와 금나라 정벌을 주장했어. 또한 나라 이름을 대위, 연호를 천개라고 했어. 그러나 김부식이 이끄는 관군에 의해 1년여 만에 진압되었어. 비록 실패로 끝났지만 고려인의 북진 정책과 자주 의식을 표현한 것이어서 그 의미가 커.

119 무신 정변이 일어나게 된 배경을 모두 고르면?

① 문신의 권력이 더 약화되었다.

② 무신에 대한 차별 대우로 불만이 쌓였다.

③ 의종이 정치를 돌보지 않았다.

④ 의종이 문신들을 탄압했다.

⑤ 무신들이 군사 지휘권을 장악하고 있었다.

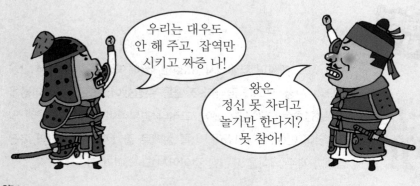

우리는 대우도
안 해 주고, 잡역만
시키고 짜증 나!

왕은
정신 못 차리고
놀기만 한다지?
못 참아!

무신 정변이 일어나기 전

정중부 이놈,
이참에 골려 주자.
앗, 뜨거!
웬 놈이냐?
김돈중
정중부

찰싹
어이쿠!

무신이
감히….
앗, 실수!
두고 보자!

1142년, 김부식의 아들 김돈중이 무신 정중부의 수염을 촛불로 태운 일이 있었다.

찌직
너 같은 놈이
무슨 장군이야?
이소응
한뢰

1170년, 젊은 문신 한뢰가 나이 많은 무신 이소응에게 욕을 하며 뺨을 때린 일이 있었다.

무신들이
오죽했으면….

정답은?
②, ③번

무신들은 정치권력은 물론이고, 토지 분배, 군사 지휘권 등에서 문신에 비해 불리한 대우를 받으면서 불만이 점차 쌓여 갔어. 마침내 폭발한 무신들이 1170년에 정변을 일으키게 되었어. 무신들은 문신들을 죽이고 의종을 쫓아낸 뒤 명종을 왕으로 세웠어.

120 무신 정권 초기, 최고의 정치 기구는?

이제 우리가 중심이 되는 거요!
그동안 당했던 것을 갚아 줍시다!
우리 무신들이 권력을 잡읍시다!

난 아무 힘도 없어.
잉잉~
명종

무신들이 이곳에서 회의할 때 왕은 뭐 하고 있지?

❶ 서방　❷ 동방　❸ 정방
❹ 중방　❺ 삼별초

무신들의 권력 투쟁

이젠 무신들이 권력의 맛을 봤구나.

으악
어딜 까불어!

무신들이 정권을 잡자, 권력 다툼에 정국이 어지러웠다.

절에서 염불이나 욀 것이지!
어디 뜨거운 맛 좀 봐라!

무신 정권에 저항하는 세력이 일어났으나 실패했다.

정답은?
4번

중방은 고려 때 2군 6위의 상장군과 대장군이 모여 회의하던 곳이야. 무신들은 중방을 중심으로 정치를 하였는데, 관직을 독차지하면서 무신들 사이의 권력 투쟁도 계속되었어. 그들은 자신의 세력을 키우려고 동료 무신을 죽이기도 했어. 이때 왕은 거의 허수아비나 다름없었지.

121

무신 정권의 집권자가 바뀐 순서대로 나열된 것은?

내 딸이
태자비야!

㉠ 이의방

나만의 시대가
열렸다! 다들 붙어!

㉡ 정중부

무신들의 횡포를 뿌리 뽑겠다!

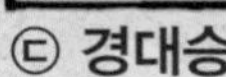
㉢ 경대승

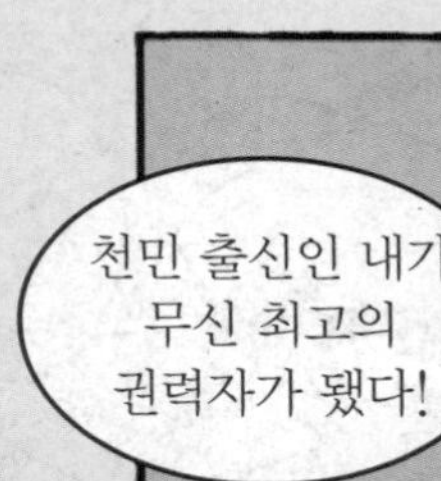
천민 출신인 내가
무신 최고의
권력자가 됐다!

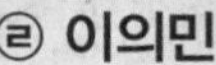
㉣ 이의민

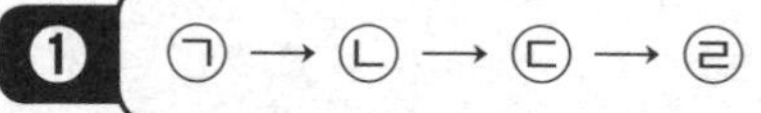
① ㉠ → ㉡ → ㉢ → ㉣

② ㉠ → ㉡ → ㉣ → ㉢

③ ㉣ → ㉡ → ㉢ → ㉠

④ ㉢ → ㉡ → ㉣ → ㉠

⑤ ㉠ → ㉢ → ㉡ → ㉣

와! 무신 집권자는
이후에도 쭉
바뀌는구나.

그중 최씨 정권은
60여 년 동안
독재를 하지.

나, 최충헌은
혼란스러운 정국을 말끔히
정리하겠노라!

연도	집권자	권력 기구
1170	이의방	중방
1174	정중부	중방
1179	경대승	중방
1183	이의민	중방
1196	최충헌	교정도감
1219	최 우	교정도감·정방
1249	최 항	교정도감·정방
1257	최 의	교정도감·정방
1258	김 준	교정도감·정방
1268	임 연	교정도감·정방
1270	임유무	교정도감·정방

무신 정권의 변천과 권력 기구

정답은?
①번

이의방이 딸을 태자비로 삼고 권력을 남용하다가 이를 못마땅하게 생각한 정중부 쪽에 의해 죽임을 당해. 이로써 정중부 1인 독재 시대가 열렸는데, 아들과 사위가 그의 권력에 의지해 위세를 부렸어. 이때 경대승이 정중부 일당을 제거하고 정권을 잡았지만 5년 만에 죽고, 이의민이 무신 정권의 최고 권력자가 되었지.

122 무신 정권 당시, 다음 봉기를 주도한 사람은?

태어날 때부터 왕후장상의 씨가 따로 있는 것이 아닌데, 왜 노비만 뼈 빠지게 일해야 합니까?
우리 함께 뭉쳐서 싸웁시다!
옳소!
와
와
누런 종이를 몸에 지녀 표지로 삼읍시다.
나도 주시오.
나도 한 장!
윽! 밀지마시오! 이건 뭐.. 싸인도 아니고…
밀지마!
아야
흥국사에서 모입시다!

① 망이

② 망소이

③ 효심

④ 만적

⑤ 김사미

● 주요 민란 발생지

무신 집권기에는 전국에서 농민·천민의 봉기가 끊임없이 일어났어.

봉기	연도	장소
최광수	1217	서경
만적	1198	개경
김사미	1193	운문
망이·망소이	1176	공주
이비·패좌	1202	동경
전주 관노비	1182	전주
이연년 형제	1237	담양
효심	1193	초전
광명·계발	1200	진주

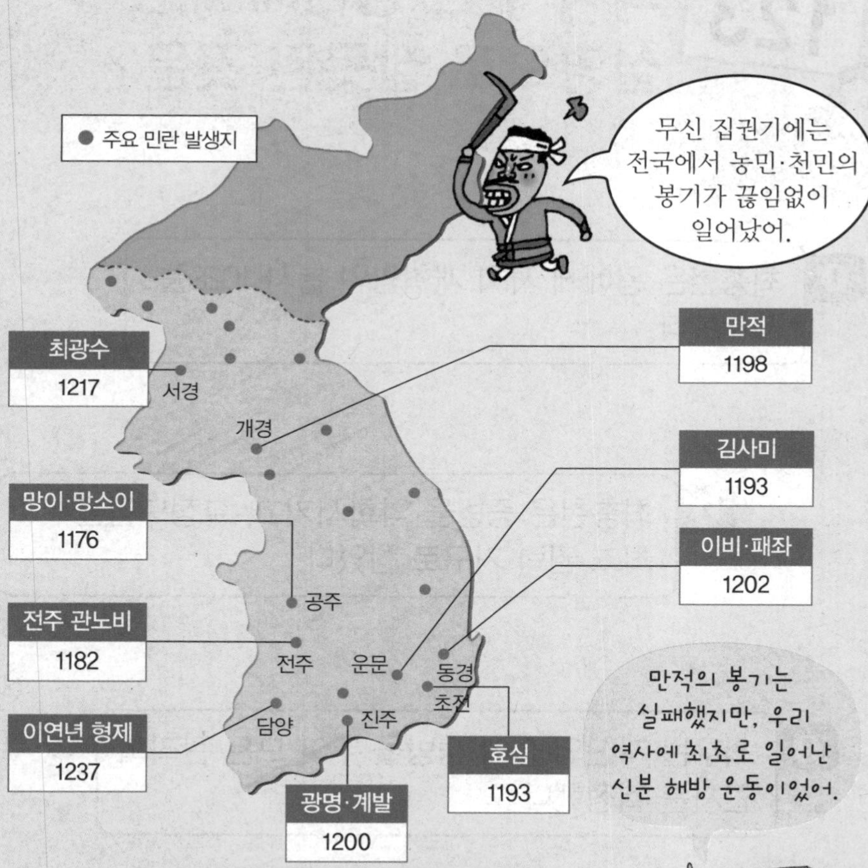

농민과 천민의 봉기가 일어난 곳

만적의 봉기는 실패했지만, 우리 역사에 최초로 일어난 신분 해방 운동이었어.

정답은? ④번

1198년, 개경의 북산에서 최충헌의 노비인 만적이 나무하러 온 다른 노비들을 모아 무신 정권에 강력하게 저항하며 노비 해방을 외쳤어. 그들은 누런 종이 수천 장을 잘라 정(丁) 자를 새겨 표지를 삼고 정해진 날에 흥국사에서 거사하기로 했어. 그러나 한충유의 노비인 순정의 배반으로 실패하고 말았어.

123

최씨 무신 정권에 대한 설명으로 잘못된 것은?

❶ 최충헌은 왕에게 사회 개혁안인 봉사 10조를 제시했다.

❷ 최충헌은 중방을 약화시키고, 교정도감을 최고 권력 기구로 삼았다.

❸ 최우는 자신의 집에 정방을 두어 모든 관리의 인사를 결정했다.

❹ 최우는 야별초를 만들어 자신의 권력을 보호하는 군사력으로 활용했다.

❺ 최씨 정권은 최충헌, 최우의 2대로 끝났다.

우리 집안이
장기 집권한 건
내가 남다르게 기틀을
확립한 덕이지!
최충헌(1149~1219)

봉사 10조를 올렸다.

사람도 직접
뽑고,
나라 살림은
내 살림!
숨겨 둔
재산 있지?
교정도감

최고 권력 기구인
교정도감을 세웠다.

하나 둘
셋 넷

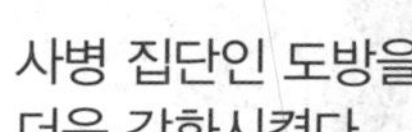

사병 집단인 도방을
더욱 강화시켰다.

정답은?
5번

무신 정변 이후 혼란에 빠진 고려는 1196년, 최충헌이 권력을 잡으면서 안정되기 시작했어. 최충헌은 강력한 독재 정치를 폈지. 이후 아들인 최우가 권력을 이어받아 정권을 유지했고, 최항, 최의에 이르기까지 4대 60여 년 동안 최씨 집안이 권력을 장악했어.

124 몽골의 1차 침입에 대한 설명으로 잘못된 것은?

❶ 몽골 사신 피살을 구실로 고려를 침입했다.

❷ 귀주성에서 박서 장군이 몽골군에 저항했다.

❸ 고려는 몽골과 강화를 맺었다.

❹ 최우 정권은 수도를 제주도로 옮겼다.

❺ 고려군과 백성들이 강력히 저항했다.

꽉
아힝~
꽉
살리타
감히 우리
사신을….

고려의 또 다른 수도, 강화 고려궁지

강화에 지은 궁궐의 정문인 승평문

강화 고려궁지에 조선 제22대 임금 정조가 설치한 도서관, 외규장각

정답은?
4번

1231년, 몽골군이 고려로 쳐들어왔을 때 박서 장군은 백성들과 귀주성을 끝까지 지켰어. 그러나 이후 고려는 몽골과 강화를 맺었고, 몽골은 고려 여러 곳에 다루가치를 두어 다스리게 하고는 물러갔어. 1232년, 최우 정권은 몽골이 다시 쳐들어올 것을 대비하여 강화도로 수도를 옮겼는데, 이곳은 39년 동안 수도로 사용되었어.

125 몽골의 침입 때 다음과 같이 활약한 사람은?

☆ 고려 후기의 승려 장군으로, 처인성 전투에서 살리타를 활로 쏘아 죽였다.

☆ 충주성 전투에서 노비들의 사기를 높여 몽골군을 격퇴했다.

처인성(용인)에서 치열하게 싸워 몽골군을 무너뜨리는 모습이야.

❶ 박서　❷ 김윤후

❸ 윤관　❹ 김준

❺ 임유무

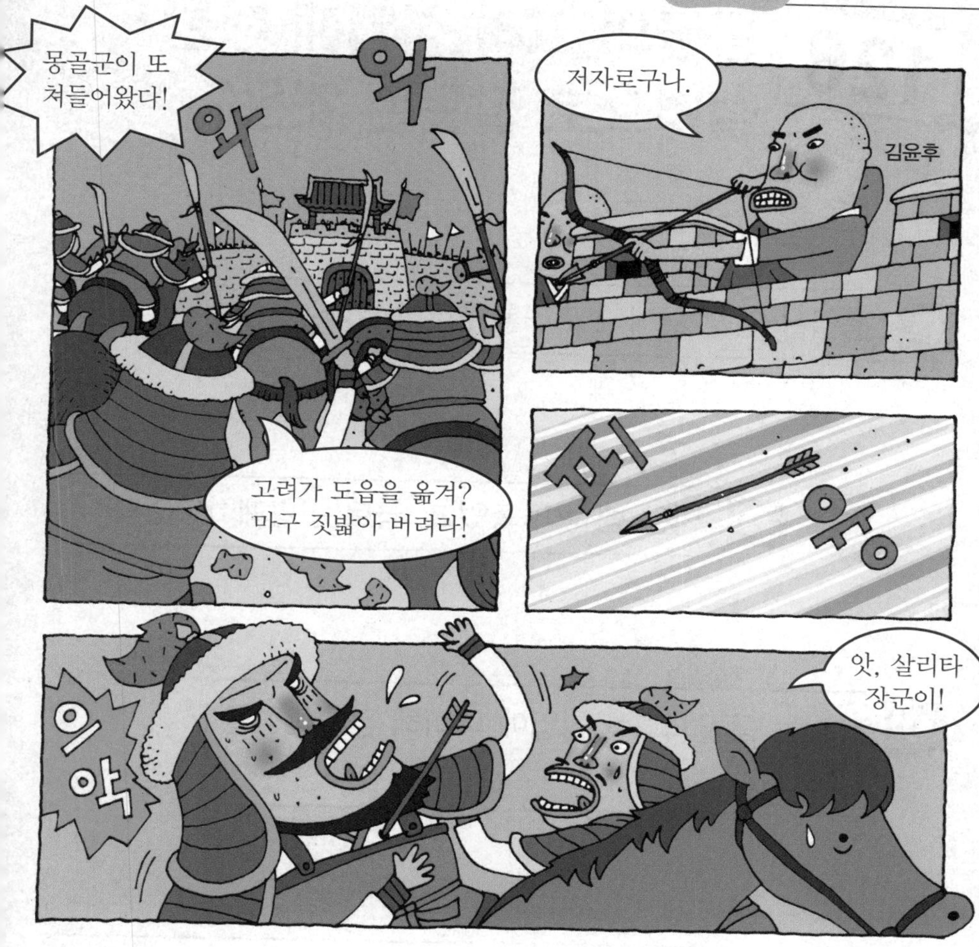

공부한 날 월 일

몽골군이 또
쳐들어왔다!

와

와

고려가 도읍을 옮겨?
마구 짓밟아 버려라!

저자로구나.

김윤후

피

융

앗, 살리타
장군이!

으악

정답은?
2번

김윤후는 승려가 되어 백현원에 있다가 1232년에 몽골이 침입하자, 승려로 조직된 군대를 이끌고 처인성에서 몽골군과 맞섰어. 이때 몽골군의 장수 살리타를 화살로 쏘아 죽였지. 이후 1253년에 몽골군이 충주성으로 쳐들어왔을 때도 관노비의 부적을 불사르고 소와 말을 나누어 주며 사기를 높여 몽골군을 물리쳤어.

몽골의 고려 침입에 대한 설명으로 잘못된 것은?

① 몽골은 여섯 차례나 고려를 침입하였다.

② 많은 백성이 죽었고, 국토는 황폐화되었다.

③ 고려는 몽골의 2차 침입에 대비해 강화산성을 쌓았다.

④ 몽골군은 경주 황룡사와 황룡사 9층 목탑을 불태웠다.

⑤ 고려는 유교의 힘으로 몽골군의 침입을 막고자 했다.

몽골의 2차 침입에 대비해 세운 강화산성

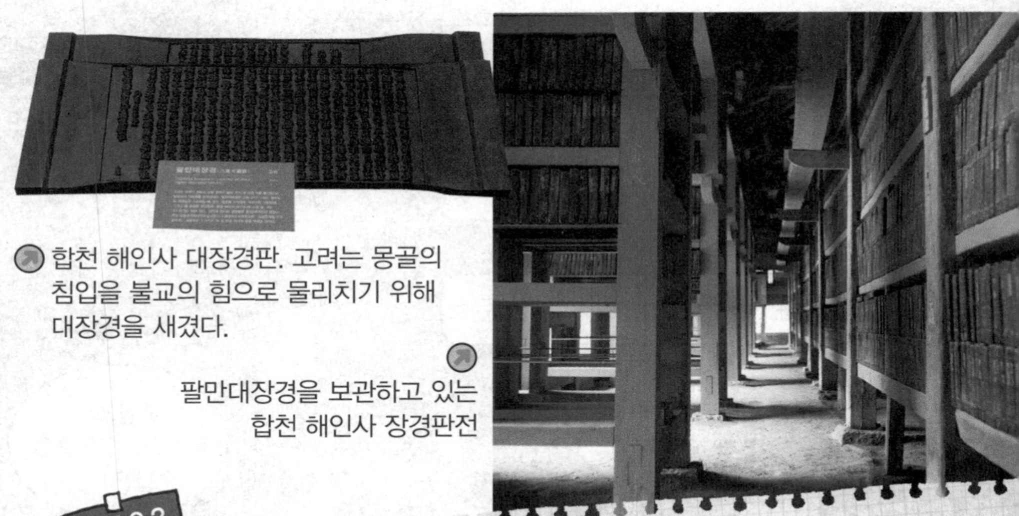

합천 해인사 대장경판. 고려는 몽골의 침입을 불교의 힘으로 물리치기 위해 대장경을 새겼다.

팔만대장경을 보관하고 있는 합천 해인사 장경판전

정답은?
5번

여섯 차례에 걸친 몽골군의 침입으로 고려의 많은 백성이 죽거나 포로가 되었고, 국토는 황폐해졌어. 또한 신라 때 세운 황룡사 9층 목탑이 불타는 등 많은 문화재가 소실되었지. 이에 고려는 성을 쌓아 대비하기도 하고, 불교의 힘으로 몽골군의 침입을 막기 위해 팔만대장경을 새기기 시작했어.

127 삼별초가 항쟁한 경로를 바르게 나열한 것은?

1. 진도 → 제주도 → 강화도
2. 강화도 → 제주도 → 진도
3. 강화도 → 진도 → 제주도
4. 제주도 → 진도 → 강화도
5. 진도 → 강화도 → 제주도

끈질기네.
삼별초가 이대로 물러날 것 같으냐!

이곳은
몽골에 맞서 싸워
강화해협을 지켰던
갑곶돈대야.
'갑곶'은 갑옷을 쌓아서
다리를 만들어도 될 만큼
얕은 바다라는 뜻이고,
'돈대'는 대포를 배치한
보루를 말해.

정답은? ❸번

1270년에 고려가 몽골과 강화를 하고 개경으로 도읍을 옮기려고 하자, 배중손을 중심으로 한 삼별초는 몽골과 끝까지 싸우겠다고 했어. 이들은 고려 조정의 해산 명령을 따르지 않고, 강화도에서 진도, 제주도로 옮기면서 대몽 항쟁을 계속했지. 그러나 제주도에서 고려와 몽골의 연합군에 의해 진압되었어.

128 고려에 설치한 원나라 기관을 바르게 짝지은 것은?

고려에
(㉠)을(를) 두어
일본을 손에 넣어야지!
일본
철령 이북에
(㉡)을(를) 설치해
이 지방을 다스려라!

① ㉠ 정동행성 – ㉡ 쌍성총관부

② ㉠ 삼별초 – ㉡ 정동행성

③ ㉠ 정동행성 – ㉡ 탐라총관부

④ ㉠ 탐라총관부 – ㉡ 쌍성총관부

⑤ ㉠ 탐라총관부 – ㉡ 정동행성

탐라는
제주도의
옛 이름인데?

원의 내정 간섭

폭풍우다!
배가 뒤집혀!
사람 살려!
일본 원정은
무리야!

원은 고려를 끌어들여 일본 정벌에 나섰지만 태풍 때문에 실패하였다.

동녕부
쌍성총관부
탐라총관부
서경
철령 이북
제주도

원은 동녕부, 쌍성총관부, 탐라총관부를 설치해 고려의 영토 일부를 빼앗았다.

정답은?
1번

원의 세조 쿠빌라이는 일본을 정복하기 위해 고려군과 함께 두 차례에 걸쳐 원정을 시도했어. 원은 1280년, 제2차 일본 정벌을 위해 고려에 정동행성이라는 관청을 설치하기도 했지. 그리고 철령 이북에 쌍성총관부, 서경에 동녕부, 제주도에 탐라총관부를 두고 고려의 영토를 일부 지배했어.

129 고려 왕의 칭호에 '충' 자를 붙였던 까닭은?

충렬왕, 충선왕….
언제까지 '충' 자가
붙여질까?

고려가 힘이
있어야 하는데
말입니다.
집어치우시오!
누가 그것을
모르오!

❶ 건강하게 오래 살기 위해서

❷ 원나라에 충성하라는 뜻에서

❸ 예전부터 내려온 것이기 때문에

❹ 고려를 더욱 부강하게 하기 위해서

❺ 원나라에 대한 저항 정신을 높이기 위해서

공부한 날 월 일

혼인이 성사되어 정말 다행이옵니다.

그렇세…

원과는 평화를 유지할 수 있고, 무신 정변 이후 떨어진 왕실의 권위를 회복할 수 있지요.

원나라는 왜 이렇게 간섭하는 거야? 저것 좀 보라고!

이제 고려는 부마국에 맞게 원에 충성하시오!

그런 소리 하려고 사위 삼았소?

괴롭다.

'부마국'은 사위의 나라라는 뜻이야.

정답은?
❷번

원나라는 고려를 '사위의 나라'로 삼아 고려의 저항 정신을 약화시키려고 했어. 원나라 공주와 처음으로 결혼한 고려의 왕은 충렬왕인데, 원나라는 자기네 나라에 충성하라는 뜻에서 고려 왕의 칭호에 '충' 자를 붙였어. 그래서 고려 말기 왕의 이름은 충렬왕, 충선왕, 충숙왕, 충혜왕 등이었지.

130 원이 고려를 간섭할 당시의 일을 모두 고른 것은?

㉠ 고려는 원나라에 남자를 공녀로 바쳤다.

㉡ 원나라는 금·은·옷감 등을 공물로 요구했다.

㉢ 원나라는 고려 사람들에게 몽골어를 쓰게 했다.

㉣ 원나라는 고려에 매를 사육하는 응방도감을 설치했다.

㉤ 고려에 원나라의 풍습이 전해졌는데, 이것을 '고려양'이라고 불렀다.

왜
간섭하냐고!

① ㉠, ㉡, ㉢

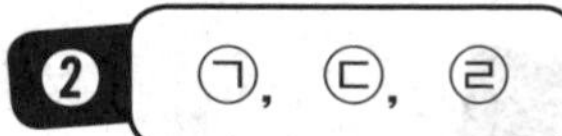

② ㉠, ㉢, ㉣

③ ㉡, ㉢, ㉣

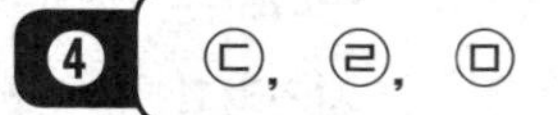

④ ㉢, ㉣, ㉤

⑤ ㉠, ㉢, ㉤

와! 폐하,
잡았사옵니다.
오! 예~!
역시 고려
해동청이야.

원나라 황제의 매 사냥을 위해, 매를 사육하는 응방도감을 설치했다.

몽골족은
야만족 아닌가요?
정말 가기 싫어요!
…

고려의 여자들을 공물로 바치게 했는데, 그들을 '공녀'라고 불렀다.

고려에는
몽골풍!
잡아 먹는다.
예쁘긴…
몽골에는 고려양!
고려 떡
맛나다.

원나라와 고려의 문물과 풍습이 교류하여 '몽골풍'과 '고려양'이 생겼다.

정답은?
❸번

원나라는 고려에 여러 가지 물건을 비롯하여 여자(공녀)들을 요구했고, 사람들에게 몽골어까지 쓰게 했어. 이러한 영향으로 고려에는 몽골의 옷·머리 모양 등의 몽골 풍속(몽골풍)이 유행하게 되었지. 또한 원나라에도 고려의 떡과 나물 같은 먹을 것, 의복 등의 고려 풍속(고려양)이 전해졌어.

131

고려 때 몽골에서 전해진 음식은?

❶

비빔밥

❷

삼계탕

❸

냉면

❹

된장찌개

❺

설렁탕

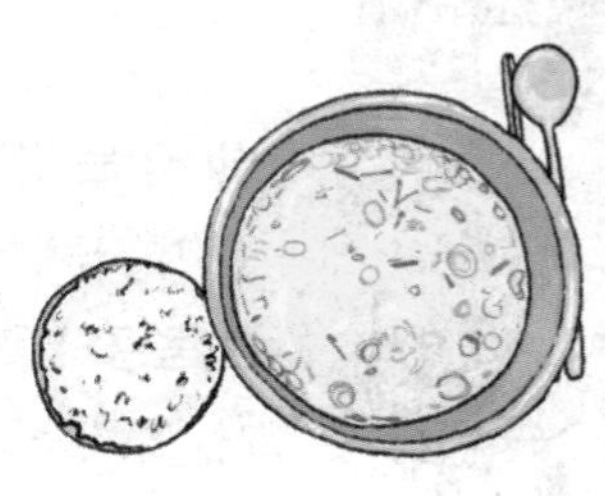

밀양 박익 벽화묘의 그림

사람들의 복식을 보면 몽골의 영향을 받았음을 알 수 있지.

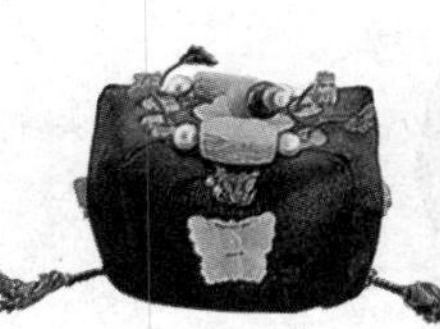

족두리

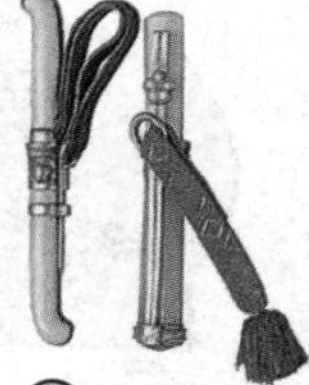

은장도

몽골풍으로 연지 찍고, 족두리도 쓰고 꽃단장했는데, 신랑은 어디에 있나?

신부가 족두리를 쓰고 올리는 우리나라 전통 혼례식의 모습

정답은?
5번

고려에는 몽골풍이 유행했는데, 음식으로는 설렁탕과 소주가 몽골의 영향을 받은 것이었어. 추운 광야에서 유목 생활을 하던 몽골인들이 양을 잡아 삶아 먹었던 것이 재료만 쇠고기로 바꿔 조리한 것이 설렁탕인 셈이지. 또한 저고리, 족두리 등의 의복이 몽골의 영향을 받아 유행했어.

132

다음과 같이 고려 후기에 등장한 새 지배층은?

난 이제 원나라에 줄 섰어!

난 원나라와 예전부터 친했지.

출세하려면 몽골어를 배워야 하는데, 공부하기 싫다.

매만 잘 다루어도 벼슬 한자리는 생긴단 말이지?

아야!

누구야?

죽는다

❶ 귀족　❷ 무신　❸ 문신

❹ 권문세족　❺ 호족

새 지배층, 권문세족의 등장

잇히히~!
이제부턴
내 땅이야!
이
푹

조세는
준비됐겠지?
헉

먹고살 양식도
떨어졌소. 차라리
나를 죽이시오.
여러 소리 말고
내일까지
마련하시오!

주인님,
농장에 몸을
맡기고자 왔습니다.
오냐.
똑바로 해
이것들아!

권문세족은 대농장을 차지했고, 농토를 잃은 백성들은 소작농이나 노비가 되었다.

정답은?
4번

고려 후기에는 몽골어에 능통한 통역관, 매를 사육하던 응방 출신 등 친원파 세력과, 위기를 넘겨 살아남은 문벌 귀족, 무신 가문 등이 지배층으로 등장했는데, 이들을 '권문세족'이라고 해. 이들은 백성들의 토지를 빼앗아 대농장을 경영했고, 고위 관직을 차지하며 특권을 누렸지.

133 고려 후기에 등장한 신진 사대부와 관계없는 것은?

① 음서를 통해 관리가 된 귀족들이었다.

② 권문세족의 횡포를 비판하였다.

③ 대부분 지방의 중소 지주층이었다.

④ 개혁 정치를 적극적으로 주장하였다.

⑤ 중앙으로 진출하여 관리가 된 사람들이었다.

난 지성과 교양을 겸비한 최고의 엘리트지!
열심히 공부해서 나도 중앙으로 진출해야 할 텐데….

권문세족 vs 신진 사대부

	권문세족	신진 사대부
대외 관계 입장	친원적	친명적
성향	보수적	개혁적
사상	불교	유교(성리학)
경제	대농장 소유	중소 지주
정계 진출	음서	과거 시험

이대로는 곤란하다.
부패를 없애자.
정경 유착
곤란하다!
개혁만이
살 길이다!
옳소!

정답은?
❶번

신진 사대부는 성리학을 바탕으로 과거를 통해 중앙에 진출한 사람들이었어. 이들은 권문세족의 횡포를 비판하며, 새로운 정치 질서와 사회 건설을 주장했지. 충선왕은 이들과 함께 개혁을 시도했으나 권문세족의 반발로 뜻을 이루지 못했어. 고려 후기에는 이 두 세력이 팽팽하게 대립했어.

134

다음과 같이 반원 자주 정책을 펼친 고려의 왕은?

☆ 고려 제31대 왕이다.
☆ 부인이 원나라의 노국 대장 공주이다.
☆ 몽골식 복장과 변발을 금지시켰다.
머리를 땋고 몽골 옷을 입는 것은 고려의 풍속이 아니니, 금지하도록 하시오!
솔선수범하여 변발을 푸셨구나.

❶ 충숙왕

❷ 충혜왕

❸ 충목왕

❹ 공민왕

❺ 공양왕

노국 대장 공주는
아이를 낳다 죽었는데,
공민왕은 너무 슬퍼한 나머지
나랏일을 망칠 정도였어.

공민왕과 노국 대장 공주 영정. 공민왕은 원나라 왕의 딸인 노국 대장 공주와 혼인했는데, 아내에 대한 사랑이 컸다.

죽어서도
함께하는구나.

현재 북한 지역인 경기도 개성에 있는 공민왕릉. 공민왕의 무덤인 현릉(왼쪽)과 노국 대장 공주의 무덤인 정릉이 나란히 붙어 있다.

정답은?
4번

공민왕은 세자 때 원나라에서 노국 대장 공주와 결혼하고 고려로 돌아와서 1351년, 왕위에 올랐어. 왕위에 오르자마자, 몽골식 복장와 변발을 금지하면서 몽골 풍습을 폐지했어. 공민왕은 이 시기에 원의 세력이 약해지자, 반원 자주 정책을 펼쳤어.

135

공민왕의 개혁 정치에 대한 설명으로 잘못된 것은?

❶ 친원파로 권세를 누리던 기씨 집안 사람들을 쫓아냈다.

❷ 원나라가 일본 원정 때 설치한 정동행성을 폐지했다.

❸ 쌍성총관부를 공격하여 철령 이북의 땅을 되찾았다.

❹ 신돈을 등용해 전민변정도감을 설치했다.

❺ 권문세족과 함께 개혁 정치를 성공시켰다.

공민왕의 반원
개혁 정치는 이전과는
다르게 과감했지.

나는 원에 머무를 때
주변 정세를 눈여겨보았는데,
그게 개혁을 추진할 때
도움이 되었지.

공민왕(1330~1374)

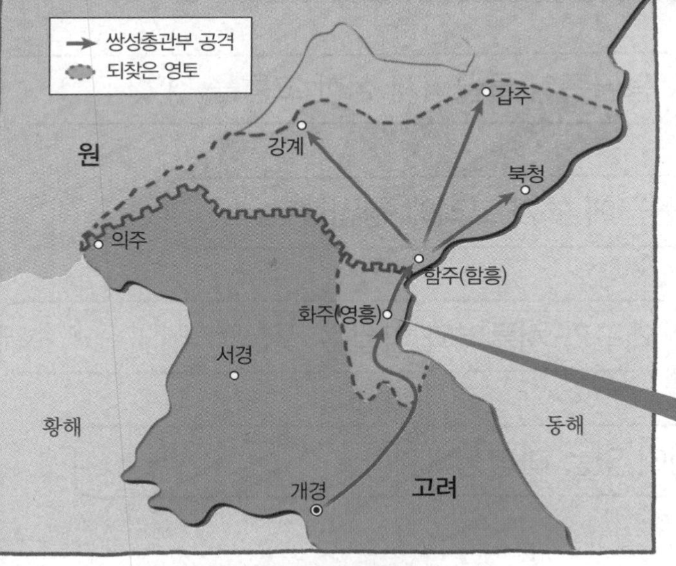
쌍성총관부 공격
되찾은 영토
원
갑주
강계
북청
의주
함주(함흥)
화주(영흥)
서경
황해
동해
개경
고려

화주는 쌍성총관부가 설치된 곳으로, 공민왕은 이곳을 공격하여 영토를 되찾았다.

공민왕의 영토 회복

정답은?
5번

공민왕은 자주성을 회복하기 위해 여러 가지 반원 개혁 정치를 펼쳤어. 신돈을 등용하여 개혁 정치를 맡기기도 했는데, 신돈은 전민변정도감을 설치해 권문세족들이 불법적으로 빼앗은 토지와 노비를 원래 주인에게 돌려주었어. 이런 공민왕과 신돈의 개혁에 권문세족의 반발이 아주 심했어.

136

고려 후기의 상황으로 바른 것을 모두 고르면?

❶ 황건적의 침입으로 혼란스러웠다.

❷ 몽골족이 들끓어서 심한 고통을 겪었다.

❸ 홍건적이 원군에 쫓겨 고려에 침입했다.

❹ 왜구가 쳐들어와 약탈을 일삼았다.

❺ 전쟁이 없는 태평성대였다.

우리는 천하무적
홍건적이다!
와!
압록강 건너
고려 땅으로 가자!

→ 홍건적의 침입
→ 왜구의 침입

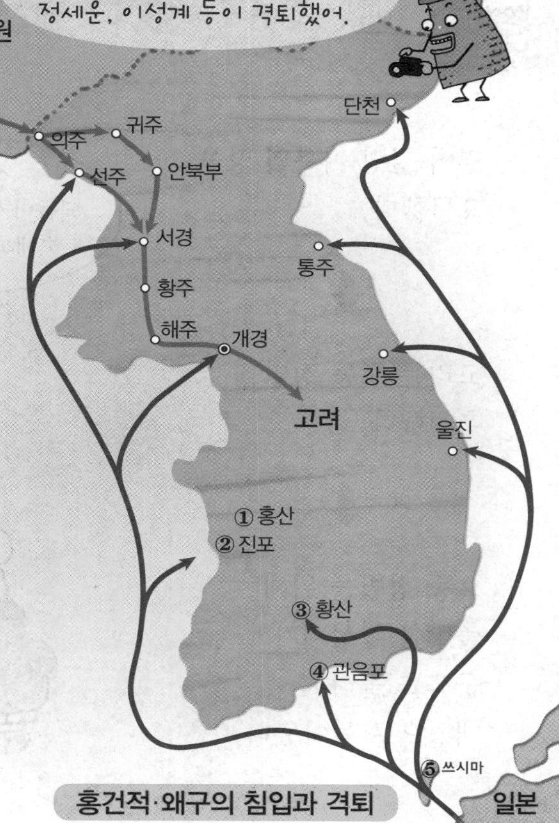
서경을 함락한 홍건적을
1360년에 안우, 이방실 등이,
개경을 침입한 홍건적을 1362년에
정세운, 이성계 등이 격퇴했어.
원
의주
귀주
선주
안북부
서경
황주
해주
개경
고려
단천
통주
강릉
울진
① 홍산
② 진포
③ 황산
④ 관음포
⑤ 쓰시마
일본

① 최영의 홍산 대첩(1376)
홍산에 침입한 왜구를 최영이 크게 무찔렀다.

② 최무선의 진포 대첩(1380)
최무선은 진포에서 화포를 쏘아 왜선 500척을 불살랐다.

③ 이성계의 황산 대첩(1380)
이성계가 황산에서 고려 군대의 10배나 되는 왜구를 크게 무찔렀다.

④ 정지의 관음포 대첩(1383)
정지는 관음포에서 왜구를 크게 무찔렀다.

⑤ 박위의 쓰시마 섬 정벌(1389)
박위가 쓰시마 섬을 진격하여 왜선 300여 척과 가옥을 불태웠다.

홍건적·왜구의 침입과 격퇴

정답은?
3, 4번

원나라 말기, 혼란을 틈타 머리에 붉은 수건을 두른 홍건적이 반란을 일으켰어. 이들은 원군의 반격에 쫓겨 1359년, 고려에 침입하여 큰 타격을 주었지. 또한 일본의 해적인 왜구가 쓰시마 섬을 근거지로 우리 해안에 나타나서 약탈을 일삼았어.

137 고려 말에 이성계가 다음과 같이 벌인 사건은?

명이 철령 이북의 땅을 요구했다.

고려는 요동 정벌을 추진했다.

요동 정벌을 위해 출발한 이성계가 군사를 돌려 개경으로 돌아왔다.

이렇게
되돌아가는 게 맞아.
내 뜻대로 추진하겠어.
이성계

① 철령위 사건

② 위화도 회군

③ 쓰시마 섬 정벌

④ 과전법 실시

⑤ 쌍성총관부 회복

명나라가 쓸데없는 소리 못 하도록 요동을 정벌해야 하오.
현실적으로 요동 정벌은 무리예요. 왜냐하면요, 여기 아래를 좀 보세요!
친원
친명
최영(1316~1388)
이성계(1335~1408)

4불가론

첫째, 고려는 군사 규모 등에서 명과 대결할 만한 능력이 없는 약소국이다. 고려가 강대국인 명에 대항한다는 것은 이치를 거스르는 것이다.

둘째, 전쟁 시기가 여름철인 것은 잘못이다. 여름은 농사철이기 때문에, 전쟁을 하면 농사도 망칠 뿐더러 농민들의 호응을 받기 어렵다.

셋째, 대군을 원정시키면 그 틈을 타 왜구의 침입이 커질 우려가 있다.

넷째, 지금은 장마철이므로 전쟁을 치르기에 가장 불리하고, 전염병 때문에 군사들이 희생될 가능성이 높다.

4불가론은 고려의 전쟁 능력과 시기, 효과 등을 고려한 판단이었다.

정답은?
❷번

고려 말, 홍건적과 왜구의 침입을 물리쳐 신흥 무인 세력으로 떠오른 장수에 최영과 이성계가 있었어. 명나라가 철령 이북의 땅을 요구하자, 이성계의 반대에도 불구하고 최영의 주장에 따라 요동 정벌군이 파견되었어. 그러나 이성계가 위화도에서 회군하여 개경으로 돌아와 최영을 제거하고, 우왕을 내쫓아 실권을 장악했어.

138

고려 말에 이성계 일파가 한 일이 아닌 것을 모두 고르면?

❶ 과전법을 시행하여 경제적 기반을 강화했다.

❷ 권문세족에게 토지를 나누어 주었다.

❸ 창왕을 폐위시키고, 공양왕을 왕으로 세웠다.

❹ 신진 사대부의 토지를 몰수했다.

❺ 이성계의 아들 이방원이 온건파의 대표 인물인 정몽주를 제거했다.

토지 문서가 잘도 타는구나.
권문세족들은 나라에 땅을 반납해야 한대. 쌤통이야.
예전엔 주인에게 수확의 반을 바쳤는데, 이젠 10분의 1만 내면 돼.

과전법을 시행하여 권문세족의 토지를 몰수하였다.

이히힝~
악!
정몽주, 죽어 줘야겠어!

정몽주는 이방원이 보낸 조영규에게 죽임을 당했다.

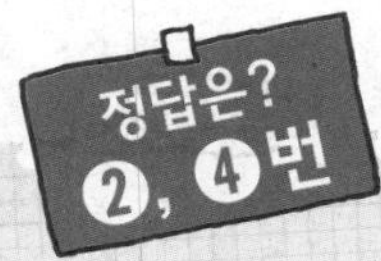
정답은?
②, ④번

위화도 회군으로 정권을 잡은 이성계 일파는 창왕마저 폐위시키고, 공양왕을 세웠어. 그리고 1391년, 과전법을 시행하여 권문세족의 토지를 몰수하고 신진 관료들에게 나누어 주었어. 또한 이성계의 아들인 이방원이 온건파 정몽주를 제거했어. 그리고 3개월 뒤인 1392년 7월, 고려는 멸망했어.

139

고려의 불교에 대한 설명으로 잘못된 것은?

❶ 과거 시험에 승과를 두었다.

❷ 연등회와 팔관회를 크게 열었다.

❸ 국사와 왕사 제도를 마련하였다.

❹ 고려 불교는 하나의 종파로 발전하였다.

❺ 전국 곳곳에 많은 사찰이 세워졌다.

팔관회와 연등회는 고려의 명절이자, 축제였지.

난 지금도 이렇게 연등을 보면 축제 기분이 나.

정답은? ❹번

태조는 고려 건국을 부처의 덕이라 생각하여, 사찰을 세우고 불교 행사를 크게 벌였어. 또한 광종은 승과 시험을 실시하여 합격한 승려에게 법계를 주었고, 국사와 왕사 제도를 마련했어. 국사는 '나라의 스승', 왕사는 '왕의 스승'이 될 만한 승려를 뜻해. 한편, 고려 불교는 여러 종파가 대립하여 통합하려는 노력이 있었어.

140

교종과 선종을 아우르는 천태종을 창시한 승려는?

경전의 교리가 제일 중요하지!
무슨 소리! 참선이 진짜지.
교종
선종
고려의 불교를 하나로 통일합시다!
종교 교리는 뭐가 뭔지 알쏭달쏭해.

❶ 의상 ❷ 혜초 ❸ 의천
❹ 원효 ❺ 지눌

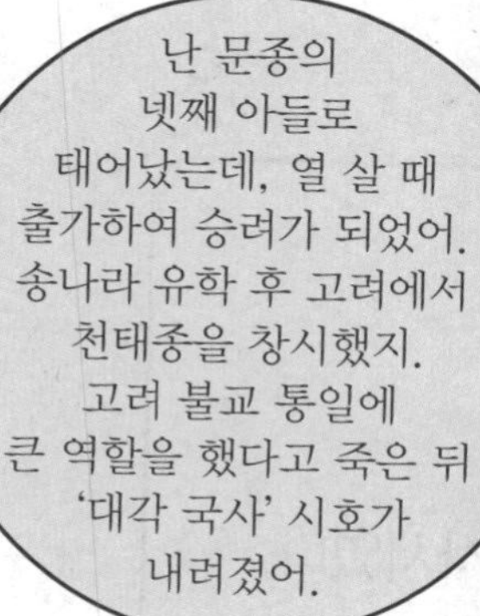
난 문종의
넷째 아들로
태어났는데, 열 살 때
출가하여 승려가 되었어.
송나라 유학 후 고려에서
천태종을 창시했지.
고려 불교 통일에
큰 역할을 했다고 죽은 뒤
'대각 국사' 시호가
내려졌어.

大覺國師義天之真影

천태종
교종
선종

의천(1055~1101)

정답은? ③번

불교의 종파 중 교종은 경전의 교리를, 선종은 마음을 한곳에 모아 고요히 생각하는 것을 중요하게 여겼어. 송나라 유학에서 천태종의 교리를 공부한 의천은 이를 중심으로 교종과 선종을 통합시키려고 노력했어. 그리고 숙종 때 '국청사'라는 절에서 천태종을 처음으로 전파했지. 이를 '해동 천태종'이라고 해.

141

고려의 사학, 9재 학당에 대한 설명으로 잘못된 것은?

❶ 최충이 설립했다.
❷ 문헌공도로 불렸다.
❸ 관학을 누르는 역할을 했다.
❹ 교재는 주로 유교 경전과 역사서였다.
❺ 9개의 반마다 가르치는 학문이 달랐다.

와!
체계적인
시스템!
9개의
반 이름도
다르구나.
악성재
대중재
성명재
진덕재
경업재
조도재
대화재
솔성재
대빙재

사학은 오늘날의
사립 학교와
같은 것이지.

공자님께서는
그러니까, 에, 또!
명색이 국립
교육 기관인데
이게 뭐야?
ZZ...
그러게 말야.

국자감을 중심으로 나라에서 세운
관학이 침체하였다.

나라의
장래를 위해서는
인재를 길러 내는
일이 무엇보다
중요하다.

이에 최충(984~1068)은 인재를
기르는 데 남은 삶을 바치기로 했다.

9재 학당

최충은 조그만 글방에서 시작해
마침내 9재 학당을 설립했다.

정답은?
❸번

거란과 전쟁을 치른 뒤, 고려의 관학은 점점 쇠퇴해 갔어. 이때 최충이 9재 학당을 설립하여 유학을 가르쳤어. 이후 유학자들이 줄줄이 11개의 사립 학교를 세웠는데, 이를 문헌공도와 함께 '사학 12도'라고 불렀어. 이러한 사학의 발전은 관학을 일으키는 자극제가 되었어.

142 빈칸에 알맞은 민간 신앙을 바르게 짝지은 것은?

가뭄이 심한데, 별님에게 비를 뿌려 달라고 제사 지내야지!
언제쯤 장가갈 수 있는지 무당에게 물어봐야지.
(㉠)
(㉡)

❶ ㉠ 도교 – ㉡ 풍수지리

❷ ㉠ 무격신앙 – ㉡ 도교

❸ ㉠ 풍수지리 – ㉡ 무격신앙

❹ ㉠ 무격신앙 – ㉡ 풍수지리

❺ ㉠ 도교 – ㉡ 무격신앙

무격신앙에서 무격은 여자 무당과 남자 무당(박수)을 아울러 이르는 말이지!

다양한 민간 신앙

오늘따라 도사들이 왜 이리 많지?
내일 초제가 있대.

초제는 도교에서 별에게 지내는 제사를 말해!

자연에 순응하는 삶을 추구하는 **도교**

이 부적만 있으면 병이 나을 거야.

무당이 길흉화복을 점치는 **무격신앙**

천하의 명당이로군.

땅의 기운과 형세를 중시하는 **풍수지리**

정답은? ❺번

도교는 자연에 순응하고 억지로 무엇을 하지 않는 '무위자연'에 바탕을 둔 종교야. 고려에서는 도교가 국가와 왕실의 번영을 기원하는 데 치중해서 대중적인 신앙으로 발전하지 못했어. 무격신앙은 무당이 길흉화복을 점쳐 재앙을 없애고 복을 가져오는 능력이 있다고 믿는 것으로, 백성들 사이에 널리 유행했어.

143 고려 시대에 안향이 처음 소개한, 다음의 학문은?

☆ 중국 송나라 때 주자가 연구하여
정리한 유학의 한 갈래이다.
☆ 인간과 우주에 대해 깊이 생각하고
연구하는 학문이다.
주자는 영원한 나의 스승이시다! 이 《주자전서》를 더 깊이 연구하리라!
안향

① 천문학

② 양명학

③ 고증학

④ 천주학

⑤ 성리학

조선 시대에 꽃핀
성리학의 출발이
여기부터였구나!

우리나라 최초의 성리학자, 안향(1243~1306)

이 서원은
조선 중종 때 주세붕이
안향을 기리기 위해 세웠다가,
유생들을 교육한 서원으로, 원래
이름은 '백운동 서원'이지.

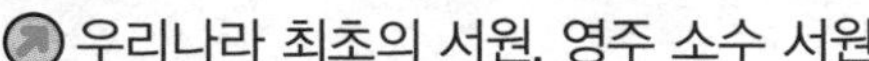

우리나라 최초의 서원, 영주 소수 서원

정답은? ⑤번

1289년 충렬왕 때, 안향은 원나라의 교육 기관을 둘러보다가 《주자전서》라는 책을 발견했어. 이듬해에 이 책과 공자, 주자의 초상화를 가지고 고려로 돌아왔지. 안향이 소개한 성리학은 신진 사대부들 사이에 널리 퍼져 그들의 생각과 행동을 결정하는 기준이 되었고, 이후 조선 시대에 더욱 발전했어.

144 고려 인종 때, 김부식이 펴낸 역사책은?

사실 우리나라 사람들이 중국의 역사에는 밝으나 우리 역사에는 어두워.
김부식

❶ 《삼국사기》

❷ 《칠대실록》

❸ 《삼국유사》

❹ 《고금록》

❺ 《소화집》

《삼국사기》는 지금까지 전하는 가장 오래된 역사책으로, 삼국 연구의 중요한 자료가 된다.

'기전체'는
역사적 인물들의
전기를 이어 감으로써
한 시대의 역사를
구성하는 방법을 말해.

김부식(1075~1151)은 1145년, 11명의 학자와 함께 기전체 형식으로 《삼국사기》를 편찬했다.

정답은? ❶번

《삼국사기》는 〈본기〉와 〈열전〉으로 이루어졌어. 〈본기〉에는 고구려와 백제, 신라로 나뉘어 왕의 업적, 천재지변, 전쟁 등의 내용이 담겨 있고, 〈열전〉에는 김유신과 을지문덕 등의 인물을 소개하고 있어. 《삼국사기》는 유학자들이 만든 책이었기 때문에 유교적 관점이 담겨 있어.

145 고려의 도자기에 대한 설명으로 잘못된 것은?

청자 음각 연꽃무늬 병
청자 상감 매화 대나무 학무늬 매병

❶ 귀족들의 취향을 잘 반영했다.

❷ 다양한 쓰임새로 청자가 만들어졌다.

❸ 중국에서 비색이라고 감탄할 정도였다.

❹ 송나라의 기법을 똑같이 따라 만들었다.

❺ 12세기 중반에는 상감 청자가 만들어졌다.

도자기의 명칭

청자 상감 포도 동자무늬 병

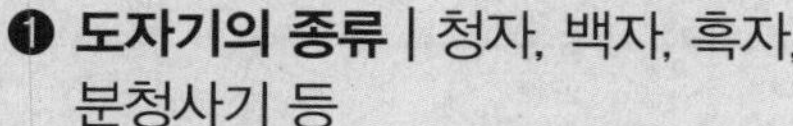

❶ **도자기의 종류** | 청자, 백자, 흑자, 분청사기 등

❷ **도자기의 무늬를 표현하는 기법** | 음각, 양각, 상감, 투각 등

❸ **도자기에 있는 무늬** | 연꽃무늬(연화문), 구름과 용무늬(운룡문), 포도무늬 등

❹ **도자기의 쓰임** | 병, 매병, 향로, 주전자, 연적 등

그럼, 이것은
청자 음각 포도무늬
표주박모양 주전자네!
아름답고 또
실용적이네.

와, 천재!

정답은?
4번

고려청자는 중국 송나라의 영향을 받았지만, 고려 기술자들이 중국 자기의 모양과 기법에서 벗어나 독창적으로 만들었어. 고려청자의 빛깔은 은은하고 맑은 푸른빛이 도는 비색으로, 중국에서 감탄할 정도로 뛰어났어. 12세기 중반에는 표면에 무늬를 새기는 상감 기법이 개발되어 고려청자의 수준을 한껏 과시했지.

146 고려의 석탑에 대한 설명으로 바른 것을 모두 고르면?

❶ 승탑은 만들어지지 않았다.

❷ 화려하고 세련된 불상이 많았다.

❸ 형식에 얽매이지 않은 자연미가 있었다.

❹ 다른 시대의 석탑보다 안정감이 뛰어났다.

❺ 많은 각과 층의 석탑이 다양하게 만들어졌다.

와! 고려의 석탑들이네!

잘 찍어 봐!

평창 월정사 팔각 구층 석탑

논산 관촉사 석조미륵보살입상

듣던 것보다 더 아름답지?

하지만 안정감이 없어 보이는군!

여주 고달사지 승탑

정답은?
3, 5번

고려의 석탑은 화려하고 세련된 신라 계통에서 벗어나 6각 7층이나 8각 9층 등 많은 각과 층의 석탑이 다양하게 만들어졌어. 안정감은 부족하지만 형식에 얽매이지 않아 자연스러운 아름다움이 있었지. 또한 장엄하고 아름다운 승탑이 많이 만들어져 승려의 높은 지위를 나타냈어.

147

고려 후기에 유행한 다음의 건축 양식은?

☆ 공포가 기둥 위에만 짜여져 있는 건축 양식이다.

☆ 이 양식의 대표적인 건축물로 영주 부석사 무량수전이 있다.

저렇게
공포가 기둥 위에만
있는 것이군.

'공포'는 기둥
윗부분에 댄
나무 조각을 말해.

❶ 원통 양식

❷ 주심포 양식

❸ 민흘림 양식

❹ 배흘림 양식

❺ 익공 양식

안동 봉정사 극락전

아, 이게 그 유명한
주심포 양식
건축물이란 말이지?

영주 부석사 무량수전

정답은?
2번

고려 후기의 건축에는 주심포 양식과 다포 양식이 유행했어. 주심포는 공포가 기둥 위에만 있는 것이고, 다포는 기둥 사이사이에 있는 것을 말해. 공포는 처마 끝의 무게를 받치는 나무 조각이야. 안동 봉정사 극락전과 영주 부석사 무량수전은 고려 주심포 양식의 대표적인 건축물이야.

148 금속 활자로 인쇄된 책 중 세계에서 가장 오래된 것은?

①
삼국사기

②
향약고방

③
삼국유사

④
직지심체요절

⑤
향약구급방

《향약구급방》은
약초로 병을 치료하는
방법이 담긴 의학서지!

금속 활자 만드는 방법

거푸집 만들기
거푸집

찰흙을 다져 넣은 판 위에 나무에 새긴 글자를 찍어 거푸집을 만든다.

활자 떼어 내기
활자

거푸집에 구리를 녹여 부어 식힌 다음 활자를 꺼낸다.

금속 활자를 활판에 맞춘 다음 인쇄하면 책이 완성된다.

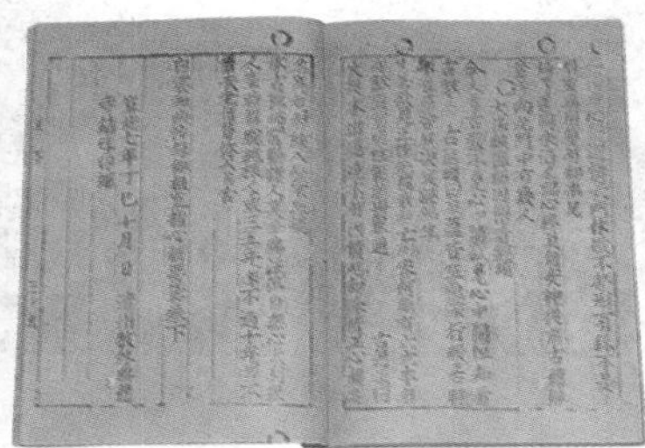

《직지심체요절》은 유네스코 세계 기록 유산으로 등재되었다.

정답은?
4번

《직지심체요절》은 고승 백운 화상이 편찬한 책으로, 고려 우왕 때인 1377년에 금속 활자로 인쇄되었어. 독일의 《구텐베르크 성서》보다 약 70년이나 앞섰기 때문에 금속 활자로 인쇄된 세계 최초의 책이지. 상, 하 두 권의 책 중 현재 하권만 프랑스 파리 국립 도서관에 소장되어 있어.

149 문익점이 원나라에서 붓대에 감춰 가져온 것은?

① 호박씨

② 고추씨

③ 수박씨

④ 목화씨

⑤ 배추씨

문익점이 처음 목화를 재배한 목화 시배지(경상남도 산청군)

아, 정말 포근하고 따뜻해!

정답은?
4번

우리나라에서 처음으로 목화를 재배하기 시작한 건 고려 시대였어. 공민왕 때 문익점이라는 학자가 있었는데, 관리가 되어 원나라에 갔다가 돌아오면서 붓대에 목화씨를 감춰 왔어. 문익점은 장인인 정천익과 함께 목화를 재배하여 꽃을 피우는 데 성공했고, 이로 인해 따뜻한 무명옷을 만들어 입게 되었어.

150

다음을 보고 알 수 있는 고려의 사람은?

왜구
화약과 화포
화약 기술자를 찾아가 비법을 알아내야겠어!
화통도감
진포 대첩

① 문익점

② 김부식

③ 최명길

④ 이광필

⑤ 최무선

와,
화포 모양이네!

최무선 추모비

최무선(1325~1395)

이제 우리나라를
넘보진 못할 것이오!

대성공이오!

와

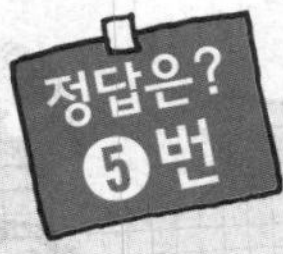

정답은?
5번

고려 말에는 왜구의 노략질이 심했어. 최무선은 왜선을 파괴할 화약과 화포가 필요하다고 생각하고는 끈질긴 노력 끝에 원의 화약 기술자인 이원에게서 화약 제조법을 익혔어. 그리고 1377년에 화통도감을 세워 화약과 화포를 만들었어. 1380년에는 화포로 왜선 500여 척을 모조리 격퇴했는데, 이를 '진포 대첩'이라고 해.

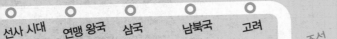

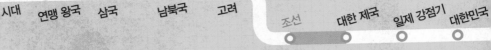

국보 제229호인 창경궁 자격루.
물의 흐름을 이용하여 종·북·징을 쳐서 자동으로 시각을 알려 주는 물시계로, 조선의 발달된 과학 기술을 엿볼 수 있다.

조선의 백성을 위해,
한글을 만들고 과학 기술도
발전시키리.

5

Q 151~194

조선의 성립과 발전

이황, 이이, 세종 대왕,
신사임당의 공통점은?

모두 지폐에
나오고 조선 시대
사람이라는 거!

151

조선을 건국한 태조 이성계가 새로 정한 도읍지는?

❶ 경주

❷ 개성

❸ 평양

❹ 한양

❺ 금성

공부한 날 월 일

새 도읍지에 세워진
경복궁 근정전이야.

정답은? ④번

위화도 회군을 성공시켜 권력을 손에 넣은 이성계는 반대파를 몰아내며 조선 왕조를 세웠어. 그리고 도읍을 한양으로 옮겼지. 한양은 나라 중앙에 위치해 있어 통치에 유리했고, 한강과 평야가 있어 생산물이 풍부하고 교통도 편리했어. 또한 산으로 둘러싸여 외적의 공격을 막기에도 좋았어.

152

새 왕조 조선의 통치 방향에 대한 설명으로 잘못된 것은?

지금부터 세 가지 정책을 기본으로 하겠노라.
사대교린, 숭유억불,
그리고 농본 정책이다.
태조

❶ 성리학의 정신에 따라 다스렸다.

❷ 농사를 나라 경제의 기반으로 삼았다.

❸ 불교를 장려하고 유교를 배척했다.

❹ 큰 나라인 명나라를 섬겼다.

❺ 여진·일본과 대등한 관계를 유지했다.

조선의 기틀을 다진 정도전

나, 정도전은 조선이 세워진 뒤 임금을 도와 나라의 기틀을 마련했어. 특히 새 수도를 세우는 데 주도적인 역할을 했어.

경복궁 근정전이나 숭례문 등 궁궐과 문의 이름은 모두 내가 정한 거란다.

태조 이성계의 정치는 정도전에서 비롯되었지. 진정한 오른팔!

하지만 정도전은 훗날 이방원 무리에게 죽임을 당하고 말았지.

정도전(1342~1398)

정답은? ❸번

조선을 세운 태조는 정도전의 주장에 따라 성리학을 국가 통치의 근본 원리로 삼았어. 그리고 큰 나라를 받들어 섬기고 이웃 나라와는 화평하게 지내는 사대교린, 유교를 장려하고 불교를 억압하는 숭유억불, 농사를 나라 경제의 기본으로 삼는 농본 정책을 따랐지.

153 태종 때 대궐 밖에 설치된 이 북은?

이리 억울할 데가! 북을 쳐서 왕께 알리자.

둥 둥 둥
북소리가 들린다. 속히 사정을 알아보도록 하라!

❶ 사심관

❷ 중추원

❸ 봉수제

❹ 전시과

❺ 신문고

태종의 왕권 강화 정책

군사도 다 빼앗기고 허수아비가 됐구나.
닥쳐!
병사들은 모두 나라 것이 되었다!

태종 이방원은 왕위에 오르기 전, 왕족들의 사병을 없애 군사권을 손에 넣었다.

이제 의정부를 거치지 말고, 6조가 직접 보고하도록 하시오.
의정부의 힘을 약화시키려는 속셈이군.

왕이 된 뒤에는 신하들의 권한을 약화시키기 위해, 나라의 주요 정책을 결정하는 기구인 의정부의 기능을 축소시켰다.

정답은?
5번

'신문고'란 백성들이 절차를 거쳐서도 해결하지 못하는 억울한 일을 당했을 때, 이를 알리도록 대궐 밖에 달아 놓은 북으로 태종 때 설치되었어. 정도전 세력을 제거하고 왕위에 오른 태종은 왕권을 강화하고 민생을 안정시키기 위해 힘썼지.

154

태종 때 처음 실시된 다음의 제도는?

☆ 전국의 남자 인구를 파악하여 병사를 모집하고 나라의 큰 공사에 동원하기 위해 실시되었다.

☆ 16세 이상의 남자에게 오늘날의 주민 등록증처럼 신분을 증명하는 패를 차고 다니게 한 제도이다.

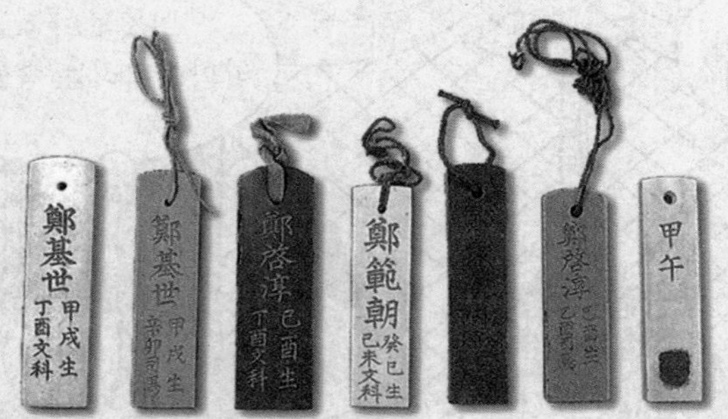
鄭基世
甲戌生
丁酉文科
鄭範朝
癸巳生
己未文科
甲午

신분에 따라 패의
재료와 새겨진
내용이 달랐어.

❶ 호패법

❷ 봉수제

❸ 과거제

❹ 공음전

❺ 과전법

호패 좀
봅시다.
이키, 큰일 났다.
빌린 게 탄로 나면
어쩐다지?

뒷면에 적힌 얼굴
특징에는 코에 점이
있다고 했는데?
아이고,
들켰네.

누굴
속이려고!
신세
망쳤다.

호패를 위조하거나
받지 않으려고 하면
엄벌에 처해졌지.

먹고살기 빠듯한
백성들이 호패를 피하는
것도 무리는 아니네.

정답은?
1번

호패법은 16세 이상의 성인 남자들이 의무적으로 호패를 가지고 다니게 한 법이야. 호패를 받으면 호적과 군적에 올라 군역과 요역에 동원되었기 때문에 이를 기피하는 사람이 많았어. 심지어 호패를 위조하거나 사고파는 일이 벌어졌지.

155 세종 때 개편된 학문 연구 기관은?

학문을 발전시키려면
유능한 학자를 기르는 데
힘써야 하오.

이를 위해 학문 연구
기관을 재정비하도록
하시오.

❶ 별무반

❷ 집현전

❸ 서당

❹ 성균관

❺ 승정원

이곳 학자들과
함께 우리글도 만들
것이오!

공부한 날 월 일

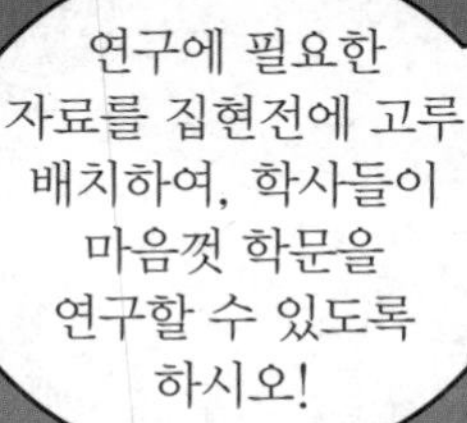
연구에 필요한
자료를 집현전에 고루
배치하여, 학사들이
마음껏 학문을
연구할 수 있도록
하시오!

뛰어난 학사에게는
집에서 공부에
매진할 수 있도록
휴가를 주겠소.
세종대왕

우아,
휴가까지 받고
좋겠다!

광화문 광장의 세종 대왕(1397~1450)

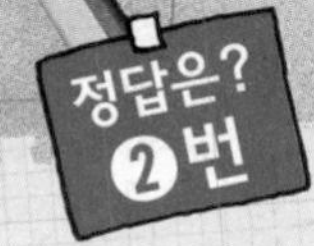
정답은?
2번

세종은 집현전을 되살려 젊고 유능한 학자들을 길러 내고, 학문을 발전시키고자 했어. 집현전 학사들과 훈민정음을 만들었고, 함께 유교 경전을 읽고 토론하는 경연도 자주 열었지. 집현전은 이후 세조 때 폐지되었다가 성종 때 홍문관으로 부활했어.

156 훈민정음에 대한 설명으로 잘못된 것은?

世宗御製訓民正音

國之語音이

異乎中國ᄒᆞ야

나랏말ᄊᆞ미

中國에달아

與文字로不相流通ᄒᆞᆯᄊᆡ

文字와로서르ᄉᆞᄆᆞᆺ디아니ᄒᆞᆯᄊᆡ

故로愚民이有所欲言

《훈민정음 언해본》이잖아?

❶ 세종과 집현전 학사들이 만들었다.

❷ '백성을 가르치는 바른 소리'라는 뜻이다.

❸ 1446년에 정식으로 반포되었다.

❹ 일부 학자들은 훈민정음 창제를 반대했다.

❺ 훈민정음으로 쓴 첫 시는 《금오신화》이다.

훈민정음의 창제 원리

혀뿌리로 뒤 입천장을
막았다가 뗄 때의 모양을
본떠 ㄱ을 만들고….

발음할 때의 입 모양을 본떠
자음 ㄱ·ㄴ·ㅁ·ㅅ·ㅇ을 만들었다.

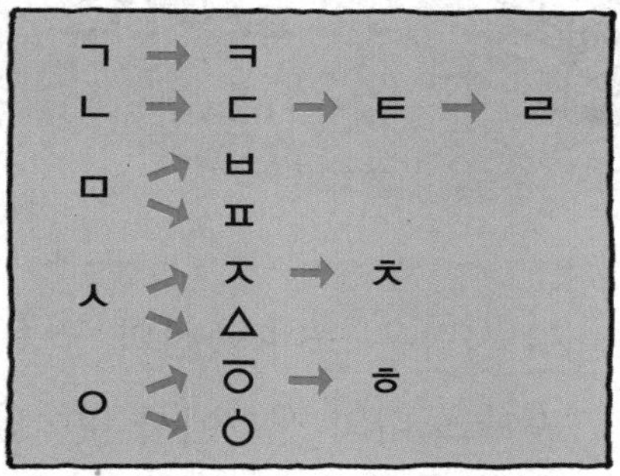
ㄱ → ㅋ
ㄴ → ㄷ → ㅌ → ㄹ
ㅁ → ㅂ, ㅍ
ㅅ → ㅈ → ㅊ
ㅅ → ㅿ
ㅇ → ㆆ → ㅎ
ㅇ → ㆁ

다섯 자음에 획을 더해 12자의 자음이
탄생했다.

'•'의 모양이 둥근 것은
하늘을 나타낸 것이며,
'ㅡ'는 땅의
평평함을,
'ㅣ'는 사람이
서 있는 모습을
나타낸 것이지.

모음은 '•·ㅡ·ㅣ'의 세 가지를 기본으로 하여 나머지 8자의 모음을 만들었다.

정답은?
5번

훈민정음은 중국 글자인 한자를 모르는 백성들의 불편을 덜어 주기 위해 세종 때인 1443년에 만들어진 우리글이야. 독창적이고 과학적인 원리로 만들어져 쉽게 배우고 익힐 수 있었어. 훈민정음으로 지은 첫 장편 시는 《용비어천가》로, 이를 통해 훈민정음의 실용성을 검토한 세종은 1446년, 훈민정음을 반포했어.

157 조선의 천재 과학자로 알려진 '이 사람'은?

이 사람은 노비 출신의 궁중 기술자였으나, 세종 때 재능을 인정받아 노비의 신분에서 벗어났다. 이후 물시계인 자격루를 완성하여 벼슬을 받았고, 다양한 발명품을 만들어 조선의 과학을 크게 발전시켰다.

상감마마의 은혜에 보답하리라!

① 박연

② 성삼문

③ 박지원

④ 장영실

⑤ 정약용

조선 시대에 과학이 발달한 것은 세종 대왕과 장영실의 만남이 있었기 때문이지.

아니, 같은 지역인데도 강우량이 다르다고?
세종
그게, 저…, 땅의 마르고 젖음이 일정치 않아….

백성은 나라의 근본이며, 농사는 천하의 근본이오.

장영실, 그대가 농사에 도움이 되는 과학 기구를 만들어 보시오.
예, 전하!

정답은? 4번

조선의 발명왕, 장영실은 어머니가 기녀였기 때문에 당시의 법에 따라 관의 노비가 되었어. 그러다 뛰어난 손재주를 인정받아 태종 때 궁중 기술자로 뽑혔지. 세종 때 그는 노비의 신분에서 벗어나 정식으로 과학의 발전을 위한 연구에 참여하며 천문·시각·기후를 측정하는 다양한 기구를 발명했어.

158

4군 6진에 대한 설명으로 알맞은 것은?

❶ 세종 때 설치되었다.
❷ 이종무 장군이 개척했다.
❸ 낙동강과 섬진강에 설치되었다.
❹ 거란의 침입을 막기 위해 설치했다.
❺ 4군 6진의 설치로 영토가 줄어들었다.

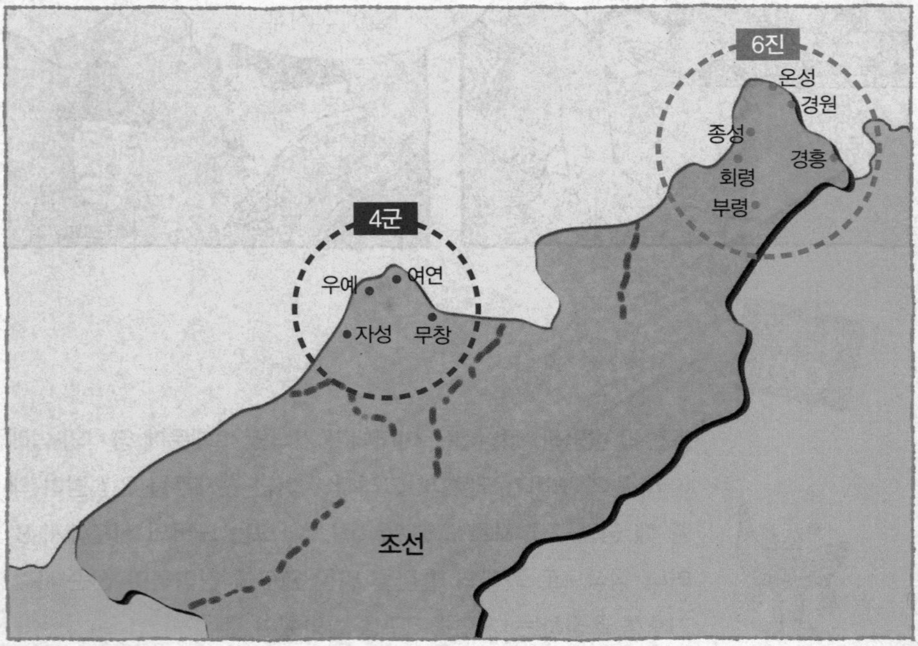

6진
온성
경원
종성
경흥
회령
부령
4군
우예
여연
자성
무창
조선

조선의 교린 정책

조선은 여진과 왜에 대해,
일명 당근과 채찍 방식인
회유책과 강경책을 폈어.

나리, 저희들을
받아 주십시오.
잘 왔소.
환영하오.

여진에 대한 회유책으로, 귀순을 장려하고 무역소를 설치했다.

달래도 듣지 않으면
이 방법밖에!
목숨만 살려
줘잉~.

국경을 침범하고,
노략질을 일삼으면
뜨거운 맛을
보여 줘야지.

강경책으로 군사 정벌을 하고, 4군 6진을 설치했다.

정답은?
❶번

세종 때는 여진족의 침략을 막기 위해 적극적인 북방 정책을 폈어. 이에 따라 최윤덕은 압록강 지역에 4군을, 김종서는 두만강 지역에 6진을 개척하여 오늘날과 같은 국경선을 확보했지. 새로 개척한 4군 6진을 지키기 위해 남쪽 주민들을 평안도와 함경도로 옮겨 와 살게 했단다.

159

《경국대전》을 완성하여 반포한 왕은?

《경국대전》을
반포하노라.
아,
뿌듯해.

앞으로 모든 법률의
시행은 《경국대전》에
따르시오.
나라의 체제가
굳건해졌사옵니다.

이제 우리
실정에 맞는 법이
만들어졌군.

① 태조

② 태종

③ 세종

④ 세조

⑤ 성종

《경국대전》의 재미있는 조항들

☆ 생활이 어려워 서른 살이 가깝도록 시집가지 못하는 관리 집안의 딸에게는 왕에게 아뢰어 혼인 비용을 적당히 보태 준다.

☆ 나룻배는 5년이 되면 수리하고 10년이 지나면 새로 만든다.

☆ 죄인이라 하여 마음대로 고문해서는 안 되며, 3일 이내 두 번 고문하는 것은 안 된다. 곤장을 때릴 때는 한 번에 30대 이상은 때리지 못한다.

《경국대전》에는 319개의 법 조항이 실려 있대.

뭐 이런 것까지 조항에 써 놨어?

정답은?
5번

《경국대전》은 조선을 통치하기 위한 기본 법전으로, 세조 때 만들기 시작해서 성종 때인 1485년에 완성되었어. 《경국대전》은 정치·문화·사회의 모든 내용을 다루었지. 《경국대전》의 완성은 곧 조선의 기본 통치 방향과 유교적 통치 체제가 완비되었음을 의미해.

160 다음에서 설명하는 조선 시대의 '이 기구'는?

이 기구는 조선의 최고 통치 기구로, 6조와 함께 중앙 정치 조직의 핵심을 이루었다. 이 기구에서 정책을 결정하면 6조에서 이를 실행했으며, 태종 때는 신하들의 권한을 줄이기 위해 이 기구의 기능을 약화시켰다.

6조의 업무를
여기에 먼저
보고해야 하오.
권한이
막강해졌군.

① 중서문하성

② 사헌부

③ 사간원

④ 의정부

⑤ 홍문관

의정부와 6조 말고도 이렇게나
많은 기구가 있다니!

- 왕
  - 의정부: 주요 정책 결정 — 6조
    - 이조
    - 호조
    - 예조
    - 병조
    - 형조
    - 공조
  - 승정원: 왕의 명령 전달
  - 의금부: 왕의 직속 사법 기관
  - 사헌부: 관리 감독 — 3사
  - 사간원: 왕의 잘못을 고함. — 3사
  - 홍문관: 왕의 정책 자문 기관 — 3사
  - 한성부: 한성의 행정·치안 담당
  - 춘추관: 역사 기록, 편찬
  - 성균관: 최고 교육 기관

왕권이 강할 때는
의정부를 거치지 않고,
6조가 나랏일을 왕에게
곧장 보고했어.

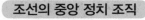

조선의 중앙 정치 조직

정답은?
4번

조선의 중앙 행정 조직은 나랏일을 총괄하는 의정부와 왕의 명령을 집행하는 6조가 중심을 이루었어. ②~③번의 사헌부·사간원과 ⑤번 홍문관은 3사로 불렸으며, 언론을 담당하는 기관으로서 권력의 독점과 부정을 방지하는 일을 했지. ①번의 중서문하성은 고려의 최고 통치 기구야.

161

조선의 지방 행정 조직에 대한 설명으로 잘못된 것은?

❶ 전국을 8도로 나누었다.

❷ 각 도에 관찰사가 파견되었다.

❸ 8도 아래 향·소·부곡을 두었다.

❹ 부·목·군·현에 지방관을 파견했다.

❺ 고려 때보다 중앙 집권이 강화되었다.

조선의 지방 행정 구역

조선은 지방을 효율적으로 통치하기 위해 전국을 8도로 나누고, 그 아래에 부·목·군·현을 두었어.

두만강
백두산
압록강
함경도
평안도
동해
황해도
강원도
한성
경기도
황해
충청도
경상도
전라도
제주도

부·목·군·현에는 수령이 파견되어 지방의 행정을 맡아보았지.

에헴

정답은?
3번

조선은 전국을 8도로 나누고, 고려 때의 특수 행정 구역인 향·소·부곡을 없앴어. 8도 밑에는 고을의 크기에 따라 부·목·군·현을 두었는데, 행정을 실제로 담당하는 것은 수령이었어. 한편, 향리의 권한은 고려 시대에 비해 크게 줄어, 수령을 보좌하는 일을 맡았지.

162 다음에서 설명하는 향촌 자치 기구는?

☆향촌에 사는 양반들이 만든 자치 기구이다.
☆이곳에서는 중앙에서 파견된 수령이 지방 행정을 잘 맡아볼 수 있도록 돕고, 수령을 보좌하는 향리를 감시했다.
수령이 우리 고을 사정에 깜깜해서 걱정이오.
그러니 우리가 도와야 하지 않겠소?

1. 유향소
2. 경재소
3. 집현전
4. 읍성
5. 종묘

미풍양속을 장려한 유향소

풍속을 바로잡는 것
또한 유향소의
임무이지요.
옳은
말이오.
유향소

마을이나 한 바퀴
돌아볼까?

아니, 네 이놈,
그게 무슨 짓이냐?
꺄욱
콕콕콕 이랏!
도덕과 질서를 어지럽히는
놈을 가만둘 수 없다.
제대로 가르쳐야겠다.

정답은?
①번

유향소는 수령의 자문 역할을 하는 동시에 향리의 부정과 비리를 감시했어. 그리고 도덕과 질서를 어지럽히는 백성들을 징계하여 지방의 풍속을 바로잡았어. 유향소의 힘이 커지자, 나라에서는 유향소를 감독하기 위해 한성에 경재소를 두었지.

163 이곳에서 위급한 상황을 알리던 통신 제도는?

① 역참제

② 과거제

③ 봉수제

④ 대동법

⑤ 직전법

오매,
적들이 거의 다
와 부렀다!
낮에는 연기로,
밤에는 횃불로 위급한
상황을 알렸지.

급하다, 급해. 어서 불을 피우자!

정답은? ❸번

봉수제는 낮에는 연기, 밤에는 횃불로 국경의 위험한 상황을 중앙에 알리던 통신 제도야. 봉수대에는 다섯 개의 굴뚝이 있었는데, 굴뚝 하나에 연기를 피우면 평안하다는 뜻이고, 두 개면 적이 멀리서 오고 있다, 세 개면 적이 가까이 왔다, 네 개면 적이 침범했다는 뜻이었어. 적과 싸울 때는 다섯 개 모두 연기를 피웠지.

164

조선의 군사 제도에 대한 설명으로 잘못된 것은?

❶ 조선 전기의 군사 조직은 중앙군과 지방군으로 나뉘었다.

❷ 중앙군은 5위로 편성되었다.

❸ 16세에서 60세까지의 양인 남자들은 군인으로 복무했다.

❹ 군대에 가는 대신 군인의 비용을 부담하여 군역을 질 수 있었다.

❺ 노비는 모두 5위에 편성되어 군역의 의무를 졌다.

조선 전기의 군사 조직은 중앙군과 지방군으로 나뉘었고, 중앙군은 5위로 편성되었어. 5위는 각각 전국의 지방군을 다섯으로 나누어 맡아 통솔했어.

호분위

충무위

의흥위

5위는 궁궐과 한성의 철벽 수비가 전문이지!

용양위

충좌위

발사!

조선 시대의 화포인 총통

정답은?
5번

16세에서 60세까지의 양인 남자들은 군역을 져야 했는데, 군대에 가지 않는 대신 옷감 등을 내는 방법으로 그 의무를 대신할 수 있었지. 한편, 노비는 양인이 아니라 천민이었기 때문에 원칙적으로는 군역의 의무가 없었고, 필요에 따라 잡색군에 포함되었어.

165

조운 제도에 대한 설명으로 바른 것을 모두 고르면?

각 지방에서
조세를 모두
거두었습니다.

속히 배에 실어
한성으로 옮겨라!

❶ 위급한 상황을 알리는 제도이다.

❷ 조세를 물길과 바닷길을 통해 운송했다.

❸ 조선 시대에 처음 실시되었다.

❹ 평안도와 함경도만 조세를 거두었다.

❺ 조세를 화폐로 내며 차츰 폐지되었다.

조선 시대 조운도

조창
조운 수로
강음 (조읍포창)
배천 (금곡포창)
춘천 (소양강창)
원주(흥원창)
한성(경창)
충주 (가흥창)
아산 (공진창)
용안 (덕성창)
영광 (법성포창)
나주 (영산창)
꼴깍!
조창에 곡식이 좀 모였나?
조창은 세금으로 거둔 곡식을 모아 둔 창고로, 이곳에 모인 곡식은 수로를 통해 한성으로 옮겨졌지.

정답은? ❷, ❺번

조운 제도는 지방에서 세금으로 거둔 곡식을 물길과 바닷길로 운반하기 위해 실시되었어. 이 제도는 고려 때부터 있었는데 평안도와 함경도는 조세를 운반하지 않고 자체적으로 사용했어. 함경도는 국경이 가까워 조세를 국방비로 썼고, 평안도는 사신이 자주 오가서 사신 접대비로 사용했지.

166 다음에서 설명하는 조선 시대의 신분은?

☆ 서얼을 포함해 기술관, 관청에서 일하는 서리와 향리 등이 이 신분에 속했다.

☆ 대부분 전문 기술을 갖고 있거나 행정의 실무를 맡았다.

나는 의술이 뛰어난 의관.
난 외국어를 잘하는 역관.
난 그림을 잘 그리는 화원이야.

❶ 양반

❷ 중인

❸ 상민

❹ 천민

❺ 노비

조선의 신분 구조

아함, 우리 양반은 지배 계층으로 여러 특권을 누리지.

가장 높은 신분인 **양반**

양반과 상민 사이에 낀 우린 높은 관직에 오를 수 없어.
에휴

양반과 상민의 중간 계층인 **중인**

농민·수공업자·상인들로, 세금 납부 등 의무가 너무 많아.

백성의 대부분을 차지한 **상민**

덩덩덩더쿵~
노비·백정·광대 등이 모두 천민이었어.

가장 낮은 계급인 **천민**

정답은? ②번

조선 시대의 신분은 크게 양인과 천민으로 구분되었어. 양인에는 지배 계층인 '양반', 농업 등 생산 활동에 종사하며 가장 많은 인구를 차지한 '상민', 양반과 상민의 중간 계층으로 기술직에 종사한 '중인'이 해당되었지. '천민'은 가장 낮은 계층으로, 그중 노비가 가장 많았어.

167

조선의 교육과 과거 제도에 대한 설명으로 잘못된 것은?

❶ 서울의 4부 학당, 지방의 향교는 중등 교육을 담당하는 교육 기관이었다.

❷ 최고 고등 교육 기관은 성균관이었다.

❸ 기술 교육은 해당 관청에서 따로 실시했다.

❹ 과거 응시 자격은 양반에게만 있었다.

❺ 음서보다는 과거를 통해 관리를 선발했다.

과거는 크게
문과, 무과, 잡과로 나눌 수 있어.
이 중 문과 시험 합격자를
가장 으뜸으로 쳤지.

장원 급제는 누가 할까?
앗! 까먹었다. 어떡해….

문관을 뽑는 **문과**

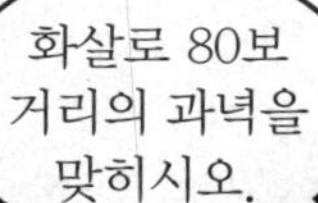
화살로 80보 거리의 과녁을 맞히시오.

무예 시험을 일단 통과해야 필기 시험도 볼 텐데.

무관을 뽑는 **무과**

난 서리!
난 통역하는 역관!
난 의관. 우린 모두 기술관!

기술관을 뽑는 **잡과**

정답은?
4번

과거 시험은 양인 이상이면 누구나 응시할 수 있었지만 시간과 비용이 많이 들어, 양인 중 상민과 중인들은 과거를 보기가 쉽지 않았어. 그래서 이들은 응시하더라도 비교적 쉬운 무과나 잡과를 택했지.

168 다음에서 설명하는 조선의 의료 기관은?

☆고려 시대부터 있던 의료 기관이다.

☆수도권에 사는 일반 백성들을 치료했으며, 전염병이 돌 때는 환자를 격리하여 치료했다.

☆1466년에 동·서 활인서로 이름이 바뀌었다.

❶ 사창

❷ 상평창

❸ 대비원

❹ 의금부

❺ 사헌부

'활인서'는
'사람을 살리는 관청'
이라는 뜻이지.
활인서

조선 시대의 서민을 위한 의료 기관에는
대비원과 제생원 등이 있었지.
제생원에서는 의학 교육에도 힘썼어.

마님, 이래서는
제대로 진찰할
수가….
그래도
할 수 없네.

환자를 직접
보지도 않고 어찌
정확한 진찰을
하겠는가!

당시 여자들이
남자 의원에게 진찰받기
꺼려 하자 제생원에서는
의녀들을 길러 냈어.

우리들을 가르쳐서
무엇 하려고 그러지?
여자 환자들
때문이래.

정답은?
❸번

①번의 사창은 봄에 어려운 백성들에게 곡식을 꿔어주었다가 가을에 거두어들이는, 민간에서 운영하는 빈민 구제 기관이었어. ②번의 상평창은 값이 쌀 때 곡물을 사 두었다가 곡물 값이 오르면 싼값에 내놓아 물가를 조절하는 기관이었지. ④, ⑤번의 의금부와 사헌부는 사법 기관이었어.

169

과전법을 고쳐, 세조 때 실시한 토지 제도는?

과전이 없는 관리는
생활이 곤란하다 하옵니다.
또한 그들의 불만도 커져
가고 있습니다.
그냥 두었다간
큰 문제가 되겠군!

세금을 거둘 수 있는
땅을 현직 관리에게만
주고, 세습을 막아야겠다.

❶ 대동법

❷ 직전법

❸ 호패법

❹ 과거제

❺ 관수 관급제

관리에게 나누어 줄 땅이 부족해지자, 과전법에서 직전법으로 바꾸었어.

농민에 대한 착취가 심해지자, 직전법을 관수 관급제로 바꾸었지.

과전법
세금을 거둘 수 있는 땅을 전·현직 관리 모두에게 주고 세습도 가능했던 제도

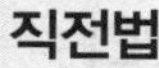

직전법
세금을 거둘 수 있는 땅을 현직 관리에게만 나누어 주고, 세습을 막은 제도

관수 관급제
나라에서 직접 토지세를 걷어 관리에게 나누어 준 제도

토지 제도가 바뀌었다네!
법이 바뀌어도 농민의 생활은 늘 어렵지, 뭐.

정답은?
2번

고려 말부터 시행된 과전법은 세조 때 현직 관리에게만 토지를 주는 '직전법'으로 바뀌었어. 그러자 관리들은 퇴직한 다음을 걱정해, 자신들의 땅을 빌려 농사를 짓는 농민에게 지나치게 많은 세금을 거두었지. 성종은 이를 막기 위해 나라에서 직접 세금을 거두어 관리에게 지급했는데, 이게 바로 ⑤번의 '관수 관급제'야.

조선의 수취 제도에 대한 설명으로 잘못된 것은?

❶ 조세·공납·역 등이 있었다.

❷ 조세는 토지에 대한 세금을 말한다.

❸ 세종은 수확량의 10분의 1을 세금으로 내는 제도를 처음 실시했다.

❹ 공납은 지방의 특산물을 바치는 것을 말한다.

❺ 역은 나라에 노동력을 제공하는 것을 말한다.

조선의 수취 제도

수확량의
일부를 세금으로
바쳐야지요.

토지에 대한 세금인 **조세**

특산물 중
가장 좋은 것을
바칩니다.

지방의 특산물을 바치는 **공납**

나는 나라를 지키고
있지만, 내 친구는
공사에 동원되었어.

군역과 요역을 합친 **역**

군역은 국방의 의무를 지는 것, 요역은 나라에 노동력을 제공하는 것을 말하지.

정답은?
3번

세종은 세금을 공평하게 매기고 농민의 부담을 덜어 주기 위해 조세 제도를 개혁했어. 그리하여 전분6등법과 연분9등법에 따라 세금을 매겼지. 전분6등법은 땅의 기름진 정도에 따라 토지의 등급을 6개로 나누고, 연분9등법은 풍년과 흉년의 정도에 따라 등급을 9개로 나눠 세금을 달리 매긴 것이야.

171

세종 때 우리 농부의 경험을 담아 펴낸 농사 책은?

흙은 깊이 갈아야 하오!

씨앗을 잘 간수하시오!

음, 알려 줄까, 말까?

이 지방의 농사 비법은?

❶ 《농사직설》

❷ 《삼림경제》

❸ 《농가집성》

❹ 《해동농서》

❺ 《경국대전》

농업의 발전을 위한 노력

저수지 공사도
계속해 나가시오.

정기적으로 수리 시설을 고치거나 새로 만들었다.

손에 든 게
뭔가?
우리 실정에 맞도록
만든 달력이라네.

농사지을 시기를 정확히 알 수 있도록 새로운 역서(달력)를 만들었다.

버려진 땅이 논밭으로
탈바꿈되었구먼.
보기만 해도
배부르네.

황무지 등의 땅을 일구어 농경지를 늘렸다.

정답은?
❶번

농민들은 중국에서 들여온 《농상집요》를 참고하여 농사를 지었으나, 중국과 풍토가 달라 큰 도움이 되지 못했지. 세종은 1428년, 농업이 발달된 지방의 관리들에게 자기 지방의 농사법을 자세히 적어 올리게 했어. 이렇게 해서 이듬해, 조선 농부의 오랜 경험이 녹아 있는 《농사직설》이 탄생했어.

172 자동으로 시각을 알려 주던 다음의 기구는?

조선의 물시계로, 지금은 물 항아리와 물받이 항아리만 남아 있어.

❶ 앙부일구

❷ 측우기

❸ 자격루

❹ 수표

❺ 혼천의

자격루의 원리

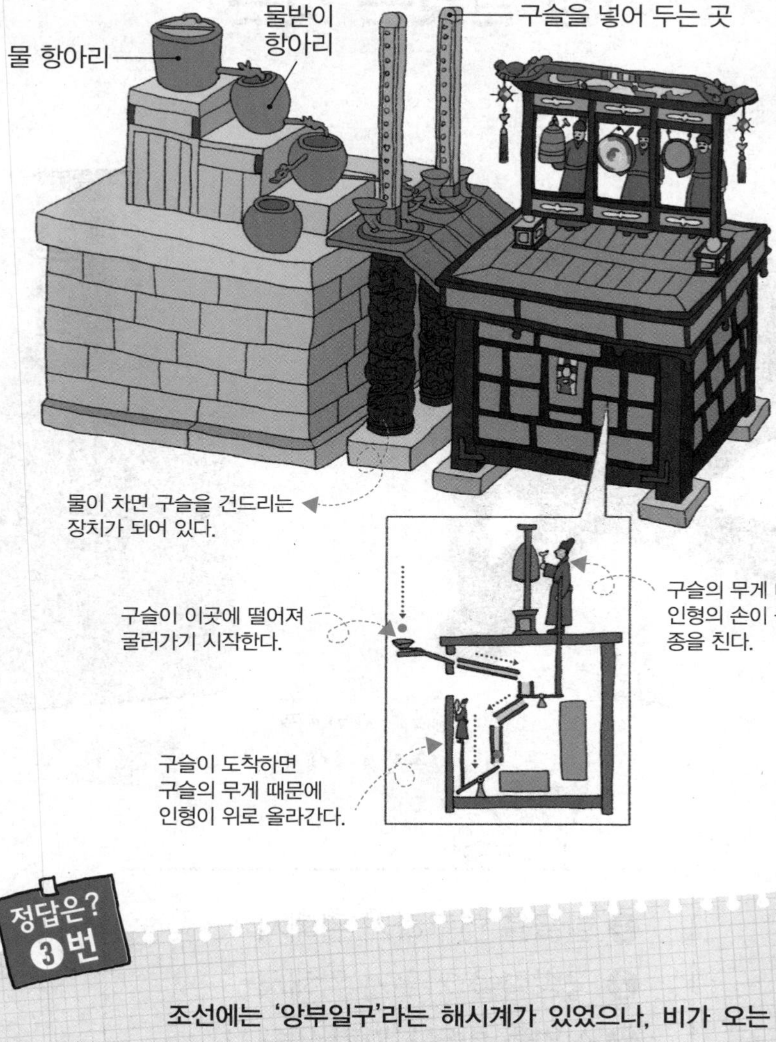

물받이 항아리

구슬을 넣어 두는 곳

물 항아리

물이 차면 구슬을 건드리는 장치가 되어 있다.

구슬의 무게 때문에 인형의 손이 움직여 종을 친다.

구슬이 이곳에 떨어져 굴러가기 시작한다.

구슬이 도착하면 구슬의 무게 때문에 인형이 위로 올라간다.

정답은?
③번

조선에는 '앙부일구'라는 해시계가 있었으나, 비가 오는 날에는 시각을 알 수 없었어. 이러한 문제점을 해결하기 위해 장영실은 김조, 이천 등과 함께 날씨에 영향을 받지 않는 자격루를 발명했어. 자격루는 두 시간에 한 번씩, 하루에 열두 번 스스로 종이나 북을 쳐서 시각을 알려 주는 물시계야.

173

다음 기구를 만든 목적으로 가장 알맞은 것은?

앙부일구

측우기

해시계와 강우량 측정 기구네.

❶ 한글을 연구하기 위해서
❷ 국방력을 키우기 위해서
❸ 상업을 발달시키기 위해서
❹ 의학을 발달시키기 위해서
❺ 농업을 발달시키기 위해서

여러 가지 과학 기구

해·달·별이 어떻게
움직이는지 알 수
있습니다.

천체 관측 기구인 **혼천의**

가마솥이
위로 열려 있는
모양이네.

해시계인 **앙부일구**

측우기옵니다.
전국 각지에
설치하도록 하라!

강우량을 재는 기구인 **측우기**

농업을 중시한 조선 시대에는 날씨와 기후를 측정하는 과학 기구가 발달했어. 농사는 날씨의 영향을 받기 때문이지.

정답은?
5번

앙부일구는 솥처럼 생긴 몸통 안쪽에 눈금이 새겨져 있어, 바늘의 그림자에 따라 시각과 24절기를 알게 해 주는 장치였어. 측우기는 금속으로 만든 원통에 빗물을 받아서 내린 비의 양을 측정하는 기구였지. 이러한 과학 기구의 발명으로 생활이 편리함은 물론이고, 농사짓는 데 큰 도움이 되었어.

174 다음 중 성격이 다른 책 하나를 고르면?

역사에는 거짓이 없어야 합니다.
항상 진실을 공정하게 기록해야지요.

자, 무엇보다 역사책을 편찬하는 데 힘써 봅시다.
집현전

① 《동국사략》

② 《동국통감》

③ 《고려사》

④ 《삼강행실도》

⑤ 《삼국사절요》

빠짐없이 기록해 주마.

무슨 책 만드는감?

역사, 지리, 법률, 의학, 농업,

그리고….

세종 때 집현전으로 쓰였던 경복궁 수정전

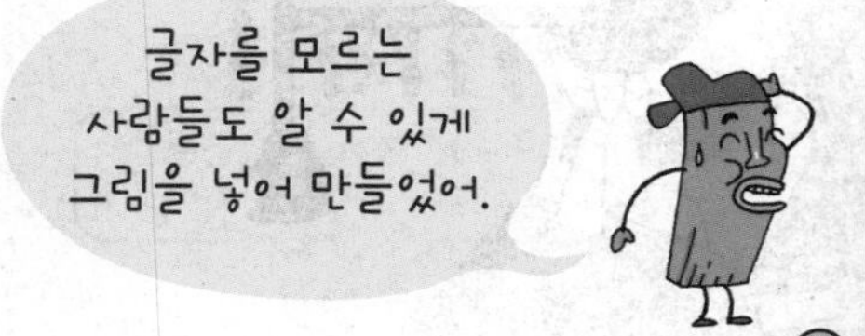

글자를 모르는 사람들도 알 수 있게 그림을 넣어 만들었어.

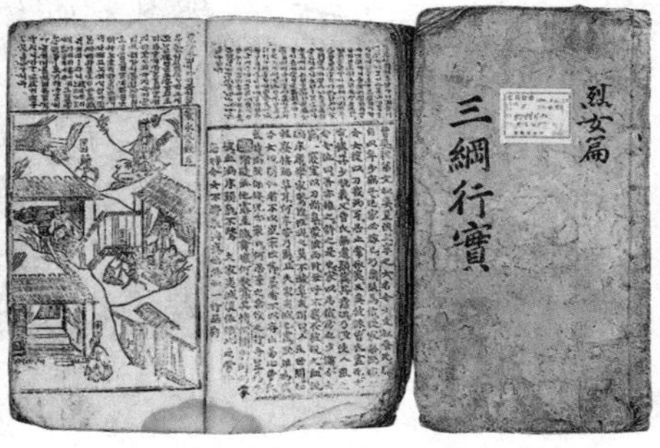
烈女篇
三綱行實

유교 윤리를 보급하기 위해 충신·효자·열녀의 이야기를 담은 《삼강행실도》

정답은?
4번

《삼강행실도》를 제외한 나머지는 모두 역사책이야. 조선 초기에는 조선의 건국을 정당화하고 성리학적 통치 체제를 뒷받침하기 위해 역사책 편찬에 힘을 쏟았어. 이때 편찬된 역사책의 특징은, 조선이 무너뜨린 고려의 역사에 대한 정리 작업이 이루어졌다는 것이지.

175

조선의 음악을 발전시킨 '이 사람'은?

이 사람은 세종 때 우리 음악을 체계적으로 연구했다. 궁중 음악인 아악과 악보를 우리 식에 맞도록 정리했으며, 편종·편경 등 60여 종의 국악기를 개량하거나 만들었다.

음높이가
정확한 악기를
만드는 게 포인트!
편경

❶ 김시습

❷ 박연

❸ 장영실

❹ 정철

❺ 안견

조선 전기 음악의 발전

악보만 보고도
연주가 척척
되네.
삐리리~

음의 길이와 높이를 정확하게 표시할 수 있는 악보인 《정간보》가 만들어졌다.

여기에 그림을
곁들인 연주법이
자세히 나와
있다네.
이제 혼자서도
연습할 수 있겠군!

음악 이론서인 《악학궤범》이 편찬되었다.

종묘에서 제사를 드릴 때 연주하는 종묘 제례악이 완성되었다.

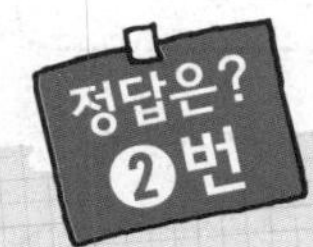
정답은?
2번

조선 전기만 해도 아악에서 사용되는 악기는 대부분 중국에서 만들어진 것이었어. 악사나 악공은 천한 직업이었기 때문에 제대로 연구하려는 사람이 없었지. 박연은 세종 대왕의 명에 따라 궁중 음악을 정비하고 악기를 제대로 만들어 우리나라의 독자적인 음악의 바탕을 마련했어.

176

안평 대군의 꿈 이야기를 그린 안견의 그림은?

나의 꿈 이야기를 듣고 안견이 사흘 만에 그림을 그렸소.

참으로 궁금합니다.

어떻소?

과연 뛰어난 그림입니다.

왼쪽의 풍경은 현실 세계이고,

오른쪽의 것은 환상적인 도원 세계로군!

❶ 〈달마도〉

❷ 〈동궐도〉

❸ 〈몽유도원도〉

❹ 〈고사관수도〉

❺ 〈초충도〉

안견의 〈몽유도원도〉

깊은 골짜기에 산들이 솟아 있고, 복숭아나무 수십 그루가 있는 모습이지.

좋구나!

정답은? ❸번

안견의 〈몽유도원도〉는 조선 전기 회화의 경지를 끌어올린 작품으로, 자연스러운 현실 세계와 환상적인 이상 세계를 표현했어. 굵고 진한 먹선으로 바위를 표현하고, 검은색 먹으로 농도만 달리하여 한 폭의 풍경화를 그려냈지.

177

다음의 일화와 관계있는 조선 중기의 서예가는?

벌써 공부를 마치고
돌아왔다고?
그렇다면 나와 내기를
해 보자.
나는 어둠 속에서
떡을 썰 테니 너는
글씨를 써 보아라.

눈이 있으면
비교해 보아라.
다시 절로 들어가
공부하겠습니다.

다녀오겠습니다,
어머니.
깨달은 바 있으니
더욱 공부에
힘쓰거라.

❶ 김정희 ❷ 한호 ❸ 서경덕
❹ 이황 ❺ 윤선도

한호(1543~1605)는 명필가로, 호는 '석봉'이다.

엄하신 어머니가
안 계셨더라면
서예의 대가인 나도
없었겠지.

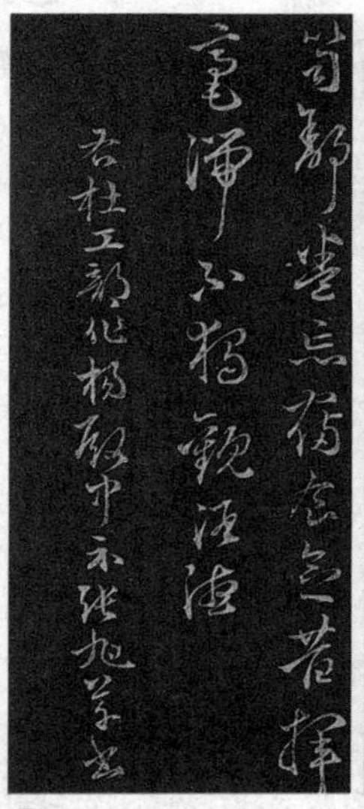
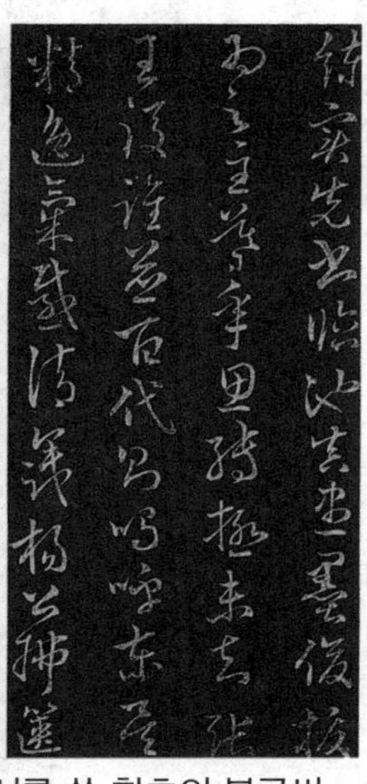

중국 시인 두보의 시를 쓴 한호의 붓글씨

한호가 친구들과 베푼 연회석에서 우정과 인생 등에 대해 즉흥적으로 쓴 《증류여장서첩》의 3편 중 〈추일연등왕각서〉이다.

정답은?
2번

서예는 조선 시대 양반들의 필수 교양으로, 조선에는 독특하고 뛰어난 글씨체를 개발한 서예가가 많았어. 한석봉은 중국에까지 이름을 날린 조선 중기의 대표적인 서예가로, 특히 어머니와의 일화가 유명하지.

178 다음에서 설명하는 유학자들은?

☆ 온건파 사대부에 뿌리를 둔 유학자들이다.

☆ 성리학을 깊이 연구했다.

☆ 영남 일대에서 큰 세력을 이루었다.

☆ 점차 세력이 커져 훈구 세력과 경쟁해 나갔다.

우리가 정통
성리학파!
성리학이 최고야!
의리로
똘똘 뭉쳤지.

❶ 관찰사

❷ 외척

❸ 호족

❹ 사림

❺ 6두품

중앙으로 진출하는 사림

훈구 대신들의 입김이 너무 세.

성종이 나라를 다스리는 데 큰 걸림돌이 있었으니, 바로 훈구 세력이었다.

훈구 세력은 세조가 왕이 되는 데 공을 세워 많은 권력을 누리고 있었어.

영남 일대에 학문에 열중하는 선비가 많다고 하니 불러들이시오.
우리끼리도 충분한데…….
큰일 났군.

성종은 훈구 세력을 누르기 위해 사림을 불러들였다.

기다린 보람이 있소이다!
이제 우리도 뜻을 펴 봅시다.

지방에서 성리학을 연구하던 사림은 성종 때 마침내 중앙에 진출했다.

정답은? ④번

사림은 고려 말, 조선 개국에 반대하며 고향으로 돌아가 학문과 교육에 힘쓴 온건파 사대부에 뿌리를 둔 유학자들이야. 성종의 부름을 받아 중앙으로 나온 사림은 주로 언론 기관인 3사에 진출하여 훈구 세력의 비리와 권력 독점을 비판했어. 그러자 두 세력의 다툼이 벌어져, 뒷날 사화가 일어났지.

179 조선의 대표적인 성리학자인 '이 사람'은?

이 사람은 조선 성리학의 대가로, 송나라의 학자인 주자의 학설을 체계적으로 발전시켜 '동방의 주자'로 불렸다. 이 사람의 사상은 일본의 성리학에도 영향을 끼쳤으며 《퇴계전서》, 《성학십도》 등을 지었다.

성리학의 원리를 그림으로 설명해 보자!

① 기대승

② 이언적

③ 김장생

④ 서경덕

⑤ 이황

나, 이이는 22세가 되던 해에 이분을 찾아가 가르침을 받았어.

한국은행
천 원
1000
한국은행 총재
천 원 지폐 속 주인공이 퇴계 이황 선생님이지.
강당인 전교당
기숙사인 홍의재

이황의 학문과 덕행을 기리기 위해 세워진 '도산 서원'으로, 그가 제자들을 가르치던 '도산 서당'을 중심으로 세워졌다.

정답은?
5번

조선의 성리학은 '이'와 '기'의 문제를 다루는 이기론을 중심으로 발달했어. 성리학을 발전시킨 대표적인 두 인물은 이황(1501~1570)과 이이(1536~1584)야. 이황은 우주의 근본 원리인 '이'를 중요시하는 '주리론'을 체계적으로 완성한 반면, 이이는 '이'보다 '기'를 중시했어.

180

갑자사화에 대한 설명으로 바른 것은?

폐비 윤씨께서는
모함을 받아 폐위되시고,
사약까지….
아, 어머니께서
그리 비참하게
돌아가셨다니!

크아아아!
이것들을 모조리
죽여 버리겠다!

❶ 중종 때 일어났다.

❷ 조광조가 죽임을 당했다.

❸ 외척 간의 대립으로 일어났다.

❹ 이 사화로 사림들이 큰 피해를 입었다.

❺ 연산군의 바른 정치로 사건이 수습되었다.

연산군을 몰아낸 중종반정

전하,
부끄럽사옵니다,
호호.

연산군의 폭정과 방탕한 생활이 날로 심해지자, 백성들의 불만은 높아 갔다.

더는
지켜볼 수 없소.
폭군을
몰아냅시다.

일부 신하들은 연산군을 몰아내기로 뜻을 모았다.

잘나가던
내가….

그들은 연산군의 간신들을 제거하고, 연산군을 강화도로 쫓아냈다.

1506년에 성종의 둘째 아들 진성 대군을 새 왕으로 추대했는데, 그가 곧 중종이다.

정답은?
4번

간신 임사홍이 연산군의 생모인 폐비 윤씨 사건을 연산군에게 알렸어. 어머니의 죽음을 까맣게 모르고 있던 연산군은 복수심에 불타 어머니 폐위와 관련된 사람들을 제거했는데 이를 '갑자사화'(1504)라고 해. 결국 연산군은 중종반정으로 폐위되었지.

181

다음의 개혁 정치를 추진한 사람은?

- 중종반정에 공을 세운 신하 중 가짜 공신인 76명의 명단을 가려냈다.
- 추천을 통해 관리를 선발하는 '현량과'라는 제도를 실시했다.
- 성리학에 바탕을 둔 왕도 정치를 주장했다.

❶ 한명회 ❷ 조광조

❸ 윤필상 ❹ 김굉필

❺ 김종직

어유,
또 저 소리.
전하, 개혁 정치를
위해서는….

주초위왕(走肖爲王) 사건

방자한 조광조를 제거하려면 희빈 마마의 도움이….
음, 내 한번 힘써 보리다.
홍경주
심정

조광조의 개혁 정치에 반발한 훈구 세력은 그를 모함하기로 했다.

바로 '주초위왕' 사건을 꾸며 낸 것이지.

전하, 조씨 성을 가진 자가 왕이 된다 하옵니다.
아니, 설마 조광조가?
희빈 홍씨
중종
走肖爲王

나뭇잎에 꿀로 '주초위왕(조씨 성을 가진 사람이 왕이 된다)'이라는 글을 써서 벌레들이 갉아 먹게 했다.

조광조가 역모를 꾸미고 있사옵니다.
이런, 고얀!
죄를 엄히 벌하소서!

이 일로 조광조는 중종의 의심을 사 그를 비롯한 사림들이 제거되는 '기묘사화'가 벌어졌다.

정답은? ❷번

중종은 훈구 세력의 도움으로 왕위에 올랐지만, 그들의 힘이 지나치게 강해지자 조광조를 비롯한 사림을 등용했어. 조광조는 중종의 총애를 받았으나, 공신 명단에서 이름을 삭제당한 것에 앙심을 품은 훈구 세력에 의해 유배를 가, 결국 목숨을 잃게 돼. 조광조를 비롯한 신진 사림이 화를 당한 사건이 기묘사화(1519)야.

182

서원에 대한 설명으로 잘못된 것은?

❶ 사림들이 지방으로 내려가 학문을 연구하고 교육한 것에서 비롯되었다.

❷ 세금을 내지 못해 16세기에 폐쇄되었다.

❸ 최초의 서원은 백운동 서원이다.

❹ 사림들은 서원을 중심으로 단결하여 세력을 길렀다.

❺ 서원은 유학자의 제사를 지내는 사당 역할도 하였다.

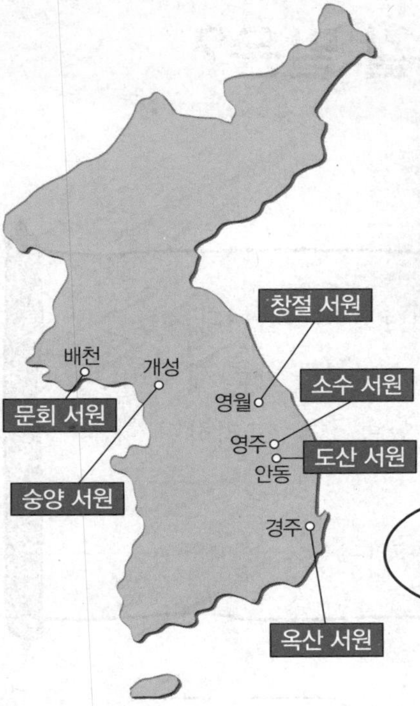

창절 서원
배천
개성
영월
소수 서원
문회 서원
영주
도산 서원
안동
숭양 서원
경주
옥산 서원

주요 서원

최초의 서원인 '백운동 서원'에 명종은 '소수 서원'이라는 이름을 지어 주고 토지, 노비 등을 지원해 주었다.

서원에서 하는 일은….

· 유학자들에 대한 제사
· 인재 양성
· 정치 여론 형성

정답은?
2번

되풀이되는 사화로 사림들은 심한 타격을 받아 한때 그 세력이 크게 위축되었으나, 서원을 중심으로 단결해 다시 뜻을 펼 기반을 다졌어. 서원에는 토지와 노비도 지급되었으며 군역과 세금도 면제되었어. 그러자 명종(1534~1567) 때까지 전국에 20개가 넘는 서원이 세워졌고, 그 뒤로도 서원은 계속 늘었지.

183 조광조의 가상의 상소문 중 빈칸에 들어갈 말은?

전하, 백성들이 향촌을 하나둘 떠나고 있사옵니다.
향촌의 자치 규약이 있으면 향촌의 질서를 바로 세우고, 백성들을 하나로 뭉치게 할 수 있습니다. 그리하면 향촌 사회도 안정될 것이옵니다.
속히 향촌에 (　　　　)을(를) 보급하소서.

① 향약
② 현량과
③ 품앗이
④ 두레
⑤ 소격서

에헴, 실은 사림들이 향촌 사회를 지배하기 위해서였지.

향약의 주요 덕목

자네
먼저 하게.

좋은 일은 서로 권한다(덕업상권).

잘 지킨
사람에게는 상을
주도록 해야지!

조광조(1482~1519)

네 잘못을
알겠느냐?

잘못한 일은 서로 규제한다(과실상규).

예의가
바르구나!

예의 바른 풍속으로 교제한다 (예속상교).

같이 끄자!

어려운 일은 서로 돕는다 (환난상휼).

정답은?
1번

조광조는 향촌의 질서를 세우려면 향촌의 자치 규약인 향약이 필요하다고 주장했어. 중종은 이 제안을 받아들여 향약을 실시했지. 이후 향촌은 점차 안정되어 갔고, 사림 세력이 중앙 정계에 자리 잡던 16세기 후반부터 향약은 더욱 널리 보급되었어.

184

빈칸에 들어갈 말이 차례대로 짝지어진 것은?

☆ 심충겸의 전랑직 추천 문제를 둘러싸고, 김효원과 심의겸이 심하게 대립하며 (㉠)과 (㉡)으로 갈라졌다.

☆ 김효원을 지지하던 (㉠)은 주로 이황과 조식에게 배운 신진 관리였고, 심의겸을 지지하던 (㉡)은 이이와 성혼의 학문을 이어받은 기존 관리였다.

어느 붕당이 이기나 두고 보자.
일당 독재 결사 반대

❶ ㉠ 동인 – ㉡ 서인

❷ ㉠ 서인 – ㉡ 북인

❸ ㉠ 동인 – ㉡ 남인

❹ ㉠ 북인 – ㉡ 남인

❺ ㉠ 북인 – ㉡ 서인

붕당을 만들어 분열하는 사림

당신도 추천을 받아 이조 전랑이 된 것이 아니요? 어째서 장원 급제한 심충겸을 반대하오?

서인
동인
북
서
동
남

심충겸은 왕실 외척이므로, 절대로 이조 전랑이 돼서는 아니 되오!

심의겸(1535~1587) 김효원(1542~1590)

	동인	서인
출신	신진 사림 세력	기성 사림 세력
학맥	이황·조식의 학문 계승	이이·성혼의 학문 계승
학파	영남학파	기호학파
대표 인물	김효원	심의겸

당시 김효원은 한성의 동쪽에, 심의겸은 서쪽에 살았기 때문에 이들을 따르던 사림들을 각각 동인과 서인이라 부르게 되었어.

정답은?
❶번

사화로 큰 피해를 입었던 사림들은 16세기 후반인 선조 때 다시 중앙 정계에 진출했어. 이후, 이조 전랑의 임명 문제를 둘러싸고 기성 사림들과 신진 사림들이 대립하게 되었어. 이조 전랑에게는 인사권이 있어, 서로 자기 쪽 사람을 그 자리에 앉히려고 다투다가 동인과 서인이 생겨났지.

185

임진왜란 전, 일본의 상황을 바르게 설명한 것은?

❶ 조선에 조공을 많이 바쳤다.

❷ 명나라에 통신사를 파견했다.

❸ 포르투갈에 조총이라는 무기를 팔았다.

❹ 도요토미 히데요시가 전국 시대의 혼란을 수습하고 일본을 통일했다.

❺ 도요토미 히데요시는 군사를 줄이고 농업을 장려했다.

하급 무사의 아들로 태어난
도요토미 히데요시는
오다 노부나가의 뒤를 이어 권력을
잡은 뒤 일본을 통일했어.

도요토미 히데요시(1536~1598)

조선을 거쳐
명까지 정복하자!

그는 자신의 힘을
과시하고, 통일 과정에서
땅을 빼앗긴 다이묘들에게
나눠 줄 영토를 확보하기
위해 전쟁을 일으켰어.

정답은?
④번

일본에서는 전국을 통일한 도요토미 히데요시가 본격적인 전쟁 준비를 시작했어. 포르투갈 상인으로부터 조총이 전해져 일본 무사들은 조선과 명나라를 침략하기 위한 준비에 박차를 가했지. 하지만 조선은 왜구들의 횡포로 일본과 약 30년간 교류가 끊긴 상태여서 일본의 국내 사정을 제대로 알 수 없었어.

186

빈칸에 공통으로 들어갈 말은?

☆ 도요토미 히데요시의 조선 침략 계획을 안 쓰시마 영주는 일본에 (   )를 파견하라고 조선에 요청했다.

☆ (   )는 왜구를 막고 두 나라 사이의 평화를 다짐하는 목적으로 조선에서 일본에 보낸 외교 사절단이다.

① 통신사

② 관찰사

③ 병마사

④ 안찰사

⑤ 영선사

임진왜란 전에도
일본에 파견되어
정세를 파악했지.
그런데….

일본은 조선을
칠 준비를 하고 있는 게
틀림없소!
황윤길

일본은 그런
큰일을 벌일 배짱이
없다고!
김성일

함께 보고도
이렇게
다르다니!

일본에 간 조선 통신사의 모습을 그린 <조선 통신사 행렬도>야. 가마를 타고 있는 사람이 통신사의 우두머리인 '정사'란다.

통신사는 오늘날의 외교관이지.

정답은?
❶번

통신사는 조선 시대에 일본에 보내던 공식 외교 사절이야. 이들은 조선의 발달된 학문과 문화를 일본에 전해 주는 것은 물론, 임진왜란 후에는 전쟁 중 일본에 잡혀갔던 도공들을 데려오기도 했어. 통신사는 200여 년간 12회에 걸쳐 일본에 파견되었어.

187 다음 전투를 승리로 이끈 장군과 전투의 이름은?

왜선이 견내량으로 향하자, 조선의 판옥선 몇 척이 왜선을 먼저 공격하고 후퇴하는 척했다. 그러자 왜군들이 넓은 바다 쪽으로 뒤쫓아 나왔다. 이때 마치 학이 날개를 펴듯 진을 치고 일제히 공격하여 왜선을 크게 물리쳤다.

❶ 이순신 – 노량 해전

❷ 권율 – 행주 대첩

❸ 이순신 – 한산도 대첩

❹ 김시민 – 진주 대첩

❺ 이순신 – 부산포 해전

이때다! 진로를 바꿔 적의 배를 포위하고 총공격하라!
앗! 속았다.

이순신의 주요 전투

⑥ 노량 해전
④ 부산포 해전
염포
제포
부산포
광양
노량
순천
통영
거제도
① 옥포 해전
여수
장흥
해남
고흥
② 당포 해전
⑤ 명량 대첩
③ 한산도 대첩

❶ **옥포 해전(1592.5.)** 이순신이 임진왜란 중 첫 번째로 나간 해전
❷ **당포 해전(1592. 6.)** 이순신과 원균이 거북선을 투입해 왜선 21척을 격파
❸ **한산도 대첩(1592. 7.)** 왜선을 유인하여 학익진 전법으로 크게 승리
❹ **부산포 해전(1592. 9.)** 부산포에 머물던 왜선 470여 척 중 100여 척을 격파
❺ **명량 대첩(1597. 9.)** 12척의 배로 왜선 130여 척을 상대해 승리
❻ **노량 해전(1598. 11.)** 왜선과 최후의 전투를 벌이다 이순신 순국

정답은?
③번

②번의 행주 대첩은 1593년, 권율이 행주산성에서 부녀자들까지 합세해 왜군을 크게 무찌른 전투야. ④번의 진주 대첩은 1592년, 진주성에서 김시민의 지휘 아래 왜군과 싸워 승리를 거둔 전투이지. 진주 대첩, 한산도 대첩, 행주 대첩은 '임진왜란 3대 대첩'으로 불려.

188 다음과 같이 임진왜란 당시 나라를 위해 싸운 이들은?

왜군의 침략을 물리치려고 스스로 조직한 부대야.

주로 농민으로 구성되었고, 유학자 등이 이끌었어.

지리를 잘 알고 그에 맞는 전술과 무기를 사용했어.

나라를 지킨 공을 인정받아 나중에 관군에 들어갔어.

❶ 수군 ❷ 홍군 ❸ 공군
❹ 왜군 ❺ 의병

지리에 밝은 의병이 왜군에게 타격을 입히고, 이순신이 이끄는 수군이 바다에서 활약을 하는 사이, 관군은 조직을 정비했고 명과 힘을 합쳐 왜군을 무찔렀지.

의병 대장
관군의 활약

정문부
길주
휴정(서산 대사)
묘향산
평양 탈환
유성룡
평양
유정(사명 대사)
금강산
행주 대첩
권율
행주
한성
충주 전투
신립
충주
상주 전투
이일
상주
조헌·영규
금산
곽재우
의령
고경명
담양
김천일
나주
진주
진주 대첩
김시민

조선은 이상해. 관군보다 의병이 더 세.

관군과 의병의 활동

정답은?
5번

임진왜란 초기에 조선은 일방적으로 왜군에 밀렸으나, 의병과 수군의 활약으로 반격에 나섰어. 대표적인 의병으로는 경상도 여러 지역에서 승리한 곽재우, 승려들과 함께 청주를 되찾은 조헌, 담양에서 의병을 일으킨 고경명, 함경도를 도로 찾은 정문부 등이 있었어. 휴정과 유정 같은 승려들도 일본에 맞서 싸웠지.

189

임진왜란 때 '홍의 장군'으로 불린 의병장은?

감히 경상도와
전라도를 가로지르려고
했드나? 니 잘못
생각했데이!
오합지졸이라고
우습게 봤다가
큰코다쳤스므니다.

① 김천일

② 정문부

③ 조헌

④ 곽재우

⑤ 고경명

곽재우가 경상도 서부 지역을 꽉 잡고 있었기 때문에 경상도를 통해 전라도로 침략해 들어가려던 왜군의 계획을 막을 수 있었어.

대구광역시 동구에 있는 망우 공원의 곽재우 동상이다.
망우 공원은 홍의 장군 곽재우의 공적을 기리기 위해 조성되었는데,
'망우'는 곽재우의 호 '망우당'에서 따온 것이다.

정답은?
4번

곽재우는 임진왜란 때 의령에서 전국 최초로 의병을 일으킨 의병장으로, 경상도를 무대로 왜군을 무찔렀어. 항상 붉은옷을 입고 싸워 '홍의 장군'이라고 불렸어. 1597년에는 창녕 화왕 산성을 왜군으로부터 끝까지 지키는 등 공을 세웠으나 말년에는 벼슬길에 나오지 않았어.

190

권율의 지휘 아래, 왜군에 맞서 싸운 전투는?

아줌마 부대가 얼마나 무서운지 알게 될 것이다, 왜놈들아!

명중이오!

행주치마에 담아 나른 돌이다, 얍!

으악! 공포의 아줌마 부대닷!

으... 이 싸움은 해보나 마나...

❶ 충주 전투

❷ 진주 대첩

❸ 행주 대첩

❹ 상주 전투

❺ 노량 해전

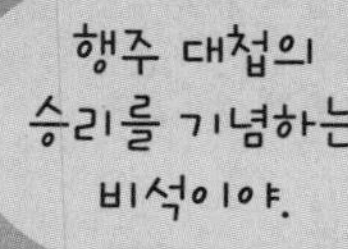
행주 대첩의
승리를 기념하는
비석이야.

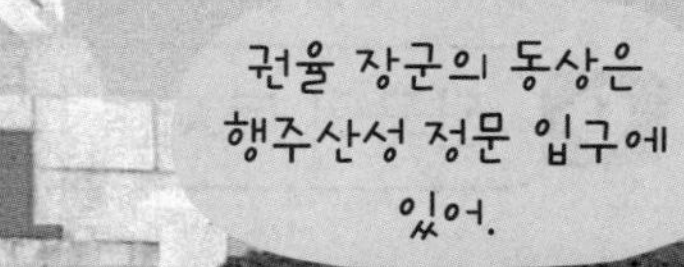
권율 장군의 동상은
행주산성 정문 입구에
있어.

권율(1537~1599)

정답은?
3번

1593년, 권율은 한성을 되찾기 위해 행주산성에 진을 쳤어. 3만 여 명의 왜군이 행주산성을 공격해 왔으나, 권율은 군사와 백성들의 힘을 모아 이들을 물리쳤지. 이때 성안에 있던 부녀자들도 돌을 나르며 힘을 보탰어.

191

광해군이 왜란 이후 추진한 정책이 아닌 것은?

왜란으로 국토가 황폐해지고 재정이 무너졌사옵니다.
내가 다 아는 얘기만 하냐.
적이 언제 또다시 쳐들어올지 매우 두렵사옵니다.

❶ 전국의 토지를 다시 측량했다.

❷ 불타 버린 사고를 다시 세웠다.

❸ 무너진 성곽을 수리하고 무기를 정비했다.

❹ 《동의보감》을 간행하도록 했다.

❺ 후금과 국교를 끊어 버렸다.

광해군은 전쟁의 피해를 복구하는 데 힘을 쏟는 한편, 밖으로는 중립 외교를 추구했지.

가족 사항이 어떻게 되오?
세금을 제대로 걷기 위해 호적을 다시 만드는구나.

토지 대장과 호적을 다시 작성해 나라의 재정을 확보했다.

성곽과 무기를 수리하는 등 국방력을 강화했다.

나, 허준은 질병으로 고통받는 백성을 위해 《동의보감》을 썼어.

《동의보감》을 널리 보급하는 등 문화 사업을 적극적으로 펼쳤다.

명과 후금 중 어느 쪽에도 쏠리지 않게!
명
후금

명과 후금 사이에서 실리적인 중립 외교 정책을 실시했다.

정답은? 5번

명이 쇠퇴할 무렵 누르하치가 여진족을 통일하여 후금을 건국했어. 후금은 명나라와 대립하며 조선을 압박했지. 이에 광해군은 명과 후금 사이에서 실리적인 중립 외교 정책을 폄으로써 후금과의 전쟁을 막고 나라를 안정시켰어.

192 정묘호란에 대한 설명으로 잘못된 것은?

① 후금이 조선의 친명 배금 정책을 빌미로 쳐들어왔다.

② 정묘호란 직전의 조선 사회는 이괄의 난으로 혼란했다.

③ 인조는 후금 군대를 피해 강화도로 갔다.

④ 이립은 의병을 조직하여 의주에서 후금 군대에 큰 타격을 주었다.

⑤ 조선은 후금과 군신 관계를 맺으며 항복했다.

후금의 침입, 정묘호란

발단

명은 우리의
영원한 어버이.
오랑캐 후금과는
안 논다.
친
명
배
금

광해군을 내쫓고 인조를 왕으로 세운 서인 정권은 명나라를 따르고 후금과 국교를 끊어 버렸다.

경과

와

후금이 이를 빌미로 쳐들어오자, 조선 관군과 의병은 맞서 싸웠다.

결과

우리랑
약속한 거
잊지 마!

후금은 조선으로부터 형제 관계로 지내겠다는 것과 조공을 바칠 것, 중강에서 무역을 할 것을 다짐 받은 다음 철수했다.

정답은? ⑤번

1627년, 후금이 3만의 군사를 이끌고 조선을 침략했어(정묘호란). 이때 인조는 강화도로, 세자는 전주로 피난을 떠났지. 정봉수, 이립 등은 의병을 조직해 후금 군대에 큰 타격을 주었으나, 결국 조선은 후금과 형제 관계로 지내겠다는 화의를 맺었어.

193

다음의 서울 삼전도비와 관계있는 사건은?

비석을 뽑아 버리고 싶구나. 씻을 수 없는 삼전도의 굴욕!
인조
내가 웃는게 웃는게 아니야
이 물고 참는 거지
휘청

❶ 정유재란 ❷ 옥포 해전 ❸ 정묘호란
❹ 병자호란 ❺ 을미의병

세 번 절하고
아홉 번 머리를
박아라!
청 태종
전하, 이마에서
피가….
인조

병자호란 때 인조는 이곳 남한산성에서 40여 일 동안 맞섰으나, 결국 청과 굴욕적인 강화를 맺었다.

정답은?
4번

국호를 '청'으로 바꾼 후금은 조선에 군신 관계를 요구했어. 조선이 이를 거절하자 1636년, 청 태종이 군대를 이끌고 쳐들어왔지(병자호란). 남한산성에서 항전하던 인조는 강화도 함락 소식을 듣고는 끝내 삼전도에서 굴욕적인 항복식을 치렀어. 또한 청 태종의 요구로 삼전도비를 세웠어.

194

북벌 정책에 대한 설명으로 알맞은 것을 모두 고르면?

아바마마께서 당한 모욕을 난 결코 잊지 못해. 또 나를 볼모로 끌고 가 8년이나 고생시킨 게 누군데!

청나라를 쳐서 명나라의 원수와 조선이 당한 모욕을 갚고자 하오.
송시열

① 인조가 계획했다.

② 병자호란이 일어나기 전에 실시되었다.

③ 송시열과 송준길 등이 참여했다.

④ 조총 부대를 만들고 성을 쌓았다.

⑤ 러시아와 함께 북벌 계획을 실행시켰다.

공부한 날 월 일

북벌 계획과 나선 정벌

발사!
쾅!

효종은 청을 치려는 북벌 정책을 추진하며 군사력을 키워 갔다.

그간 조선에서 총쏘기 연습을 열심히 하던데 이참에 조총수 100명만 빌려 주시지?

그런데 러시아가 헤이룽 강을 침범하자, 청은 조선에 병사를 요청했다.

여러분의 개선을 진심으로 환영합니다.
삘리릴리이리이 삐이~
어머, 멋져라!

청의 요청을 거절할 수 없던 조선은 조총 부대를 청에 보내 큰 전과를 올렸는데, 이를 '나선 정벌'이라 한다.

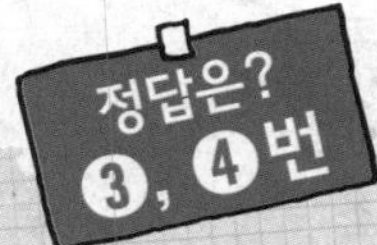

정답은?
③, ④번

병자호란 때 인질로 끌려 갔다 돌아와 왕위에 오른 효종은 어영군의 기능을 강화하고 조총 부대를 만드는 등 북벌 정책을 추진했어. 그러나 효종의 죽음으로 북벌 정책은 결국 실행되지 못한 채 두 차례의 나선 정벌로 끝나 버렸어.

김정호가 1861년에 완성한 대동여지도. 산맥, 하천, 도로망 등이 자세히 표시되어 있으며, 오늘날의 지도와 비교해도 손색이 없다.

지도의 세로 길이가
6.7미터라니!
쌓아 올리면 웬만한
건물 2층보다 높겠네.

6

Q 195~241

조선 후기 사회의 변동

이 시기에는 근대 사회를 향한 새로운 움직임이 일어났지.

어떤 변화가 있었을까?

195

조선 후기의 농민에 대한 설명으로 잘못된 것은?

❶ 한글 소설을 읽는 등 의식 수준이 높아졌다.

❷ 농민들 간의 빈부 차이가 완전히 사라졌다.

❸ 일부 농민들은 서당에서 공부했다.

❹ 상품 작물을 재배하여 큰 소득을 올린 부농이 생겼다.

❺ 농촌을 떠나 상업에 종사하는 농민도 있었다.

여러 계층으로 나뉜 농민

농민

부농

돈 주고
양반 됐다,
어쩔래?

노비

세금을 감당 못해
스스로 노비가
되었네.

노동자

농촌을 떠나
품삯 받고 일하는
노동자가 됐어.

상인

이젠 농사
대신 장사해서
먹고살지.

정답은?
❷번

조선 후기에 농사법이 개량되어 수확량이 크게 늘었고, 일부 농민들은 상품 작물을 재배하거나 수공업 제품을 팔아 큰 소득을 올렸지. 이렇게 해서 부자가 된 농민들은 양반 행세를 하기도 했어. 반면 도시로 가서 상인이나 노동자가 되거나 스스로 노비가 된 농민도 있었지.

196 다음에서 설명하는 '이 계층'은?

이 계층은 양반과 본부인이 아닌 첩 또는 천민 사이에서 난 자손을 말한다.
조선 사회에서 심한 차별 대우를 받고 있었으나 정조 때 본격적으로 관직에 등용되었다.

반쪽 양반으로 사는 것이 서럽다.
과거도 못 보고….

① 상민

② 노비

③ 역관

④ 서얼

⑤ 서리

<홍길동전>의 주인공인 나도 바로 이 계층이지.

나는 서얼들이
조정에 여러 차례 올린
상소를 보았어.
서얼도 실력에 따라
관직을 얻을 수 있게
해 달라는 내용이었지.

나는 그들의
요구를 받아들여, 서얼에
대한 차별을 없애고 학식과
재능이 있는 서얼들에게
나라를 위해 일할 기회를
주기로 했단다.

서얼들의 노력이
결실을 맺었네!

역시 출신보다는
능력이
우선돼야지.

서얼 차별을 없앤 조선의 제22대 왕 정조(1752~1800)

정답은? ❹번

정조는 서얼들의 관직 진출을 법적으로 뒷받침함으로써 서얼에 대한 차별을 공식적으로 없앤 왕이야. 또한 능력이 있다면 당파에 상관없이 인재를 뽑았어. 엄격한 신분 차별 속에서 반쪽 양반으로 설움 받던 서얼들은 조선 후기, 정조의 개혁 정치로 벼슬에 오를 수 있는 길이 열린 거야.

197 다음에서 설명하는 조선 후기의 세금 제도는?

공납 제도로 고통받는 백성들의 괴로움을 덜어 주기 위해, 나라에서 특산물 대신 쌀을 받도록 한 제도이다. 토지 1결당 12두씩 쌀을 부담하는 것이 원칙이었으나 쌀이 적게 나는 지방에서는 무명, 베, 화폐로 대신했다.

쌀
12두로
통일

1. 영정법
2. 대동법
3. 균역법
4. 과전법
5. 호패법

공납은 백성이 그 지방의 특산물이나 수공업품을 조정에 바치는 제도를 말해.

대동법은 광해군 때인 1608년에 경기도에서 처음 실시된 이후, 전국적으로 실시되기까지 100여 년이나 걸렸어. 잉류 지역은 중앙으로 쌀을 보내지 않고, 군사비나 접대비 등 자체적으로 쓰는 지역이야.

잉류 지역
실시 지역 (실시 연도)
함경도
평안도
황해도 (1708년)
강원도 (1624년)
경기도 (1608년)
충청도 (1652년)
경상도 (1677년)
전라도 (1657년)
제주도

대동법의 실시

대동법 실시를 주장한 김육(1508~1658)

정답은? ❷번

대동법의 실시 결과 양반 지주의 부담은 커진 반면, 토지가 없는 농민들은 일시적으로 부담이 없어지거나 줄었어. 나라에서는 필요한 물품을 '공인'이라는 상인을 통해 구입하면서 상공업이 발달했고, 화폐를 활발히 사용하게 되었지.

198 균역법에 대한 설명으로 바른 것은?

❶ 토지에 대한 세금을 내는 제도이다.

❷ 1년에 군포 세 필을 나라에 바쳐야 했다.

❸ 남자라면 나이에 상관없이 군포를 내야 했다.

❹ 숙종 때 처음 실시되었다.

❺ 부족해진 재정을 마련하기 위한 결작미가 소작농에 떠넘겨지는 때가 많았다.

저는요, 군대 가긴 이른 나이 아닌가요?

에잇, 이것들이! 죽은 나한테까지 군포를 내라니.
도망간 이웃집 군포를 내라더니 감시까지 하고 살라고? 에휴.

나 원 참, 기가 막히군!

군역의 폐단이 심해지자, 영조는 이를 없애기 위해 균역법을 실시했다.

균역청
부족한 국가 재정은 이것으로 메우시오.
선무군관포
결작미
어장세
선박세
염세

군포 두 필을 한 필로 줄이고, 부족한 재정을 메우기 위해 결작미 등을 거두었다.

지주가 내는 결작미도 우리가 내야 하다니….
이럴 줄 알았어.

그 결과 결작미가 소작농에게 떠넘겨져 농민들의 부담이 커졌다.

정답은?
5번

16～60세의 양인 남자들에게 군역의 의무가 있었으나, 1년에 군포 두 필을 내면 군역을 면제받았어. 관리들의 부패로 고통받는 백성들이 많아지자, 영조는 1750년에 두 필의 군포를 한 필로 줄인 균역법을 시행했지. 그러나 지주들이 내야 하는 결작미를 소작농에게 떠넘기는 경우가 많아 농민의 부담만 커졌어.

199 다음에서 설명하는 조선의 기구는?

이제부턴
우리가 의정부를
대신한다!

3포 왜란을 계기로 국경을 지키기 위해 임시로 설치되었다. 임진왜란이 일어나자 그 기능이 급격히 커졌고, 나중에는 일반 행정까지 맡으며 조선의 최고 통치 기구가 되었다.

❶ 장용영

❷ 6조

❸ 비변사

❹ 3사

❺ 병조

이제 우린 이름뿐인
기구잖아?
아, 옛날이여!
의정부

비변사의 권한이 지나치게 커지면서 의정부와 6조 중심의 행정 체제가 무의미해졌어.

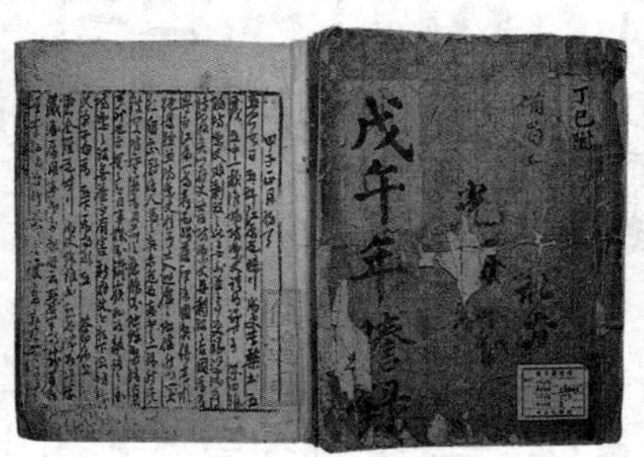

비변사에서 처리한 내용을 적은 《비변사등록》

수령 임명
감사..
임명장
병사 2억 명이 필요하오.
구원병 요청
엥?
비변사 일은 이렇게 많은데 말야.
과거제 실시
커닝 금지!
하나쯤 먹어도 모르겠지?
공물 진상

정답은? ③번

비변사는 국방 문제에 대비하기 위한 임시 기구로 설치되었으나, 1555년 을묘왜변 이후에 상설 기구가 되었고 임진왜란을 계기로 그 권한이 크게 강화되었어. 중앙의 권력이 비변사로 집중되며 국가 행정 체제가 흔들리고 왕권이 약해졌지. 이러한 이유로 비변사는 고종 때인 1865년에 결국 폐지되었어.

200 왜란과 호란 후 개편된 군사 제도에 대한 바른 설명은?

❶ 5위를 대신할 5군영이 설치되었다.

❷ 5군영 중 금위영이 가장 먼저 설치되었다.

❸ 중앙에는 속오군이 편성되었다.

❹ 속오군은 양반들로만 구성되었다.

❺ 속오군의 경비는 나라에서 모두 부담했다.

철벽 수비로
임진왜란, 병자호란
같은 상황을 두 번 다시
만들지 말자!

守禦將臺

남한산성의 방어를 책임진 장수가 군사를 지휘하던 수어장대. 5군영의 하나인 수어청은 남한산성을 중심으로 수비를 맡았다.

5군영은 조선 전기의 5위를 대신하는 군사 제도로, 한성과 그 외곽 지역을 방어하기 위해 조직된 5개의 군영을 말해.

지방의 군사 조직인 속오군은 평소에는 농사를 지으면서 훈련을 하다가 전쟁이 일어나면 나가 싸웠지.

정답은?
①번

전쟁을 겪은 조선은 군사 제도를 개편했어. 중앙에는 훈련도감을 시작으로 어영청·총융청·수어청·금위영의 5군영이 설치되었으며 지방에는 속오군이 조직되었어. 속오군은 양반에서 천민까지 모든 계층으로 구성되었으나 나중에는 가난한 상민과 노비들로만 이루어졌어. 이들은 대체로 훈련 경비를 스스로 조달해야 했지.

201 상복을 입는 문제를 두고 벌어진 다음의 사건은?

'예절에 관한 논쟁'이라는 뜻으로, 효종과 효종비가 죽자 상복을 입는 기간을 놓고 현종 때 두 차례 벌어졌다. 이 논쟁으로 서인과 남인은 정권을 놓고 치열하게 싸우는 관계가 되었다.

집어치워라!
상복 입는
기간이 뭐 그리
중요하냐!
현종

❶ 봉기

❷ 예송

❸ 회군

❹ 반정

❺ 환국

내가 상복을
몇 년 입느냐를 두고
다들 난리네.
인조의 계비인 조 대비(자의 대비)

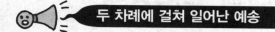

공부한 날 월 일

두 차례에 걸쳐 일어난 예송

1차 – 효종이 죽은 뒤

나라님 상인데 3년은 입어야지!

1년이지. 한집에 맏아들이 둘일 수 있어?

서인 승!

남인

서인

2차 – 효종비가 죽은 뒤

1년은 입어야지!

아들 때도 1년이었는데, 며느리면 9개월로 족하다.

남인 승!

남인

서인

정답은?
②번

예송은 효종과 효종비가 세상을 떠났을 때, 인조의 계비인 조 대비가 상복을 얼마 동안 입느냐의 문제로 서인과 남인이 대립한 사건이야. 1차 예송 때는 1년복이 채택되며 서인이 승리했고, 2차 때는 1년을 주장한 남인이 승리했지. 두 차례의 예송으로 붕당 정치가 점차 변질되기 시작했어.

202

환국에 대한 설명으로 잘못된 것을 모두 고르면?

❶ 숙종 때 세 차례 일어났다.

❷ 서인과 남인이 대립했다.

❸ 환국의 최종 결과 남인이 몰락했다.

❹ 몰락한 남인은 노론과 소론으로 갈라졌다.

❺ 환국으로 붕당 간의 갈등이 사라졌다.

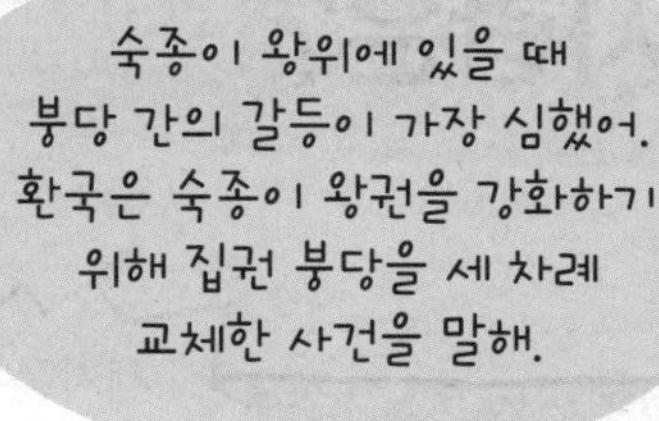
숙종이 왕위에 있을 때
붕당 간의 갈등이 가장 심했어.
환국은 숙종이 왕권을 강화하기
위해 집권 붕당을 세 차례
교체한 사건을 말해.

1. 경신환국(1680년)
   -서인 집권
2. 기사환국(1689년)
   -남인 집권
3. 갑술환국(1694년)
   -서인 집권

남인에
복수의 칼날을
휘두를 테다!

서인, 이리 와.
덤벼! 이기면 충신,
지면 역적이다.

서인이 정권을 잡으면
남인이, 반대로 남인이
정권을 잡으면 서인이
희생되니, 죽기 살기로
싸울 수밖에….

퍽!
윽!

빡

정답은?
❹, ❺번

환국으로 집권 세력이 바뀔 때마다 상대 세력에 대한 보복이 점차 가혹해졌고, 서로 경쟁하면서 좋은 정치를 해 나가자는 붕당 정치의 기본 원리가 무너져 버렸어. 환국의 최종 결과 남인이 패배하고 서인이 승리했으나, 서인은 노론과 소론으로 분열되어 갈등을 일으켰어.

203

숙종에게 다음의 상소를 올려 사약을 받은 사람은?

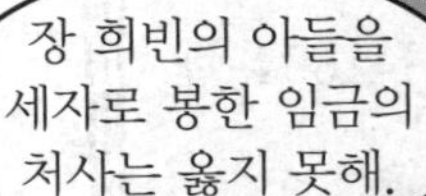
장 희빈의 아들을
세자로 봉한 임금의
처사는 옳지 못해.

중전께서 아직 젊으셔서 언제
왕자를 낳으실지 모르는데,
어찌 이리 서두르려
하시옵니까?

세자를 정한
뒤에 이런 글을
올리다니!

서인의 우두머리인 그가
이런 상소를 올린 것은 조정을
깔보는 처사이옵니다.
강력히
처벌해야 합니다.

남인의 공격을 받고
이렇게 죽을 줄이야!

❶ 윤휴 ❷ 이괄 ❸ 송시열
❹ 윤선거 ❺ 이이명

송시열은 이이의 학통을 잇는 조선 중기의 성리학자이자, 서인 노론의 중심인물이지.

인조부터 숙종까지 4대에 걸쳐 임금을 섬긴 송시열(1607~1689)

병자호란으로 조선이 청에 항복하자 나는 벼슬을 내려놓고 학문에만 전념했어. 호란이 끝나자 효종 임금을 도와 북벌 정책을 계획했지.
이후 상복 입는 기간을 놓고 벌어진 예송 때는 서인의 우두머리 역할을 톡톡히 해냈어. 그러던 내가 사약을 받고 비참하게 세상을 떠날 줄이야!

정답은? ❸번

송시열은 숙종이 장 희빈의 아들을 왕세자로 봉한 것을 비판했어. 그러자 숙종은 이미 세자를 정한 뒤에 지적한 것을 괘씸하게 생각했어. 이에 남인들은 때를 만났다는 듯이 송시열에게 공격의 화살을 퍼부었지. 이 일로 서인들은 힘을 잃고 남인이 집권했는데, 이를 '기사환국'(1689)이라고 해.

204 빈칸에 들어갈 말로 알맞은 것은?

장 희빈은 궁녀와 무녀를 동원하여 인현 왕후를 저주한 죄로 사약을 받고 죽었다. 그 결과 (　　　　)은 완전히 몰락하고, 장 희빈의 처벌을 강하게 주장했던 노론이 정국을 주도하게 되었다.

중전을 저주한 죄로 사약을 내리노라!
무엇샤하라!
마마, 정녕 이래야만 한다면….
숙종
장 희빈

❶ 동인

❷ 서인

❸ 남인

❹ 북인

❺ 소론

이 사건은 무속으로 저주했다고 해서
'무고의 옥'이라고 해.

민 중전의 병이 날로 악화된다 하옵니다.

고것이 빨리 죽어야 중전 자리를 다시 차지할 텐데. 굿을 해 볼까?

장 희빈

고것참 훈훈한 소식이네.

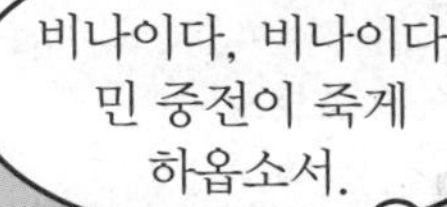
비나이다, 비나이다,
민 중전이 죽게 하옵소서.

중전!
이토록 허망하게 가시다니요?
인현 왕후

희빈이 중전을 저주했다고? 사약을 내려라!

정답은?
3번

장 희빈은 기사환국 때 왕비의 자리까지 올랐으나 갑술환국 때 희빈으로 강등되었어. 이후 인현 왕후가 원인 모를 병으로 죽고, 인현 왕후를 저주한 사실이 들통나자 사약을 받았지. 남인 쪽 사람이었던 장 희빈의 죽음으로 남인은 정계에서 완전히 물러나게 되었어.

205 영조가 실시한 다음의 정책은?

붕당끼리 싸우는 일이 없어야 이 나라가 바로 설 수 있다. 잘못된 붕당 정치를 뿌리 뽑기 위해 앞으로는 당파에 치우치지 않고 인재를 고르게 기용할 것이다.

❶ 균역법

❷ 탕평책

❸ 신문고

❹ 직전법

❺ 대동법

남을 모함하는 자는
엄벌할 것이며, 당파에 관계없이
뛰어난 인재를 등용할 것이오.
뜻은 좋지만,
잘 될까?

늘 이렇게 다투기만 하다니!
유생들이 당파 싸움에 휘말리지
않도록 탕평비를 세워야겠다.
뭘 봐?
콱!

영조(1694~1776)

성균관 입구에 있는 탕평비

두루 사귀고 편당을 짓지 않는 것은 군자의 마음이고, 아첨하고 신의가 없는 것은 소인의 사사로운 마음이다.

정답은?
②번

숙종, 경종에 이어 왕위에 오른 영조는 붕당 정치 때문에 약해진 왕권을 강화하고, 정권 다툼으로 흐트러진 조정의 질서를 바로잡기 위해 탕평책을 실시했어. 그리고 장차 관리가 될 유생들에게, 당파 싸움에 휘말리지 말 것을 당부하는 내용의 탕평비를 성균관 입구에 세웠어.

206

다음 중 영조가 한 일이 아닌 것은?

부담이 줄어
다행이야.

① 균역법 실시

지글지글
악!

② 가혹한 형벌 금지

서원

③ 지방에 서원 설립

흑흑…
억울해!

④ 신문고 부활

⑤ 인쇄술 개량

백성을 먼저
생각하는 어진 임금이
되리라.

영조의 왕권 강화 정책

토성을 쌓고, 조총
훈련을 실시한다!
네!!
왕권 강화

국방에 힘쓰고 왕이 모든 군사권을 갖게 했다.

선현을 제사
지내는 곳인데
폐쇄가
웬 말이냐!
부패 서원
제사는 뒷전이고
싸움만 했으면서.
쌤통이다.

당파 싸움의 소굴이 된 서원을 정리했다.

정답은?
3번

영조는 민생 안정을 위한 여러 노력을 기울였어. 보기의 내용 외에도 노비종모법을 실시하여 노비 제도를 개혁했고, 청계천 범람 피해에 대비해 공사를 했지. 또한 잘못된 붕당 정치를 뿌리 뽑고 왕권을 강화하려는 뜻에서 서원의 설립을 금지했어.

207 영조를 몰아내기 위해 난을 주도한 사람은?

☆ **언제**: 1728년 3월

☆ **어디서**: 청주성, 안성 등

☆ **무엇을, 어떻게**: 반란을 일으킴.

☆ **왜**: 영조의 정통성을 부인하면서 영조를 몰아내고 밀풍군을 왕으로 세우기 위해

우리의 성공을 위하여!

❶ 묘청

❷ 윤집

❸ 최명길

❹ 이괄

❺ 이인좌

이인좌의 난

지금의 왕은
숙종 대왕의 친아들이
아니오.
왕의 혈통이 아닌
자를 왕좌에 있게
할 수는 없지요.

이참에 반란을
일으켜 왕과 노론을
몰아냅시다.

나, 이인좌는 소론 강경파와 남인 일부와 함께 영조 임금의 출생을 문제 삼아 반란을 일으켰지.

와 와

안 그래도 친어머니가 무수리 출신이라는 것에 열등감이 있던 영조인데, 출생을 문제 삼다니!

정답은?
5번

영조가 즉위하면서 정치적인 힘을 잃게 된 이인좌는 난을 일으켜 영조와 노론을 몰아내려 했어. 그러나 이인좌의 난은 10여 일 만에 진압되었어. 이 일로 소론은 크게 약화되고 노론이 권력을 장악하는 등 붕당 관계가 다시 조정되었지. 이후 영조는 더욱 강력하게 탕평책을 실시했어.

208

사도 세자에 대한 설명으로 잘못된 것을 모두 고르면?

❶ 사도 세자는 정조의 아들이다.

❷ 사도 세자는 노론과 가까이 지냈다.

❸ 사도 세자에 대한 탄핵 상소가 빗발쳤다.

❹ 뒤주에 갇혀 죽임을 당했다.

❺ 사도 세자는 뒷날 장조로 불리게 되었다.

뒤주 대왕 사도 세자

아! 아바마마의
시선 때문에
등이 따갑구나.
사도 세자
(1735~1762)
영조
(1694~1776)

사도 세자는 아버지 영조의 지나친 기대와 질책으로 주눅이 들었다.

저하께서 또
담을….
꼬리가 길면
잡히는데.

그 결과 궁궐을 몰래 빠져나가는 등 이상 행동을 보였다.

상소가 빗발치니
미치겠군.

노론은 사도 세자의 잘못을 폭로하는 상소를 올려 영조의 미움을 사게 했다.

뒤주에 갇힌 지 8일째!
세자의 기척이
없으시다!

결국 나라를 위한다는 명목으로 사도 세자는 뒤주에 갇혀 죽임을 당했다.

정답은?
❶, ❷번

1694년, 갑술환국 이후 서인은 노론과 소론으로 나뉘었어. 사도 세자는 노론에 반감이 있었기에, 노론은 그런 세자를 없앨 기회를 노렸지. 그래서 사도 세자의 그릇된 행동을 낱낱이 적은 상소를 올려, 영조로 하여금 그를 죽이게 한 거야. 뒷날 영조는 아들을 죽인 것을 크게 후회했다고 해.

209

정조 때 왕실 도서관의 기능을 한 이 기관은?

이곳의 책이 3만 권이 넘는다니! 봐도 봐도 끝이 없네.

우아!

중국에서 막 들여온 뜨끈뜨끈한 책이야.

나도 볼래.

❶ 장용영

❷ 규장각

❸ 중추원

❹ 도병마사

❺ 식목도감

창덕궁 주합루로 1층이 규장각이다. 이곳에서는 도서 수집과 보관은 물론, 책을 펴내고 학문과 정책을 연구했다.

김홍도의 그림으로 추정되는 〈규장각도〉

정답은?
❷번

정조는 영조의 탕평책을 이어받아 붕당 사이의 갈등을 없애려 했어. 이를 위해서는 자신의 지지 세력이 되어 줄 인재를 키우는 일이 중요하다고 판단해 규장각을 세웠지. ①번의 장용영은 정조가 왕권을 강화하기 위해 세운 군대로, 왕의 신변을 안전하게 지켜 줄 뛰어난 실력의 군사들로 구성되었어.

210

정조가 사도 세자에 대한 효심으로 지은 이 유적은?

❶ 남한산성

❷ 행궁

❸ 수원 화성

❹ 종묘

❺ 창덕궁

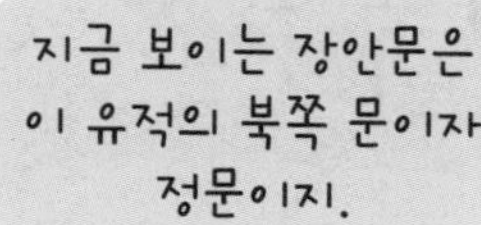
지금 보이는 장안문은
이 유적의 북쪽 문이자
정문이지.

정답은?
❸번

정조는 붕당의 싸움에 휘말려 죽임을 당한 아버지 사도 세자의 무덤을 수원으로 옮기고, 왕권을 강화하기 위해 수원에 화성을 쌓았어. 화성은 과학적이고 실용적인 구조로, 1997년에 유네스코 세계 문화유산으로 지정되었지.

211

정제두가 체계를 세운 '이 학문'은?

내 이름은 정제두.

나는 명분만 따지는 성리학자들을 비판하며 앎과 행동이 일치하지 않는 것은 거짓이라고 주장했어. 내가 강화도에서 이 학문을 본격적으로 연구하자 사람들이 모여들면서 강화학파가 형성되었지. 이 학문은 실학이 탄생하는 데에도 영향을 주었단다.

1. 국문학
2. 예학
3. 국학
4. 양명학
5. 유학

○○학

이 학문에 마음이 쏠리지만, 남들 앞에서는 성리학을 따르는 척하는 수밖에….

양명학은 형식에 치우친 성리학을 비판하고,
아는 것보다 실천할 것을 강조했지.

양명학

우리가 모여서
연구한 곳이 강화도여서
'강화학파'라 불린 거야.

강화학파인 우리는
자유로운 문체로 글을 쓸
것과 역사의 진실만을
서술할 것을 주장했어.

강화도

역사의 진실성 추구

실학의 탄생에 영향

자유로운 글쓰기 활동

국학자들에 계승

양명학의 발전

정답은?
4번

조선 중기에 명나라로부터 양명학이 전해지자, 이황을 비롯한 유학자들은 정통 성리학의 입장에서 양명학을 비판했어. 그러나 정계에서 소외된 소론 학자들은 양명학을 연구했고 18세기 초, 정제두에 의해 조선 최초로 양명학의 체계가 세워졌지.

212 성리학에 대한 설명으로 바른 것을 모두 고르면?

① 신분에 상관없이 인간을 평등하게 대해야 한다는 학문이다.

② 양반들은 삼강오륜 같은 성리학의 도리를 내세웠다.

③ 천민들은 성리학을 따르며, 서원과 향약을 통해 자신들의 지위를 강화했다.

④ 윤휴, 박세당 등 성리학을 무조건 따르는 것을 거부하는 학자들도 있었다.

⑤ 서학을 받아들인 학자들은 성리학만이 바른 학문이라고 주장했다.

성리학을 비판한 대표적인 학자

이름 윤휴(1617~1680)

활동 유교 경전에 대한 주자의 해석을 비판하고, 자신만의 독특한 해석을 함.

지은 책 《독서기》 11권

이름 박세당(1629~1703)

활동 당파 싸움만 하는 지배층을 비판하고, 노자와 장자의 사상에 관심을 가짐.

지은 책 《색경》, 《사변록》

위의 두 사람은 자유롭게 학문을 연구해서 성리학의 한계를 극복하려고 한 학자들이야.

사문난적, 즉 '유교의 교리를 어지럽히는 사람'으로 몰렸지만, 양명학과 실학을 꽃피우는 데 한몫했어.

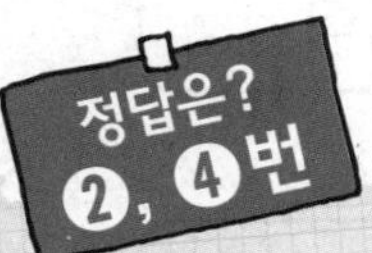
정답은?
2, 4번

성리학에서는 인간을 신분에 따라 차별하는 것이 옳다고 보았고, 양반들은 서원과 향약을 자신들의 지위를 강화하는 수단으로 삼았어. 또한 보수적인 성리학자들은 성리학만이 바른 학문이라고 생각했지.

213 다음에서 설명하는 조선 후기의 학문은?

☆ 현실에 바탕을 둔 학문만이 나라를 튼튼히 하고, 백성을 잘살게 한다는 것을 깨달아 일어났다.

☆ 사실을 바탕으로 진리를 탐구한다는 '실사구시'를 학문의 기초로 삼았다.

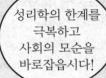

성리학의 한계를 극복하고 사회의 모순을 바로잡읍시다!
좋소, 지친 백성들의 생활에 도움이 되는 학문으로!

❶ 고증학

❷ 예학

❸ 국학

❹ 훈고학

❺ 실학

실학사상이 나타난 배경

내일은 밥을 먹을 수 있을까?
앙앙~

왜란과 호란 후, 백성들은 끼니를 잇기 어려울 정도로 비참한 생활을 했다.

뭐니 뭐니 해도….
성리학에 따라 백성들을 다스려야 하오.

그럼에도 나라에서는 적절한 대책을 세우지 못했다.

실학 최고!
당연한 말씀!
탁탁
실학
현실
성리학

이에 대한 반성으로 백성들에게 보탬이 되는 새로운 학문인 실학이 등장했다.

정답은? 5번

성리학이 백성들의 현실 생활과는 거리가 먼 정책으로 그 한계를 드러내자, 새로운 세상에 눈을 뜨기 시작한 일부 학자들이 백성들에게 보탬이 되는 실학을 연구하기 시작했어. 청나라에서 전래된 서양 문물과 고증학은 실학사상에 영향을 주었지.

214 《반계수록》을 쓴 조선 후기의 실학자는?

에휴~!
나는 농촌에서 보고 느낀 것을 정리하여 20여 년 만에 《반계수록》을 완성했지.
이 책을 통해, 토지 제도를 바꾸어야 나라를 안정시킬 수 있음을 강력히 주장했어.

❶ 이수광

❷ 한백겸

❸ 유형원

❹ 김육

❺ 박세당

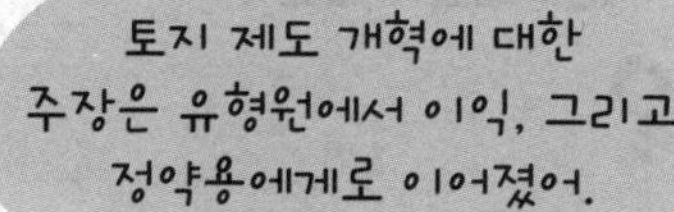
토지 제도 개혁에 대한
주장은 유형원에서 이익, 그리고
정약용에게로 이어졌어.

유형원의 '균전론'

토지를 모두 나라의
소유로 한 다음,
신분에 따라 다르게
나누어 주자!

이익의 '한전론'

농민들에게 필요한
만큼의 토지를 주고
그 땅은 사고팔지
못하게 하자!

수확물이 너무
적어. 더 열심히
일할걸.

난 뿌듯~!

아,
내게도 땅이
생긴다면?

정약용의 '여전론'

토지를 일정한 지역의
사람들이 공동으로
소유하고 경작하되,
수확물은 노동량에
따라 나누자!

정답은?
3번

《반계수록》에서 유형원은 토지·행정·군사 등 여러 방면의 개혁안을 내놓았는데, 가장 중요하게 다룬 것이 토지 제도의 개혁이었어. 그는 토지를 개인이 사사로이 소유하는 것이 부패의 원인이라고 보고, 토지가 골고루 정당하게 분배되면 나라는 저절로 부강해진다고 주장했지.

215

다음과 같은 주장을 한 실학의 학파는?

정말요?

민생 문제를 해결할 열쇠는 오직 한 가지! 토지 제도를 개혁하는 것뿐이다!

민생문제

토지 제도 개혁

❶ 이용후생 학파

❷ 북학파

❸ 중상학파

❹ 중농학파

❺ 기호학파

실학의 발달

- 농업 중심의 개혁론
- 상공업 중심의 개혁론

실학은 농업 중심의 개혁론과 상공업 중심의 개혁론으로 발전했어.

청

고증학 · 서학의 전래

박지원 — 금천

최한기 — 개성

박제가 — 한성

이익 — 안산

홍대용 — 영주

유수원 — 충주

유형원 — 부안

정약용 — 강진

상공업 중심의 개혁론을 주장한 이들은 활발한 상업 활동과 기술 개발을 주장했다.

농업 중심의 개혁론을 주장한 이들은 주로 농촌에서 생활하며 토지 제도의 개혁을 주장했다.

정답은?
4번

농업 중심의 개혁을 주장한 실학자들을 '중농학파' 또는 '경세치용 학파'라고 해. 그리고 상공업 중심의 개혁을 주장한 이들은 '중상학파' 또는 '이용후생 학파'라고도 하지. 이들은 청나라를 오가며 선진 문물을 받아들일 것을 주장하여 '북쪽에 가서 배운다.'는 뜻의 '북학파'라고도 불러.

216 다음에서 설명하는 '이 사람'은?

실학자인 이 사람은 농업 중심의 사회 개혁론을 주장했지만, 거중기를 발명하는 등 과학 기술 개발에도 앞장섰다.
이 사람은 의학에 대해서도 연구하여 《마과회통》을 썼으며, 관리들이 지켜야 할 지침을 정리한 《목민심서》를 비롯해 500여 권의 책을 남겼다.

난 《목민심서》야.
나도~
나도~
나아도~
나도!
나도인데!

① 정약용

② 정제두

③ 박지원

④ 박제가

⑤ 이익

牧民心書
牧民心書
牧民心書 二
牧民心書 一

⊙ 정약용의 《목민심서》

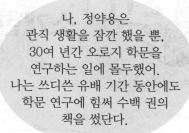

나, 정약용은 관직 생활을 잠깐 했을 뿐, 30여 년간 오로지 학문을 연구하는 일에 몰두했어. 나는 쓰디쓴 유배 기간 동안에도 학문 연구에 힘써 수백 권의 책을 썼단다.

⊙ 정약용이 유배 기간 동안 머문 다산 초당

⊙ 정약용(1762~1836)

정답은?
❶번

정약용은 《목민심서》에서 지방 관리들의 부정부패를 지적하며, 사회 모순을 개혁하고 백성들이 잘살 수 있는 사회를 만들기 위한 방법을 제시했어. 그는 무거운 물건을 들어올리는 기구인 거중기를 제작하여 정조의 총애를 받았으나, 정조가 세상을 떠난 뒤 천주교 탄압 사건에 휘말려 유배되었지.

217

박지원이 청의 문물을 소개한 책은?

1780년에 청에 간 나는 그곳 사람들의 생활과 과학 기술을 주의 깊게 관찰한 뒤, 내가 보고 들은 것을 책으로 남겼어.
이 책에서 나는 양반 사회를 비판하는 한편, 부강한 나라를 만들 수 있는 방법을 제시했지.
진보적인 사람들 사이에서 이 책의 반응이 대단했다죠?

① 《지봉유설》

② 《동국지리지》

③ 《황명기략》

④ 《성호사설》

⑤ 《열하일기》

박지원의 개혁안

배를 이용하면
훨씬 편리해.

수레, 배 등의 교통수단 개발

두 냥!
한 냥에 줘~.

화폐 사용하기

오호!
요건
어디 거야?

외국과의 무역량 늘리기

청에 다녀온 뒤, 특히 상공업에 많은 관심을 기울인 박지원은 여러 개혁안을 내놓았지.

정답은?
5번

①번 《지봉유설》은 이수광, ②번 《동국지리지》는 한백겸, ③번 《황명기략》은 김육이 쓴 책이고, ④번 《성호사설》은 이익의 책이야. 박지원은 이 밖에도 〈양반전〉을 비롯한 9편의 소설을 써서 양반을 날카롭게 비판했지.

218

218 빈칸에 들어갈 말이 차례대로 짝지어진 것은?

☆ 영조 때 정상기는 우리나라 최초로 100리를 1자로 줄이는 축척 방식을 적용하여 (　㉠　)를 만들었다.

☆ 1861년, 김정호는 (　㉡　)를 만들었다. 이 지도에는 산맥·하천·도로망 등이 자세히 표시되어 있다.

❶ ㉠ 동국지도 – ㉡ 대동여지도

❷ ㉠ 대동여지도 – ㉡ 동국지도

❸ ㉠ 청구도 – ㉡ 대동여지도

❹ ㉠ 동국지도 – ㉡ 청구도

❺ ㉠ 대동여지도 – ㉡ 청구도

지도 덕분에
눈 감고도
찾아가겠는걸.

대동여지도는 전국을 22첩으로 나누었어. 이걸 다 연결하면 전국 지도가, 하나씩 떼면 각 지역의 지도가 돼.

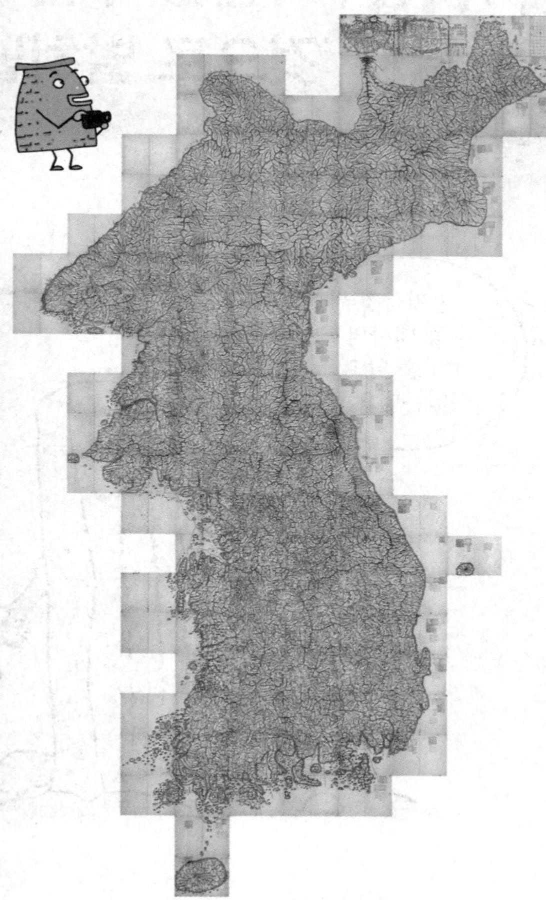

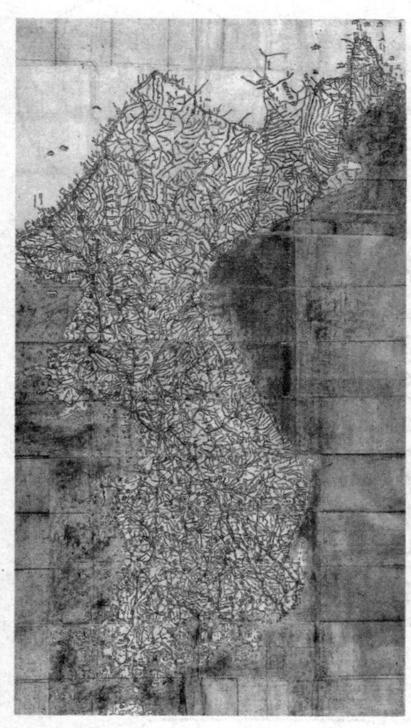

정상기의 〈동국지도〉

김정호의 〈대동여지도〉

정답은?
1번

김정호는 정상기가 만든 동국지도를 활용하여 1834년에 청구도를 만들었어. 그리고 청구도를 보완하여 자세하고 정확한 대동여지도를 목판에 새겨 완성했어. 이후 그는 《대동지지》라는 지리책도 펴냈지.

219

북한산의 순수비를 진흥왕의 것으로 밝혀낸 사람은?

전 지금껏
무학 대사의
비인 줄 알고
있었는데요.

아니야.
신라 진흥왕의
순수비인 게
분명해.

❶ 안정복

❷ 유득공

❸ 이중환

❹ 김정희

❺ 정약용

금석학이란 쇠와 돌에 새겨진 글자를 연구하는 학문으로 김정희가 그 기초를 다졌어.

나, 김정희는 전국을 돌아다니며 탁본을 연구한 끝에 북한산의 비에 관한 진실을 밝혀냈지.

서울 북한산 신라 진흥왕 순수비

6세기 중엽, 신라 진흥왕은 한강 유역을 점령한 것을 기념하려고 북한산에 이 비석을 세웠어.

정답은?
❹번

조선 후기에는 국학에 대한 연구가 활발했어. ①번의 안정복은 고조선부터 고려의 역사를 체계적으로 정리한 《동사강목》을, ②번의 유득공은 발해의 역사를 우리 민족의 역사로 다룬 《발해고》를 펴냈어. ③번의 이중환은 《택리지》에서 전국을 8도로 나눠 각 지역의 특성과 풍속, 인심 등을 설명했지.

220

다음 등장인물이 나오는 작품에 대한 바른 설명은?

'절개' 하면 접니다요.
춘향
사랑과 정열을 그대에게!
암행어사 이몽룡
내 말 한마디로 안 되는 게 어딨니!
탐관오리 변 사또
또 하나의 사랑?
방자와 향단이

❶ 한문 소설이다.

❷ 제목은 〈심청전〉이다.

❸ 판소리로도 애창되었다.

❹ 조선 전기에 유행한 문학이다.

❺ 서얼 차별에 대해 비판했다.

조선 후기에 유행한 한글 소설에는 어떤 것들이 있을까?

작품	내용
〈홍길동전〉	서얼을 차별하는 사회 현실과 부패한 정치를 비판함.
〈구운몽〉	인간의 부귀영화가 한낱 꿈에 지나지 않음을 그림.
〈춘향전〉	탐관오리의 횡포를 지적하고, 춘향의 정절을 높이 삼.
〈심청전〉	주인공 심청을 통해 효 사상을 강조함.

꾸며 낸 이야기인데, 너무 몰입하시네.

이 불효 여식 용서하세요!
청아!
흑흑, 심청아….

정답은?
3번

문제의 작품은 한글 소설인 〈춘향전〉이야. 조선 후기에는 서민들도 문화·예술에 참여했는데, 한글을 깨치는 사람이 늘자 한글 소설이 유행했지. 한글 소설에는 서민의 꿈과 양반에 대한 비판 내용이 많았어. 이 밖에도 형식에 얽매이지 않고 감정을 자유롭게 표현한 사설시조도 유행했지.

221

다음 소설에 대한 설명으로 잘못된 것을 모두 고르면?

양반전
허생전
호질

❶ 박지원이 쓴 소설이다.

❷ 궁중에서 일어난 일을 바탕으로 썼다.

❸ 한문 작품이지만 서민적이고 현실적이다.

❹ 성리학의 가르침을 담고 있다.

❺ 당시 사회와 양반을 풍자하고 있다.

조선 후기의 실학자
박지원이 쓴 《연암집》으로,
그가 쓴 여러 글들이
실려 있어.

박지원의 실학사상을 엿볼 수 있는 《연암집》

박지원의 소설에서 양반들은
이런 우스꽝스러운 모습으로
등장하지.
똥통에 빠졌군. 에잇,
저런 더러운 양반은
거저 줘도 안 먹어.

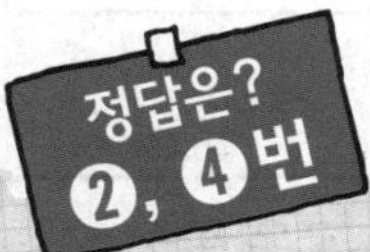
정답은?
②, ④번

조선 후기의 양반층에 대한 풍자와 해학은 한글 소설뿐만 아니라 양반들이 쓴 한문 소설에도 나타났어. 박지원은 형식적인 문체에서 벗어나 사투리, 속어 등을 써서 새로운 문체를 시도한 대표적인 사람이지.

222

혜경궁 홍씨가 사도 세자의 비극에 관해 쓴 작품은?

뒤주 속에서
생을 마감하신
우리 남편….
안녕?
효자 아들
정조
가엾은
남편
사도 세자
억울한 우리
아버님

❶ 《청구영언》

❷ 《해동가요》

❸ 《한중록》

❹ 《가곡원류》

❺ 《의유당일기》

조선 후기 여성의 문예 활동

뚝딱
뚝따닥뚝딱 뚝딱딱
뚝딱

글감을 멀리서 찾을 게 아니라 다듬이질 등 가까운 것에서 찾자!

……

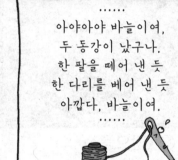

아야아야 바늘이여,
두 동강이 났구나.
한 팔을 떼어 낸 듯
한 다리를 베어 낸 듯
아깝다, 바늘이여.

……

……
붉은빛이 더욱 붉으니
마주 선 사람의 얼굴과
옷이 다 붉더라.
……

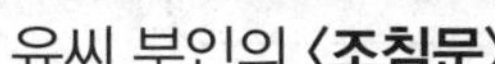

유씨 부인의 〈**조침문**〉 의유당 남씨의 《**의유당 일기**》

정답은?
③번

《한중록》은 정조의 어머니이자 사도 세자의 아내인 혜경궁 홍씨가 쓴 궁중 문학의 대표작이야. 붕당 정치의 소용돌이 속에서 살아온 자신의 생애를 돌아보며, 가슴에 맺힌 한을 글로 풀어냈어. 한편 ①, ②, ④번의 《청구영언》, 《해동가요》, 《가곡원류》는 조선의 3대 시조집이야.

223

다음 두 작품에 대한 설명으로 바른 것은?

㉠ 〈씨름〉

㉡ 〈단오풍정〉

❶ ㉠은 정선, ㉡은 신사임당의 그림이다.

❷ ㉠을 '진경 산수화'라고 한다.

❸ ㉠과 ㉡은 조선 전기에 그려졌다.

❹ ㉠과 ㉡은 생활 모습을 그린 풍속화이다.

❺ ㉠과 ㉡은 중국의 그림을 따라 그렸다.

조선 후기에는 사람들의 꾸밈없는 삶의 모습이 담긴 풍속화가 유행하는 한편, 자연을 직접 보고 그린 진경 산수화가 나타났지.

정선의 진경 산수화인 〈인왕제색도〉

정답은?
❹번

두 작품은 조선 후기의 대표적인 풍속화로 ㉠은 김홍도, ㉡은 신윤복이 그렸어. 김홍도는 주로 서민들의 생활을, 신윤복은 양반과 부녀자들의 생활을 표현했지. 한편, 풍속화와 진경 산수화 외에도 이름 없는 화가들이 그린 민화가 발달했는데, 민화는 자연과 동식물을 소재로 하여 서민들의 생활과 정서를 담았어.

224

김정희가 만든 다음의 서체는?

이제 중국의 글씨체에서 벗어나 새로운 서체를 만들어야지.

이런 훌륭한 글씨체가 있었나?
글씨가 굵었다 가늘었다 흉내 낼 수가 없다해.

① 한문체

② 해서체

③ 예서체

④ 초서체

⑤ 추사체

부끄…
난 언제쯤….

마치 용이 날아오르고
호랑이가 뛰어오르는 듯
글씨에 힘이 넘쳐.

그림 솜씨도 만만치 않아.
이 그림은 유배지를
찾아 준 제자를 위해
그린 거야.

한겨울의 나무를 그린 김정희의 〈세한도〉

추사체의 특징이 잘 드러난 김정희의 〈오악육경〉

정답은? ⑤번

조선 후기의 금석학자이자 서화가인 김정희는 여러 글씨체를 두루 익힌 뒤, 그 장점만을 본떠 독특한 글씨체인 '추사체'를 만들었어. 김정희의 추사체는 세로획과 가로획의 굵고 가는 차이가 몹시 심하고 힘차면서도 거친 것이 특징인데, 청나라까지 그 이름을 떨쳤지.

225

조선 후기에 유행한 서민 문화를 모두 고르면?

❶ 판소리 ❷ 아악 ❸ 향가
❹ 탈춤 ❺ 정형 시조

우리 서민들에게도 그럴싸한 문화가 생겼네.

장터 어디서나 공연을 볼 수 있어 좋구먼.

공부한 날 월 일

판소리와 탈놀이의 발달

얼쑤! 좋다!
어으으~.
목청 좋고, 구성지네.

판소리는 일정한 이야기를 소리 광대 한 명이 북장단에 맞추어 몸짓을 섞어 가며 노래하는 예술로, 유네스코 세계 무형 유산에 지정되었다.

개잘량의 '양' 자에 개다리소반의 '반' 자 쓰는 양반 나오셨다.
예끼, 양반을 대놓고 조롱하는구나!

탈놀이는 서민들의 괴로운 생활을 표현하면서, 모순된 사회에 대한 저항 의식과 비판을 탈 뒤에서 노래한 것이다.

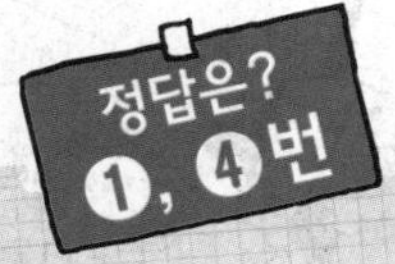
정답은?
①, ④번

조선 후기에는 장시가 발달하며, 별다른 무대 없이도 사람들이 많이 모이는 곳에서 판소리와 탈놀이가 공연되었어. 판소리와 탈놀이의 내용도 한결같이 양반에 대한 풍자와 해학을 담고 있지. 송파 산대놀이·봉산 탈춤 등은 지금까지 전해지고 있어.

226 조선 후기에 유행한 이 도자기는?

초벌구이한
요 백자에다,

청화 안료로
그림을 그린 뒤 또
굽는 거지.
멋지죠?

① 철화 백자

② 진사 백자

③ 청화 백자

④ 나전 칠기

⑤ 분청사기

하나 살까?
살 사람은
줄을 서시오!

조선 초에는 분청사기와 백자가 함께 유행하다가, 16세기 이후로는 백자가 유행했지.

분청사기

백자

청화 백자

조선 후기에는 다양한 모양의 청화 백자가 유행했어.

정답은?
3번

조선 후기에는 백자에 푸른 물감으로 그림을 그린 청화 백자가 발달하여 일반 백성들도 소유했어. 청화 백자에는 사군자나 산수화뿐 아니라 각양각색의 그림이 그려졌고, 그 용도도 일상생활에 필요한 물건에서 선비들이 사용하는 문방구류까지 다양했어.

227 조선 후기의 천문학에 대한 설명으로 잘못된 것은?

① 서양 문물이 전해지며 천문학이 발달했다.

② 천문학이 발달하며 세상의 중심을 중국으로 여기게 되었다.

③ 홍대용은 《의산문답》에서 지구가 하루에 한 바퀴 돈다고 주장했다.

④ 효종 때는 서양식 역법인 시헌력을 받아들여 사용했다.

⑤ 영조·정조 때는 우리나라를 중심으로 천체를 관측하기 시작했다.

천주교 선교사인 마테오 리치가 1602년에 중국에서 제작한 곤여 만국 전도. 세계를 다섯 대륙으로 구분했다.

곤여 만국 전도 같은
세계 지도가 조선에 들어오며
사람들의 세계관이 넓어졌지.

지구가 네모나고
중국이 세계의 중심인 줄만
알았던 사람들은 충격 좀
받았겠다.

정답은?
2번

서양 문물이 들어오고 실학이 발달한 조선 후기에는 과학과 기술에 대한 지식이 높아졌어. 곤여 만국 전도 같은 세계 지도가 전해지며 '지구는 네모나고 평평하다'라는 이론이 무너졌고, 세상의 중심을 중국으로 여기던 생각도 바뀌어 갔지.

228 조선에 머물렀던 다음 서양인이 남긴 기록물은?

네덜란드 선원이었던 나는 일본으로 가던 중 표류되어 1653년, 제주도 해안에 닿았어.
14년 동안 조선에서 살면서 겪은 일들을 꼼꼼히 기록했지. 그러다 네덜란드로 도망쳐 온 나는 조선에서 지낸 체험을 기록으로 남겼단다.

조선 체험기를
써 보자.

❶ 〈조선 기행기〉

❷ 〈조선 풍속기〉

❸ 〈조선 표류기〉

❹ 〈베델 표류기〉

❺ 〈하멜 표류기〉

〈하멜 표류기〉는
조선의 제도와 문물, 풍속을
유럽에 처음으로 소개한
기록물로, 원래 제목은
〈난선 제주도 난파기〉였어.

코리아란 나라도 있었군.
흰옷을 좋아한다고?
하멜표류기 영어판
하멜표류기 독일어판
하멜표류기 불어판

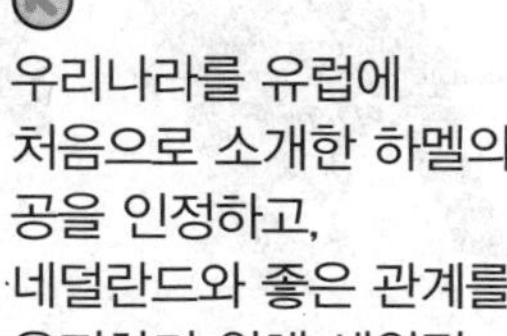

우리나라를 유럽에 처음으로 소개한 하멜의 공을 인정하고, 네덜란드와 좋은 관계를 유지하기 위해 세워진 하멜 기념비

정답은?
5번

하멜이 오기 전인 1628년에도 일본으로 가던 네덜란드인 세 명이 제주도에 표착하는 등 인조 때부터 서양의 배들이 여러 차례 조선에 표류해 왔어. 중국을 통해서뿐만 아니라, 조선에 표류해 온 이들에 의해서도 서양 문물이 전해졌지.

229 기구의 이름과 만든 사람이 바르게 짝지어진 것은?

이 기구가 없었다면
수원 화성 공사를 제때
끝낼 수 있었을까?

① 자격루 – 정약용

② 배다리 – 장영실

③ 거중기 – 정약용

④ 거중기 – 장영실

⑤ 혼천의 – 정약용

그대가
연구한 서양 기술로
성을 쌓도록
하시오.
정조
최선을
다하겠사옵니다,
전하.

어떻게 하면
비용을 덜 들이면서
모양도 좋고 튼튼한
성을 쌓을까?

도르래를
이용해 가볍게
돌을
들어올리지.
밧줄로 동여매어
돌이 떨어질
염려도 없지.

정조 임금께서
화성 공사를 하라고
하셨을 때, 처음엔
부담 백배였지.
그러나 거중기 덕분에
한시름 놓았어, 휴.

정답은?
3번

거중기는 도르래를 이용해 무거운 물건을 들어올리는 기구로, 과학 기술의 중요성을 확신한 정약용은 거중기 외에도 많은 것들을 설계했어. 그중 하나는 한강을 건널 수 있도록 임시 다리인 배다리를 설계한 거야. 정조는 화성을 행차할 때 나룻배를 연결해 만든 배다리를 이용해 한강을 건넜지.

230 정약전이 쓴 우리나라의 해양 생물학 책은?

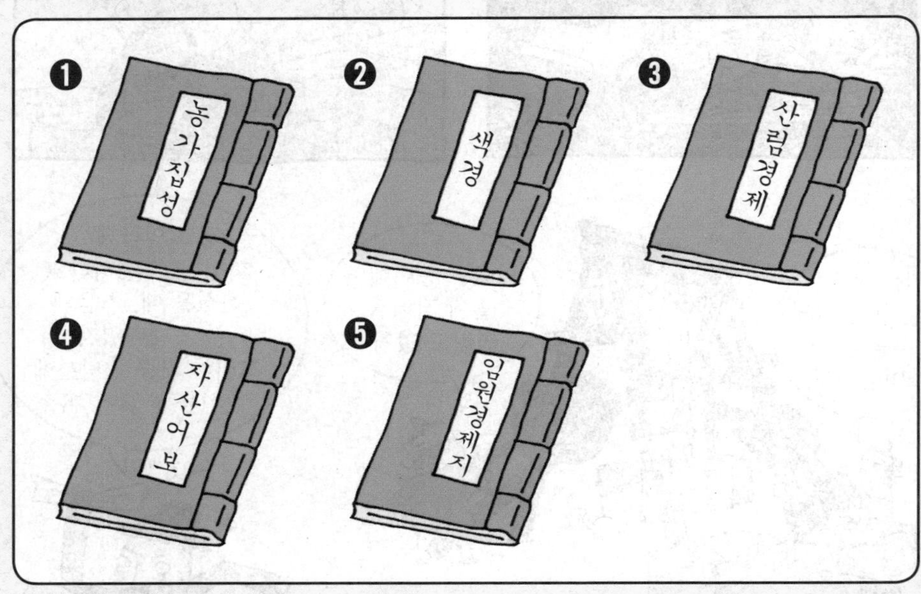
❶ 농가집성
❷ 색경
❸ 산림경제
❹ 자산어보
❺ 임원경제지

정약전은 흑산도에서
유배 생활을 하던 중 어민들에게
꼭 필요한 책을 만들어야겠다는
결심으로 《자산어보》를 썼지.

茲山魚譜

물고기의 이름·분포·형태·습성·특징 등이 자세히 기록된 《자산어보》

물고기의
모양이 제각각이네.
속도 궁금하네.

정약전
(1758~1816)

이곳 흑산도 주변의
바다 생물 200여 종을
잘 관찰하고 해부해
봐야겠다.
제가 199번째
인가요?

정답은?
4번

《자산어보》 이전에도 해양 생물학 책은 있었으나, 중국 책을 그대로 옮겼거나 생물 이름만 나열해 놓은 것들이 대부분이었어. 정약전의 《자산어보》는 흑산도 주변의 생물을 실제로 조사하여 만든 정확하고 체계적인 책이었지. 《농가집성》, 《색경》, 《산림경제》, 《임원경제지》는 모두 농사에 관한 책이야.

231

조선 후기에 널리 보급된 이 농사법은?

이 농사법은 모판에 볍씨를 길렀다가 논에 옮겨 심는 방식이다.
이 농사법 덕분에 필요한 노동력이 줄고 수확이 늘었다.

덕분에 부자 농민이 생겼어!

❶ 모내기법

❷ 직파법

❸ 유기농법

❹ 개간법

❺ 골뿌림법

모내기법과 골뿌림법

논농사에
널리 보급된
모내기법이라네.

모내기법이 널리 보급되며 벼 수확량이 늘고 벼와 보리의 이모작이 가능해졌다.

밭농사에 보급된
골뿌림법이군.
밭의 낮은
부분인 고랑에 씨를
뿌린다네.

골뿌림법으로 밭농사를 지으면 평평한 밭에 씨를 뿌리는 것보다 훨씬 더 많은 수확을 거둘 수 있었다.

정답은?
❶번

조선 후기에는 모내기법(이앙법)과 골뿌림법(견종법)이 널리 보급되는 등 농업 기술이 발달하며 수확량이 늘었어. 그 결과 몇몇 농민들은 많은 땅을 가지면서 부농이 되었으나 소작을 얻지 못한 가난한 농민들은 농촌을 떠나게 되었지. 이들은 도시·광산촌 등지로 가거나 노비가 되었어.

232 다음에서 설명하는 농촌 사회의 조직은?

☆ 한 마을에서 부족한 노동력을 서로 제공해 주는 것이다.

☆ 남성과 여성, 노인과 청년의 노동력이 모두 비슷하다고 여긴다.

☆ 길쌈, 김장 등 대부분의 작업을 함께 한다.

☆ 밭농사와 잘 맞는다.

좋습니

❶ 두레

❷ 품앗이

❸ 계

❹ 향약

❺ 서원

농촌 사회 조직인 두레·품앗이·계

두레는 모내기, 추수 등
논농사에 적합하지.

힘든 농사일을 능률적으로 하기 위해 마을 단위로 만든 **두레**

내일은 갑순이네
김장이죠?

부족한 노동력을 이웃끼리 서로 교환하여 돕는 **품앗이**

오늘로 우리 계원
7명이 모두 소를
장만했어요.
언제 끝나나
했는데 벌써?
한 달에 한 번씩
모이는 재미도
좋았는데.

삼한 시대부터 내려온 상호 협동 조직인 **계**

정답은?
❷번

많은 사람이 함께 일해야 하는 농업의 특성상 두레·품앗이·계와 같이 서로 도우며 살아가기 위한 각종 조직이 발달했어. 이러한 조직은 사람들을 단결시키는 등 농촌 사회에서 중요한 구실을 했으며, 서로 돕는 전통은 미풍양속으로 정착했지.

233

조선의 민영 수공업에 대한 설명으로 잘못된 것은?

❶ 민영 수공업은 조선 전기에 발달했다.

❷ 민영 수공업은 관청에 매이지 않고 자기의 이익을 위해 수공업품을 만드는 것이다.

❸ 민영 수공업은 대동법이 실시되며 더욱 발전했다.

❹ 조선 후기의 민영 수공업자들은 장인세만 내면 자유롭게 물건을 생산할 수 있었다.

❺ 미리 돈을 주고 주문하는 선대제 방식이 흔히 이루어졌다.

민영 수공업의 발달

졸면서 만드니
어련할까?
작업 환경을
개선해 주십쇼,
안 졸 테니.

조선 전기의 수공업자들은 관청에 등록되어 물품을 생산했다.

도망가서
돈이나 벌자.

대우가 나빠지자 수공업자들은 관청에 등록하는 것을 기피했다.

관청에 매이지
않아서 좋고!
기술에 따라
대우 받으니
신나지요.

18세기 말, 장인 등록제가 폐지되며 수공업자들은 자유로운 생산 활동을 할 수 있게 되었다.

조선 후기의 장인들이 장인세만 내면 자유롭게 생산할 수 있게 되면서 민영 수공업이 발전했지.

정답은?
❶번

조선 전기에는 관청에 소속된 장인들이 나라의 통제를 받으며 필요한 물건을 만드는 관영 수공업이 대부분이었어. 그러나 조선 후기에는 관영 수공업이 쇠퇴하고 민영 수공업이 발달했어. 대동법의 실시로 공인들이 조정의 필수품을 민간 수공업자에게 주문하면서 민영 수공업은 더욱 활기를 띠게 되었지.

234

234 다음에서 설명하는 시전 상인의 권한은?

어쭈, 감히
시전 보호 구역에서
맘대로 장사를
하다니!
어이쿠!
걸렸다.

허가받지 않은
상인은 여기서 장사할
수 없는 거 몰라?
매운맛을
보여 줘야 정신을
차리지.

엉덩이에
불나네.
자유 경쟁을
막는 악법!
빨리
없어졌으면!

❶ 전매권　　❷ 견종법　　❸ 선대제
❹ 면포전　　❺ 금난전권

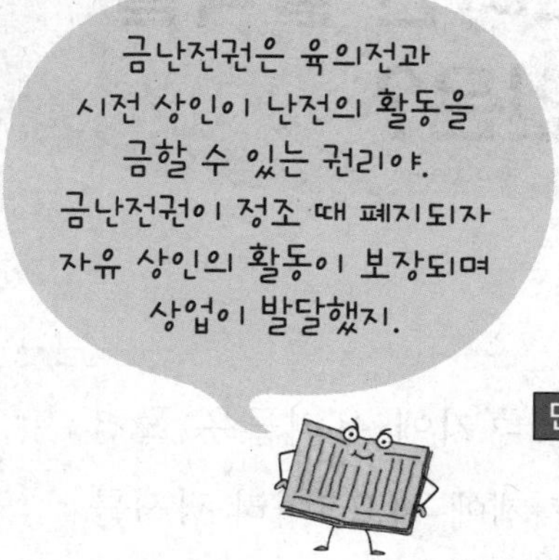

금난전권은 육의전과 시전 상인이 난전의 활동을 금할 수 있는 권리야. 금난전권이 정조 때 폐지되자 자유 상인의 활동이 보장되며 상업이 발달했지.

주요 장시
무역 도시
상인

경원
회령
만상
의주
박천
송상
유상
평양
덕원
황주
토산
개성
한성
경강 상인
광주
평창
안성
상주
은진
대구
전주
동래
남원
창원
내상
충무
해남

주요 장시와 상인

나는 한성의 경강 상인. 쌀을 한꺼번에 사 두었다가 되팔며 쌀값을 좌지우지했지.

정답은? ⑤번

시전 상인들은 나라에 필요한 물품을 대는 대신, 자신들이 파는 물품을 관아에 등록하여 법적으로 보호받았어. 이들에게는 금난전권이 주어져 도매 상업을 독점하다시피 했지. 그러나 단속을 해도 시전 상인 이외의 상인들이 운영하던 난전이 성행했고, 정조는 상업 발전을 위해 1791년에 금난전권을 폐지했어.

235 장시에서 두드러진 활약을 한 다음의 상인은?

조선 후기에 우리들은 물건을 지게에 지고, 여러 장시를 오가며 물건을 팔았어. 그리하여 전국의 장시를 하나로 연결시켰지.

힌트 하나 더!
봇짐장수와
등짐장수를 통틀어
이르는 말은?

❶ 시전 상인

❷ 보부상

❸ 육의전

❹ 도고

❺ 내상

장시는 정해진
날에 물건을 사고파는
시장으로, 장시가
발달하며 도시에는
객주와 여각이 생겼지.

저 물건, 작자가
나서면 팔 테니 수수료나
좀 주게나.
그럴까요?
어차피 저걸 팔아야
명주를 살 수
있으니….

객주는 다른 지역에서 온 상인들의 물건을 맡아 팔거나 흥정을 붙여 주는 일을 했다.

일식 삼 찬이
제공되는 최고의
숙박업소입지요.
사랑해요,
고객니임!

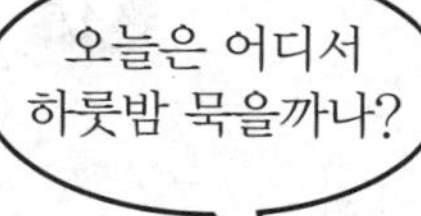
오늘은 어디서
하룻밤 묵을까나?

여각은 상인들의 숙박, 물건의 보관, 운송 따위의 일을 도맡아 했다.

정답은?
❷번

보부상은 전국을 돌며 물건을 팔았어. 장시가 발달하며 상업의 중심지는 도시로 성장했고, 사람이 많이 모이고 물건이 집중되는 상업 도시에는 자연스레 잠자고, 식사하고, 물품을 보관할 장소가 필요하게 되었어. 그리하여 객주와 여각이 생겼지.

236

조선 후기의 장시에 대한 설명으로 잘못된 것은?

❶ 장시는 오락을 즐길 수 있는 장소로도 이용되었다.

❷ 18세기 중반에 전국으로 확산되었다.

❸ 화폐인 건원중보가 널리 사용되었다.

❹ 주로 곡물, 상품 작물, 수공업 제품이 거래되었다.

❺ 장시의 발달로 일부는 상업 도시로 성장했다.

조선 후기에 전국적으로 쓰인 상평통보

조선 후기에는 상공업이 발달하며 상평통보가 전국적으로 쓰였어.

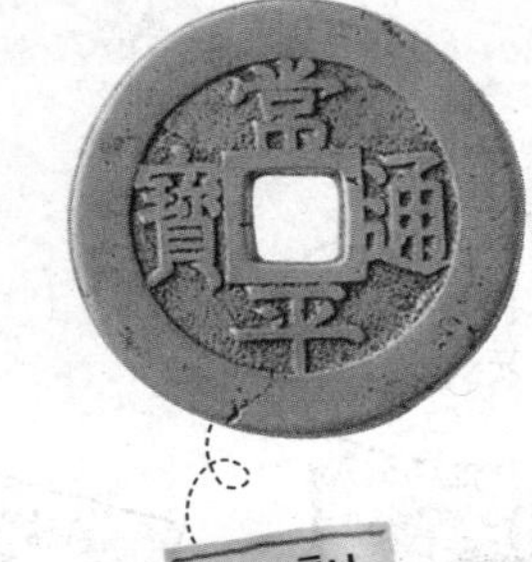

상평통보

가운데 네모난 구멍에 실을 꿰어 옆구리에 차고 다녔지.

물건값으로 받은 쌀과 옷감을 어떻게 지고 간담?

동전이 쓰이기 전에는 쌀과 옷감이 화폐 역할을 했다.

돈으로 받으니 편리하고 좋네.

동전이 널리 쓰이며 대동미, 세금, 소작료 따위를 화폐로 내게 되었다.

정답은?
③번

장시가 발달하면서 물건을 사고파는 상인들이 늘고, 상업이 발달하며 화폐가 널리 사용되었어. 인조 때 잠시 사용되었던 상평통보는 1678년에 다시 만들어져 전국적으로 쓰였어. ③번의 건원중보는 고려 시대의 금속 화폐야.

237 공명첩에 대한 설명으로 잘못된 것은?

여기에 이름을 쓰는 순간 자네는 양반이 되는 거야.
생각만 해도 감동이다.

하루아침에 양반 됐네!
사령장
성명 : 홍길똥
관직 : ○○○

❶ 이름을 적지 않은 백지 임명장을 말한다.

❷ 재정을 메우기 위해 나라에서 발행했다.

❸ 공명첩이 남발되며 신분제가 흔들렸다.

❹ 공명첩이 발행되며 노비가 크게 늘었다.

❺ 공명첩을 사면 상민도 양반이 될 수 있었다.

그림에 나타난 시대의 변화상

김홍도의 〈타작〉

갓 쓴 양반은 편하게
누워 타작 구경하고 있네.
팔자 좋아!

김홍도의 〈자리 짜기〉

그런데 저 양반은 왜
일을 하지? 아하!
몰락한 양반이거나 돈 주고
신분을 산 상민이겠군.

정답은?
4번

농업과 상업의 발달은 신분 체제에도 영향을 미쳤어. 조선 후기, 부자가 된 상민들은 공명첩을 사거나 호적을 고치는 등 다양한 방법으로 신분 상승을 꾀하였어. 그 결과 양반의 수는 늘고 상민과 노비의 수는 줄었지.

238 영조 때 노비 제도를 개혁한 이 법은?

상민의 수가
줄어 국고가
바닥났사옵니다.
뭐요?

돈 있는 상민은
양반이 되어 군역을
지지 않으니,
노비에게
상민이 되는 길을
마련해 주옵소서.

❶ 노비안검법

❷ 노비종모법

❸ 납속책

❹ 탕평책

❺ 노비신분법

뭐야? 결국 이유는
세금 부족 때문이었어?

임진왜란 후 노비의 수가 크게 줄자 조정에서는 노비의 수를 늘릴 여러 방법을 마련했지.

우리 같은 노비도 상민이 될 수 있다며?
돈 100냥이나 말·소를 바치면 된대.
젠장! 우리에게 그럴 돈이 있나?
내일 일하려면 일찍 자기나 해.

또 법이 바뀌어 상민과 혼인해서 낳은 애는 상민이 된다는군.
부부 중 한 명이 노비이면 자식도 노비가 되는 게 아니고?

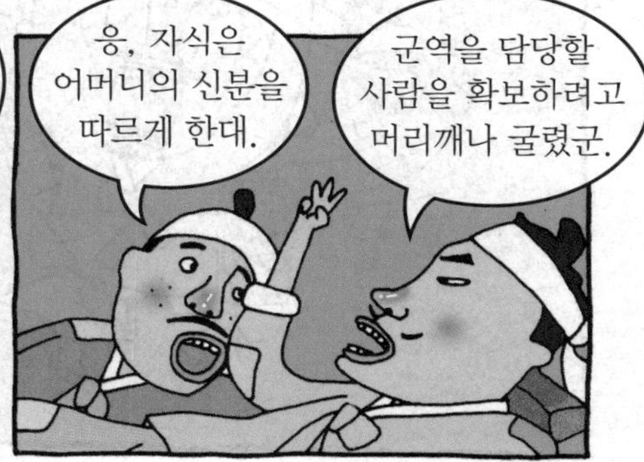
응, 자식은 어머니의 신분을 따르게 한대.
군역을 담당할 사람을 확보하려고 머리깨나 굴렸군.

정답은?
❷번

조선 후기에 부유해진 상민들이 너도나도 돈을 주고 양반이 되자, 세금을 내던 상민의 수가 줄어 나라 살림이 어려워졌어. 그러자 상민의 수를 늘리기 위해 나라에서는 노비종모법을 실시했어. 이 법에 따라 어머니가 양인이면 아버지가 노비라도 자식은 양인이 되었지. 상민은 양인에 속해.

239

본격적인 세도 정치가 시작될 때 재위한 왕은?

으악!
더 이상은 못
참겠다!
나라가 이 꼴이
된 건 다 세도 정치
때문이야!
와
와

❶ 정조

❷ 순조

❸ 헌종

❹ 철종

❺ 흥선 대원군

세도 정치란 왕실과 혼인을 맺은
몇몇 가문이 권력을 독점하는 것을 말해.
이 시기에는 안동 김씨와 풍양 조씨가
번갈아 가며 권력을 잡았지.

세도 정치의 전개

• (　) 안은 재위 기간

순조(1800~1834)
안동 김씨

헌종(1834~1849)
풍양 조씨·안동 김씨

철종(1849~1863)
안동 김씨

순조의 장인이 되어 세도 정치의 문을 연 김조순

돈 주고 벼슬을
산 관리들이 백성들
피를 빨아먹네!

정답은?
②번

정조가 세상을 떠나고 순조가 어린 나이에 즉위하자, 권력을 잡기 위한 외척들 간의 싸움이 벌어졌어. 김조순이 최종 승리자가 되며 세도 정치가 시작되었지. 순조·헌종·철종의 3대 60여 년 동안 이어진 세도 정치기에 탐관오리들은 수탈을 일삼아 농민들의 저항을 불러왔어.

240

세도 정치 시기에 벌어진 일이 아닌 것은?

❶ 미륵 신앙이 유행했다.
❷ 이양선이 자주 나타났다.
❸ 곳곳에서 도적이 들끓었다.
❹ 예언서가 민간에 널리 퍼졌다.
❺ 관리들의 부정부패가 없어졌다.

가뭄 뒤에 홍수라니,
하늘이 노한 거야.
사람 살려!
쏴아
미륵 보살님,
도와주세요!

세도 정치 시기의
농민들은 전세, 군포,
환곡 등 삼정의 문란에
시달렸어.

농사지으면
뭐 해. 세금으로
다 떼일 텐데!
수확의 계절이
아닌 수탈의
계절이로군.

전세는 토지 1결당 쌀 4두로 정해졌지만, 갖가지 세금이 농민들에게 부과되었다.

옆집 군포까지
떠넘기는 것으로
모자라,
아기와 죽은
사람의 군포마저
거두다니!

16~60세의 양인 남자들이 군역 대신 내던 군포는 힘없는 백성들에게 집중되었다.

겨가 절반인
곡식을 높은 이자를
물고 억지로 빌려야
하니, 원!

빈민을 구제하기 위한 제도인 환곡은 고리대금으로 운영되었다.

정답은?
5번

세도 정치 당시 밖으로는 외국 선박인 이양선이 자주 나타났고, 안으로는 삼정을 중심으로 한 조세 수탈로 농민들의 고통이 심해졌어. 그러자 백성들은 예언서를 보며 위로를 받고 미륵 신앙에 의지했지. 삼정의 문란을 바로잡기 위해 '삼정이정청'이라는 관청이 세워졌으나 효과를 보지 못했어.

241

'홍경래의 난'에 대한 설명으로 알맞은 것은?

❶ 반란을 주도한 홍경래는 천민 출신이었다.

❷ 서북 지방민에 대한 차별이 한 원인이었다.

❸ 동학교도들을 중심으로 벌어졌다.

❹ 난은 우금치에서 진압되었다.

❺ 난이 진압되자 다른 지방의 민란도 멈추었다.

와
와
와
부패한 왕조를
내몰고 사람답게
살고 싶은 자는
나를 따르라!

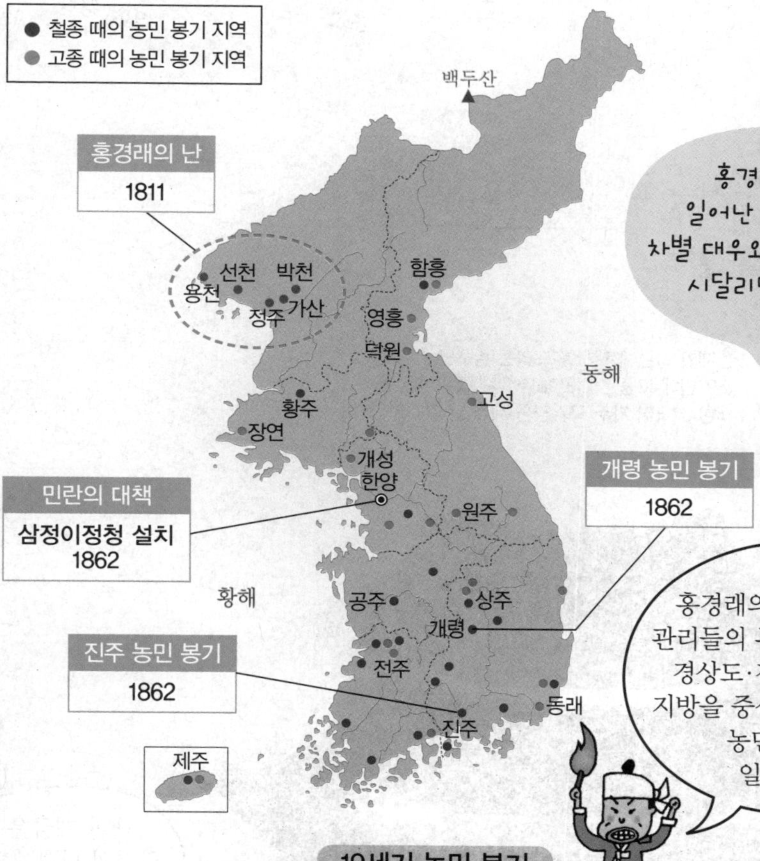

● 철종 때의 농민 봉기 지역
● 고종 때의 농민 봉기 지역

백두산

홍경래의 난
1811

선천 박천 용천 정주 가산 함흥 영흥 덕원 고성 황주 장연 개성 한양 원주 공주 상주 개령 전주 동래 진주 제주

동해

황해

민란의 대책
삼정이정청 설치
1862

개령 농민 봉기
1862

진주 농민 봉기
1862

홍경래의 난이 일어난 서북 지방은 차별 대우와 삼정의 문란에 시달리던 곳이었지.

홍경래의 난 이후에도 관리들의 부정이 계속되자 경상도·전라도·충청도 지방을 중심으로 전국에서 농민 봉기가 일어났지.

19세기 농민 봉기

정답은?
2번

홍경래의 난은 몰락한 양반인 홍경래의 주도 아래 가난한 농민·중소 상공업자·광산 노동자 등이 일으켰지. 이 난은 정주성에서 진압되며 실패했으나 백성들이 조정에 맞설 수 있는 힘을 보여 주었어. 또한 다른 농민 봉기에 영향을 주어, 이후 전국적인 농민 봉기가 일어났어.

황제가 하늘에 제사를 드리는 환구단.
1897년에 고종은 이곳에서 황제 즉위식을 올리고
대한 제국이 자주 국가임을 세계 만방에 알렸다.

대한 제국은
황제의 나라예요.
우리만의 제사를
지냅시다!

7

Q 242~277

근대의 시작과 대한 제국의 성립

고종은 자주독립 국가를 이루기 위해 힘썼으나 여러 어려움이 많았지.

외세의 간섭만 없었어도….

242 흥선 대원군이 한 일이 아닌 것은?

나, 흥선 대원군의 목표는 왕권 강화!
그리고 재정 확보!
힝~

❶ 서원 폐지

❷ 호포제 실시

❸ 경복궁 재건

❹ 비변사 설치

❺ 《대전회통》 편찬

흥선 대원군의 통치 체제 정비

의정부 기능 부활

세도 가문이 장악한 비변사를 폐지하고 의정부의 기능을 회복시킴.

《대전회통》 편찬

나라의 통치 규범을 정비하기 위해 법전을 편찬함.

호포제 실시

재정을 확보하기 위해 양반에게도 군포를 걷음.

사창제 실시

환곡의 폐단을 바로잡기 위하여 실시함.

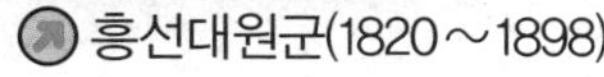
흥선대원군(1820~1898)

정답은?
4번

철종의 뒤를 이어 어린 나이에 고종이 왕위에 오르자(1863), 흥선 대원군은 고종을 대신하여 권력을 쥐게 되었어. 그는 세도 정치의 폐단을 없애고 정치적 기반을 마련하기 위해 위와 같은 개혁을 했지. 또한 세금과 부역을 면제받는 특권을 누리던 서원을 대부분 없애 유생들의 반발을 불러일으켰어.

243 다음에서 설명하는 '이 돈'은?

이 돈은 경복궁을 다시 짓는 데 자금이 모자라자 흥선 대원군이 발행했다.
상평통보의 100배 가치를 부여했으나, 실제 가치는 여기에 훨씬 미치지 못했다.
이 돈이 발행되며 화폐 가치가 폭락하고 물가가 크게 올라, 백성들의 불만을 샀다.

왕실의 권위를
세우기 위해 경복궁 공사는
반드시 이루어져야 한다!

① 원납전
② 결두전
③ 당오전
④ 부가세
⑤ 당백전

자네, 경복궁 짓는 데 성금 좀 낼 건가?
난 일찌감치 냈다네.

경복궁 공사 초기에는 곳곳에서 성금이 들어왔고, 일을 하겠다고 스스로 찾아온 사람도 있었다.

문세를 내라니까!
기부금도 강제로 걷더니, 이젠 세금까지 뜯어내네!

이후, 경비가 부족해지자 흥선 대원군은 새로운 세금을 물리고 당백전을 발행했다.

내가 너보다 100배 비싼 몸이라고!
戶
百
當
大

당백전

겉으로는 크게 다를 거 없구먼.
常
寶
通
平

상평통보

정답은? ❺번

흥선 대원군은 왕실의 권위를 세우기 위해 임진왜란 때 불탄 경복궁을 다시 짓도록 했어. 처음에는 일이 순조롭게 진행되었으나, 갑자기 큰 불이 나 공사가 중단될 위기에 놓였지. 그러자 흥선 대원군은 경비 마련을 위해 당백전을 발행하였다가 백성들의 불만을 샀어.

척화비 건립의 원인이 아닌 것을 모두 고르면?

서양 오랑캐가 쳐들어왔는데
싸우지 않는 것은 곧 화의하는 것이요,
화의를 주장하는 것은 나라를
파는 일이다.
전국에 척화비를
세워라!
흥선 대원군
洋夷侵犯非戰則和
主和賣國

❶ 병인양요

❷ 아관 파천

❸ 신미양요

❹ 을미사변

❺ 남연군 묘 도굴 사건

병인양요와 신미양요

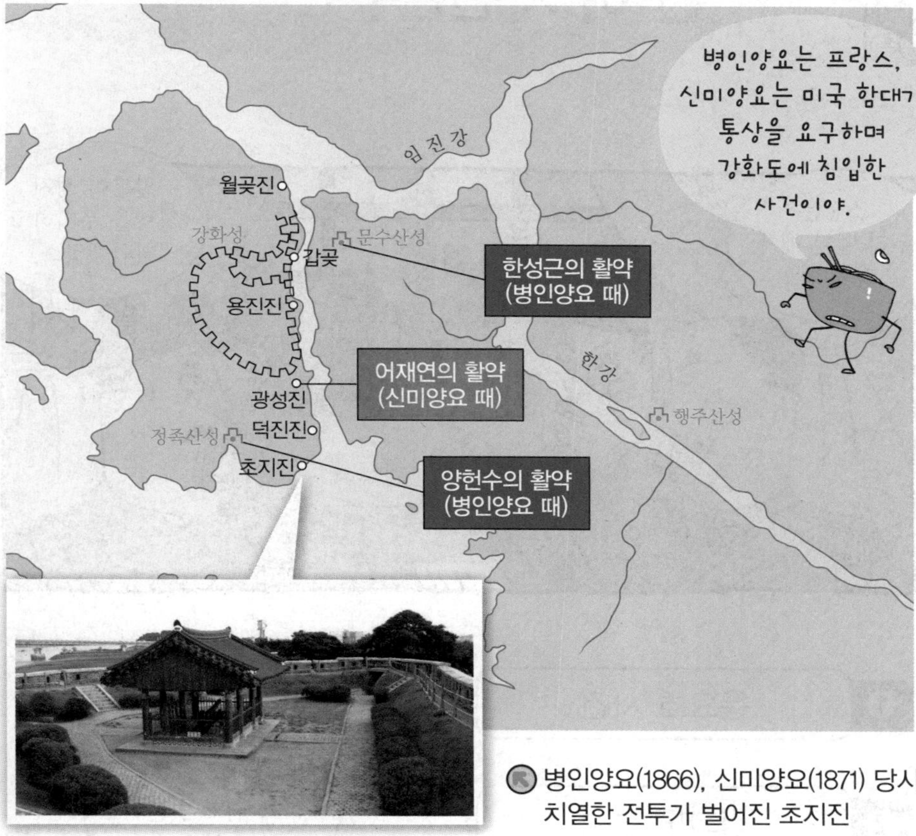

병인양요는 프랑스, 신미양요는 미국 함대가 통상을 요구하며 강화도에 침입한 사건이야.

임진강
월곶진
강화성
문수산성
갑곶
용진진
광성진
덕진진
정족산성
초지진
한강
행주산성

한성근의 활약 (병인양요 때)

어재연의 활약 (신미양요 때)

양헌수의 활약 (병인양요 때)

병인양요(1866), 신미양요(1871) 당시 치열한 전투가 벌어진 초지진

정답은?
2, 4번

병인양요 뒤, 독일인 오페르트가 통상을 위해 흥선 대원군의 아버지인 남연군 묘를 도굴하려다 실패한 사건이 일어났어(1868). 이로 인해 흥선 대원군은 쇄국 정책을 더욱 굳혔고, 신미양요 이후 전국에 척화비를 세워 통상 수교 거부의 뜻을 널리 알렸지. 아관 파천과 을미사변은 고종이 권력을 잡은 뒤에 벌어졌어.

245 강화도 조약 체결의 빌미가 된 이 사건은?

조선은 우리 일본 배에 포격을 했소.
일본이 정지 명령을 무시하고 침범했잖소.

❶ 운요호 사건

❷ 강화도 전쟁

❸ 초지진 사건

❹ 애로호 사건

❺ 제너럴셔먼호 사건

조선과 통상을 하기 위해 일본이 일부러 일으켰지.

운요호 사건의 전개

정지! 경고한다.
더 이상 가까이
오면 쏜다!
쾅

일본 군함 운요호가 강화도에 불법 침투하자, 조선 수군은 경고 사격을 했다.

이에 일본은 초지진 포대를 파괴하고 방화·약탈을 저질렀다.

어서, 악수!

그러고는 사건의 책임을 조선에 돌리며 조선에 통상 수교를 강요하였다.

조선 침략의 첫 단추
끼우는 데 성공!

일본과 강화도 조약이 맺어지며 조선은 문호를 개방하게 되었다.

정답은?
①번

운요호 사건은 1875년에 일본 군함 운요호가 강화도에 불법 침투하여 조선과 충돌한 것으로, 이 사건을 계기로 이듬해 강화도 조약이 맺어졌어. ④번의 애로호 사건은 청과 영국 간에 일어난 사건이고, ⑤번의 제너럴셔먼호 사건은 평양 관민들이 통상을 요구하던 미국 상선을 불태운 것으로, 신미양요의 원인이 되었어.

강화도 조약에 대한 설명으로 잘못된 것은?

❶ 조선이 맺은 최초의 근대적인 조약이다.

❷ 조선이 자주국으로 규정된 조약이다.

❸ 일본의 권리만을 규정한 불평등 조약이다.

❹ 이 조약으로 일본은 조선에 침략할 발판을 마련했다.

❺ 이후 조선은 강력한 쇄국 정책을 폈다.

강화도 조약의 주요 조항

조선의 자주권 인정	3개 항구 개항
청과의 관계를 끊게 하기 위함.	일본의 정치·군사적 침략 의도임.

강화도 조약 (1876)

일본의 해안 측량권 인정	일본인의 치외법권 인정
일본의 군사 작전을 유리하게 하기 위함.	일본인에 대한 법적 조치를 못하게 하기 위함.

강화도 조약은 우리 일본이 서양 열강에 강요당하여 맺은 조약을 그대로 모방한 것이지.

히히, 잘했어! 이제 야금야금 뺏을 일만 남았네.

정답은?
5번

강화도 조약은 우리나라가 외국과 맺은 최초의 근대적 조약이지만, 일본의 강압 아래 불리하게 맺어진 불평등 조약이었어. 강화도 조약 이후, 미국·영국 등 서양 열강들이 몰려와 조선과 수호 통상 조약을 맺으며, 조선은 문호를 완전히 개방하게 되었어.

247

조선의 개화사상을 이끈 '이 사람'은?

이 사람은 북학파 실학자의 손자로 태어나 실학사상에 밝았다. 청을 방문한 뒤, 개화의 필요성을 절실히 느껴 조선의 문호를 개방할 것을 주장했다.

나는 실학과 개화사상을
잇는 역할을 했어.
실학
개화
사상

① 최익현

② 이하응

③ 박규수

④ 정약용

⑤ 이항로

더 이상 중화라는 건 없네.
이리 돌리면 미국이 중심이고, 저리
돌리면 조선이 중심이 되지.

개화사상의 선구자, 박규수(1807~1877)

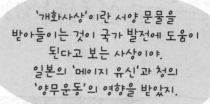

'개화사상'이란 서양 문물을
받아들이는 것이 국가 발전에 도움이
된다고 보는 사상이야.
일본의 '메이지 유신'과 청의
'양무운동'의 영향을 받았지.

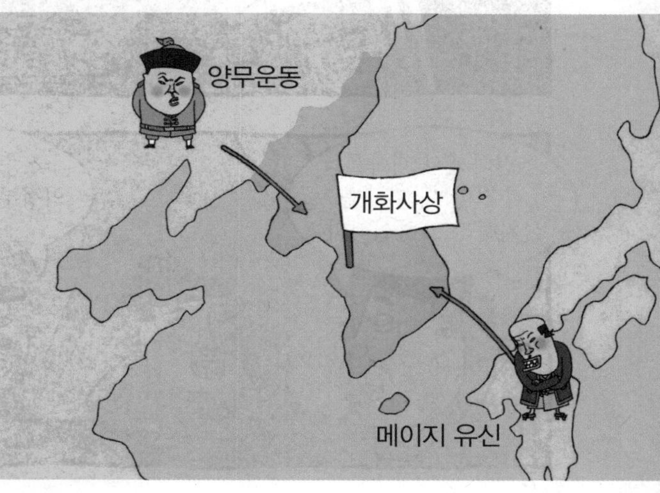
양무운동
개화사상
메이지 유신

이분이
실학자 박지원의
손자라고?
어쩐지!

정답은? ❸번

개항이 이루어지기 전부터 통상을 해야 한다고 주장하는 개화사상가들이 나타났는데, 대표적인 사람이 박규수, 오경석, 유홍기야. 이들은 김옥균, 박영효, 유길준 등 젊은 양반 자제들에게 중국에서의 견문과 국제 정세를 가르쳤어. 그 가르침을 받은 젊은이들은 뒷날 정치 세력인 개화파를 이루었지.

248 개화 정책을 추진하기 위해 설치한 이 기구는?

통상을 하려면 조정 기구를 개편해야 하옵니다.
그럼, 의정부나 6조와는 별도로 새 기구를 만들도록 하라.
고종

전하께서 개화를 추진할 새 기구를 설치하라고 하십니다.
국정을 총괄하니까 의정부와 같은 격으로 하죠?

❶ 조사 시찰단

❷ 영선사

❸ 보빙 사절단

❹ 기기창

❺ 통리기무아문

개항 이후 고종은 나라를 지키기 위해 근대화와 국방력 강화에 힘을 쏟았어. 그리하여 신식 군대인 별기군과 근대 무기를 만드는 기기창이 세워졌지.

우리는 별기군! 위아래가 분리된 신식 군복으로 쫙 빼입은 거 어때?

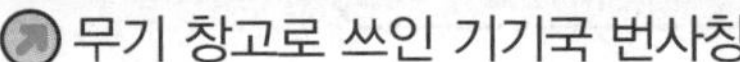
무기 창고로 쓰인 기기국 번사창

정답은?
5번

강화도 조약을 맺은 조선은 개화 정책을 추진하기 위해 일본에 수신사와 조사 시찰단을, 청에 영선사를, 미국에 보빙 사절단을 파견하여 새로운 문물과 기술을 배워 오게 했지. 또한 1880년, 통리기무아문을 설치하고 그 밑에 12사를 두어 외교·군사·산업 등의 업무를 맡게 했어.

249

위정척사 운동에 대한 설명으로 잘못된 것은?

전하, 개항하느니
죽음을 주십시오!
이는 나라를 팔고
짐승을 불러다 민족을
삼키는 것이옵니다!

① 개화 정책에 반대했다.

② 보수적인 유학생들이 일으켰다.

③ 외세의 침략과 서양 문물을 배척했다.

④ 《조선책략》의 가르침을 따랐다.

⑤ 뒷날 항일 의병 투쟁으로 발전했다.

위정척사 운동의 전개

1860년대	1870년대
서양과의 교역에 반대하고, 흥선 대원군의 통상 수교 거부 정책을 도움.	강화도 조약 체결을 앞두고 개항 반대 운동을 벌임.

통상 반대 운동을 벌인 이항로의 상소문

조약 체결에 반대하다 유배된 최익현

1880년대	1890년대
조정에서 개화 정책을 펴고 《조선책략》을 퍼뜨리자, 반발하여 상소를 올림 (만인소 사건).	일본의 침략에 대항하는 의병 운동으로 발전함.

1만 명이 서명한
상소문입니다.

다양한 계층으로 이루어진 의병

정답은?
④번

'위정척사'란 바른 것을 지키고 사악한 것, 즉 서양 문물을 물리친다는 의미야. 유생들은 성리학 질서를 지키고 외세의 침략을 물리치기 위해 위정척사 운동을 벌였어. ④번의 《조선책략》은 청·일본·미국 등과 손잡아야 한다는 내용으로, 이 책이 유포되자 유생들은 거세게 반발했어.

250

1882년에 구식 구인들이 일으킨 이 사건은?

구식 군대는 밥이냐?
쨍그랑
급료를 미룬 걸로도 모자라,
쌀에 겨와 모래를 섞어서 줘?

❶ 청일 전쟁

❷ 병인박해

❸ 아관 파천

❹ 임오군란

❺ 을미사변

임오군란의 원인

왜놈들의
앞잡이 군대가
가는구먼.
특별 대우를 받는다고
뻐기는군.
쳇! 더러워서
칵! 퉤!
으쓱 으쓱
건방 건방
뿌듯 뿌듯

구식 군인들은 별기군보다 낮은 대우를 받고 급료도 제대로 받지 못해 불만이 컸다.

밀지 말고
차례를 지켜!

그러던 어느 날, 구식 군인이 1여 년 만에 급료로 받은 쌀에 모래가 섞여 있었다.

이젠 하인들까지
우릴 무시해?

구식 군인들은 급료마저 빼돌린 부패한 집권 세력에 분노하여 폭동을 일으켰다.

정답은?
4번

구식 군인들은 흥선 대원군의 집권 시기에는 괜찮은 대우를 받았어. 그러나 흥선 대원군이 물러나고 개화 정책을 이끈 민씨 세력이 집권하자 별기군에 비해 차별을 받았지. 그 분노가 폭발하여 1882년에 임오군란을 일으켰는데, 부패한 정부의 개화 정책에 반발한 하층민도 합세하며 그 규모는 더욱 커졌어.

251 임오군란 후 흥선 대원군이 벌인 일이 아닌 것은?

임오군란으로 재집권하다니,
이 얼마나 기다려 온 순간인가!
그동안 민씨 일파가 저지른 잘못된
정책을 모조리 바로잡을 테야.
와
와

① 2영과 별기군을 없앴다.

② 군인들의 식량을 확보했다.

③ 개화 정책을 중단했다.

④ 청나라와 직접 제물포 조약을 맺었다.

⑤ 통리기무아문을 없앴다.

임오군란의 결과

가자, 일본
공사관으로!

임오군란을 일으킨 구식 군인들이 정부 고관과 일본 관리를 죽였다.

얼마 만에 잡은
기회인데 놓칠 순
없지!

흥선 대원군은 임오군란을 수습하는 과정에서 다시 정권을 잡았다.

이럴 수가!
청에 속았구나.

그러자 청은 조선에 대한 영향력을 행사하기 위해 흥선 대원군을 납치했다.

청과 일본 군대가
이 땅에 발을 들였군.

이후 청의 내정 간섭이 심해졌으며, 일본과는 제물포 조약이 맺어졌다.

정답은?
4번

제물포 조약은 흥선 대원군이 청나라에 납치된 뒤 일본과 조선 간에 맺어진 조약이야. 임오군란으로 일본 공사관이 불에 타고 죽거나 다친 사람이 생기자, 일본이 피해 보상을 요구하며 이 조약을 맺도록 한 것이지. 제물포 조약으로 일본은 조선으로부터 많은 배상금을 받고 조선을 침략할 기반을 굳혔어.

252 1884년에 급진 개화파가 일으킨 이 사건은?

하루빨리 청의 간섭에서 벗어나야 합니다.
집권 세력을 몰아내고, 새 정부를 세웁시다!
우정총국 개국 축하연을 이용하여 거사를 치르는 게 어떻겠습니까?

① 갑오개혁

② 갑신정변

③ 러일 전쟁

④ 삼국 간섭

⑤ 운요호 사건

하지만 이들의 계획은 3일 천하로 막을 내렸지.

개혁을 너무
성급하게
진행한 듯!

갑신정변이 일어난 서울 우정총국으로, 원래 이곳은 우편 업무를 담당하던 관청이다.

갑신정변의 주요 인물들로 왼쪽부터 박영효, 서광범, 서재필, 김옥균

정답은? ❷번

개화파는 차근차근 개화를 추진해야 한다고 주장하는 온건 개화파와 급진적인 개화를 원하는 급진 개화파로 나뉘었어. 온건 개화파의 소극적인 개화 정책과 청의 내정 간섭에 불만을 느낀 급진 개화파는 1884년에 갑신정변을 일으켰으나, 청군의 개입으로 3일 만에 실패했지.

253 빈칸에 공통으로 들어갈 나라는?

☆김옥균을 비롯한 급진 개화파는 (　　　)의 지원을 약속받아 우정총국 개국 축하연 때 갑신정변을 일으켰다.

☆갑신정변이 일어난 뒤 (　　　)은(는) 자국민이 희생되었다며 조선에 책임을 물어 한성 조약을 맺었다.

거사하기에
딱 좋은 때요.

❶ 독일

❷ 영국

❸ 일본

❹ 중국

❺ 러시아

하지만 지원을 약속했던
이 나라는 배신을 때렸지.

갑신정변으로 인해 맺어진 조약

갑신정변은 비록 실패했지만,
근대 국가를 세우려고 했던
최초의 정치 개혁 운동이었어.

갑신정변의 중심 인물인 김옥균(1851~1894)

한성 조약에 따라 조선은 일본인 피해자에게 보상금 지급, 일본 공사관의 신축비 부담!
적반하장도 유분수지.

일본과 한성 조약을 맺은 조선은 일본에 보상금을 지불해야 했다.

톈진 조약에 따라 청은 조선에서 군대를 철수하고, 군사를 보낼 때는 미리 알릴 것! 어떻스므니까?
좋다해.

일본은 청과 톈진 조약을 맺어 조선을 침략할 발판을 마련했다.

정답은?
3번

일본은 갑신정변 때 지원을 약속했으나, 청군이 밀려오자 군대를 철수해 버렸어. 청의 개입과 일본의 배신, 그리고 민중의 지지를 받지 못해 갑신정변은 실패로 끝났지. 그러나 청에 대한 사대 폐지, 문벌 폐지, 평등권 확립, 조세 제도 정비 등을 목표로 한 의미 있는 근대화 운동이었어.

254 1885년에 영국이 불법으로 점령한 ㉠은?

러시아를 막는
척하면서 계속 조선에
눌러앉아야지.

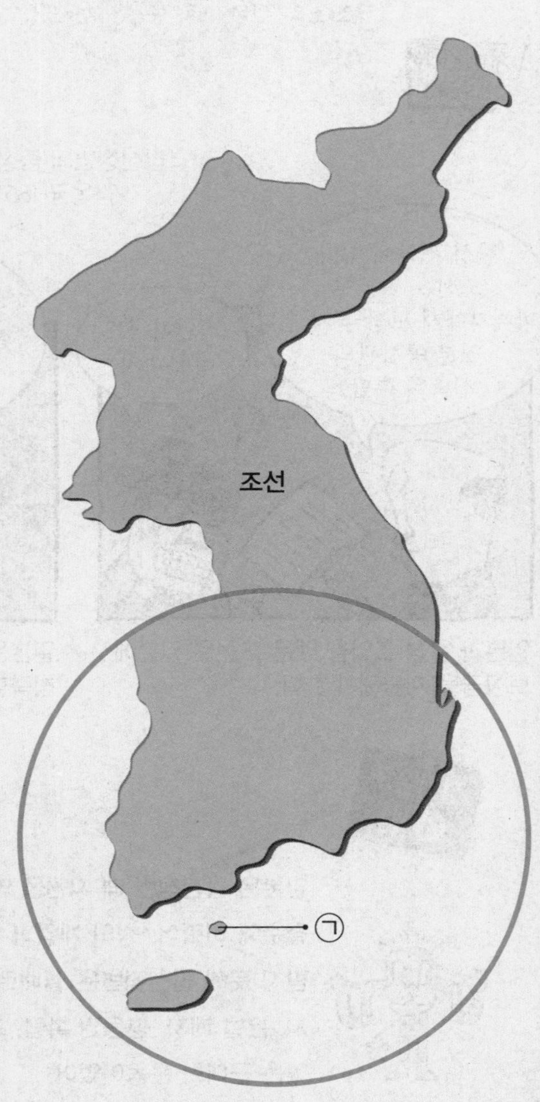
조선
㉠

❶ 대마도

❷ 월미도

❸ 독도

❹ 제주도

❺ 거문도

거문도 사건의 전개

러시아를 이용해
청을 견제해야지.
조선을 보호해
드리지요.
명성
황후

남쪽으로 진출한 러시아는 조선에 대한 영향력을 확대하려고 했다.

조선의 거문도를
영국의 군사 기지로
만들어?

그러자 영국은 러시아를 견제하기 위해 거문도를 불법으로 점령했다.

영국, 한판 해
보자는 거야?
러시아, 너희는
왜 야금야금
내려오는데?

이로 인해 두 나라의 갈등이 국제 문제로 번질 조짐이 보였다.

영국, 이제
그냥 철수해.

청이 사건을 중재한 결과 영국은 2여 년 만에 거문도에서 철수했다.

정답은?
5번

'거문도 사건'은 영국이 러시아를 견제하기 위해 거문도를 점령한 일로, 당시 조선의 힘이 얼마나 미약했는지를 보여 주었지. 이후 청의 내정 간섭과 열강의 대립이 더욱 치열해지자, 독일 부영사 부들러는 조선 정부에 조선의 중립화를 제안하기도 했어.

255 일본으로 곡물 수출을 하지 말라고 한 이 명령은?

저렇게 식량이
흘러 나가니
쌀값이 치솟지.
농민들만
죽어나는군.

수출 금지?
앗! 큰일이다.
앞으로 함경도 내의 콩의 수출을 절대 금한다!

❶ 전매법

❷ 대동법

❸ 곡식령

❹ 방곡령

❺ 수출 금지령

일본 사람 배 불리고
조선 사람 죽어나네.
꼬르륵
뭐야? 이 그릇은 장식품?

개항 후, 일본 상인이 조선의 곡물을 싼값에 대량으로 가져가 조선의 쌀값이 폭등했어. 그러자 일부 지방에서는 곡물의 수출을 금지하는 방곡령을 내렸어.

방곡령 선포 지역
방곡령 선포 도시

명천
단천
북청
함흥
영흥
함경도 방곡령 사건
1889
황해도 방곡령 사건
1890
봉산
재령
장연
파주
연천
한성
수원
직산
아산
여산
대구
밀양
의령

누구 마음대로 수출을 금지해! 무역 규정을 내세워 조선에 벌금만 잔뜩 뒤집어씌워야지.

방곡령을 선포한 지역

정답은? ❹번

개항 후에 조선의 곡물이 일본으로 대량 흘러 나가 우리 농민들의 생활이 어려워지자, 이에 대한 대책으로 함경도 관찰사였던 조병식이 1889년, 방곡령을 내려 콩의 반출을 금지했어. 이후 황해도에서도 방곡령이 실시되었으나, 일본의 항의로 배상금만 물고 효과를 거두지는 못했어.

256

삼정의 문란으로 사회가 불안할 때 유행한 이 책은?

벌컥
이보게,
뭐 하나?

요즘 이 책에
푹 빠졌다네.
아, 이 책,
나도 읽었네.

이씨 왕조가
망하고 도읍지도
바뀐다지?
목소리를
낮추게.

나라가 망할 때면
재앙이 생긴다는데.
요즘 계속되는
가뭄과 전염병도
심상치 않아.

❶ 《정감록》 ❷ 《주자가례》 ❸ 《경국대전》
❹ 《성경》 ❺ 《대전회통》

세도 정치 시기에는 앞날을 예측하는 예언 사상과 어지러운 세상을 구원할 부처가 등장할 것이라는 미륵 신앙이 유행했어. 지금 보이는 건 미륵 신앙을 대표하는 유적이야.

고창 선운사 동불암지 마애여래좌상

김제 금산사 미륵전

정답은? ❶번

지배 계급의 폭력에 억눌려 살던 민중 사이에서는 현실을 부정하고 구원자나 새로운 시대가 올 것이라는 예언 사상이 유행했어. 그중 이씨가 이어 온 조선 왕조가 끝나고 나라가 바뀔 것이라는 내용의 《정감록》이 가장 널리 읽혔어.

257

다음에서 설명하는 '이 종교'는?

이 종교는 17세기에 중국에 다녀온 우리나라 사신들에 의해 처음 소개되었다. 하느님 앞에서 모두가 평등하다는 주장을 폈으며, 여러 차례 벌어진 박해 사건으로 이 종교를 믿는 수많은 사람들이 목숨을 잃었다.

조선의 불쌍한 백성을 구해 주소서.
오늘만 벌써 몇 번째인지….

① 유교

② 불교

③ 천도교

④ 동학

⑤ 천주교

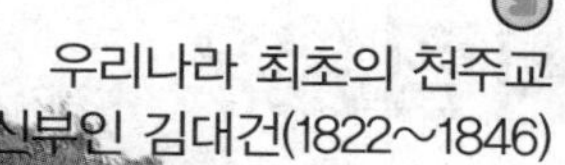

우리나라 최초의 천주교 신부인 김대건(1822~1846)

이곳은 충청북도 제천의 '배론 성지'로, 천주교 박해 때 신자들이 이곳에 숨어 들어와 살았어.

'배론'이라는 이름은 이곳의 지형이 배 밑바닥처럼 깊다고 해서 붙여졌지.

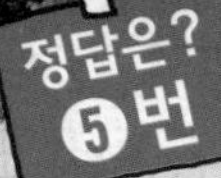
정답은?
5번

천주교의 교리가 조선 사회의 기본 이념인 유교 사상과 반대되고 평등사상을 강조하며 신분 질서를 어지럽히자, 나라에서는 천주교를 사악한 종교로 규정하고 금지령을 내렸어. 천주교 탄압은 반대파를 몰아내기 위한 수단으로도 이용되어 1791년, 신해박해를 시작으로 많은 천주교도들이 처형되었지.

258 1860년에 동학을 창시한 이 사람은?

우리 종교로 백성을
구원하리라. 사람의 마음이
곧 하늘의 마음!

① 최시형

② 최익현

③ 최제우

④ 민영환

⑤ 서재필

이름에 '어리석은
백성을 구제한다'는
뜻이 담겨 있어.

동학의 사상

한울님,
깨달음을 주셔서
감사합니다.
용담정

동학은 유교·불교·
도교·천주교의 교리에
민간 신앙까지 합쳐졌지.

산속에서 수련하던 최제우는 한울님의 계시를 받아 1860년에 동학을 창시했다.

유교와 불교는 운이 다했도다. 동학만이 세상을 구원하리라.

한울님만 믿으면 구원받을 수 있다고요?

동학은 '한울님이 늘 마음속에 있다'고 믿는 '시천주' 사상과 '사람이 곧 하늘'이라는 '인내천' 사상을 기본 가르침으로 했다.

정답은?
③번

최제우는 1860년에 민족 종교인 동학을 창시했어. 동학에는 '서학을 뛰어넘는 동양의 종교'라는 뜻이 담겨 있지. 동학은 시천주 사상과 인내천 사상 외에도 평등주의와 인도주의 사상을 강조했어. 또한 당시 어지러운 사회 질서를 바로잡고 일본과 서양 오랑캐의 침략을 막고자 했어.

259 동학에 대한 설명으로 바른 것은?

① 지배층 사이에서 널리 퍼졌다.

② 엄격한 신분 질서를 강조했다.

③ 서양의 종교가 아니어서 탄압받지 않았다.

④ 최제우가 처형되자 쇠퇴했다.

⑤ 사회 개혁을 요구하는 운동으로 발전했다.

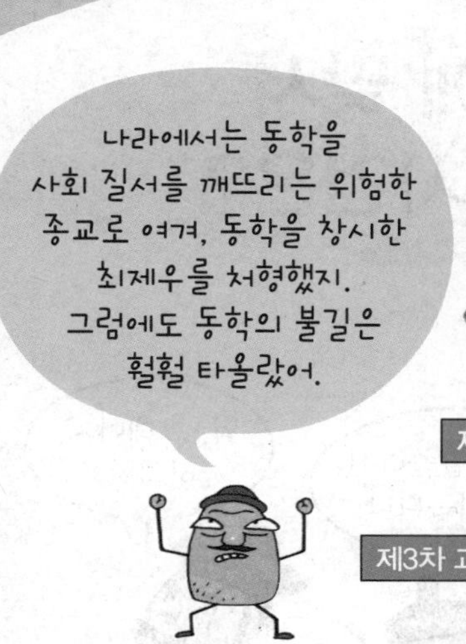

나라에서는 동학을 사회 질서를 깨뜨리는 위험한 종교로 여겨, 동학을 창시한 최제우를 처형했지. 그럼에도 동학의 불길은 훨훨 타올랐어.

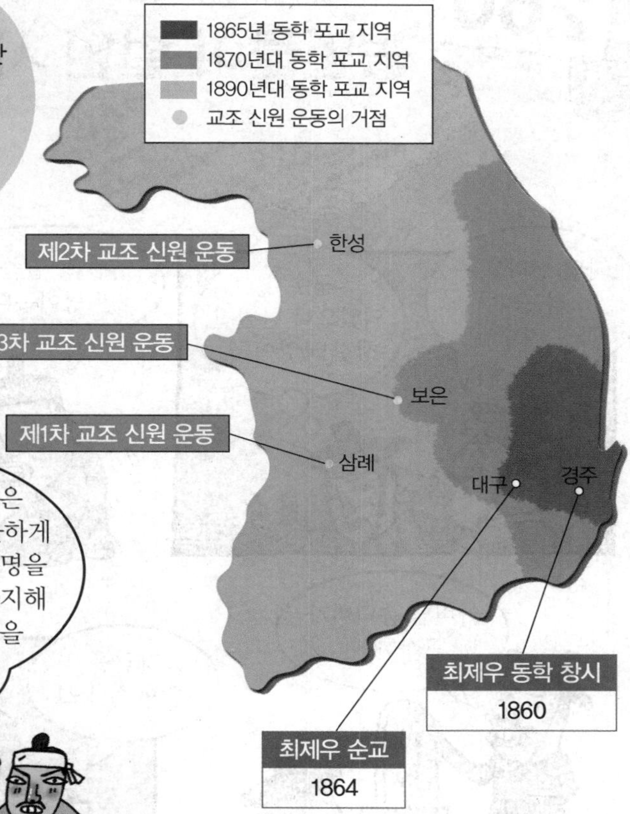

1865년 동학 포교 지역
1870년대 동학 포교 지역
1890년대 동학 포교 지역
교조 신원 운동의 거점

제2차 교조 신원 운동 — 한성
제3차 교조 신원 운동 — 보은
제1차 교조 신원 운동 — 삼례
대구
경주

최제우 동학 창시 1860

최제우 순교 1864

2대 교주인 나, 최시형은 동학 교도들과 함께, 억울하게 처형된 최제우 교주의 누명을 벗기고 동학의 박해를 중지해 달라는 교조 신원 운동을 벌였어.

동학 교세의 확장

정답은?
5번

조정에서는 당시 양반 사회의 질서를 부정한 동학을 탄압했고, 그 결과 초대 교주인 최제우는 처형되었지. 그러나 동학의 제2대 교주 최시형에 의해 동학 조직은 전국으로 확대되었고, 정치적 성격을 띤 운동으로 변해 뒷날 동학 농민 운동이 일어났어.

260 조병갑의 횡포에 맞서 농민들이 벌인 사건은?

과연 전라도는 최고의 곡창 지대야!
조병갑
군수가 되었으니 한밑천 챙길 모양이군.
군수님, 말씀하신 2만 냥이옵니다.
암, 그래야지. 히히히.
아버님 송덕비가 근사한데!
남의 돈으로 세운 거면서!
세금을 줄여 주시오!
내라면 낼 것이지 감히? 몽땅 옥에 가둬라!

❶ 위정척사 운동
❷ 교조 신원 운동
❸ 고부 농민 봉기
❹ 조위총의 난
❺ 임술 농민 봉기

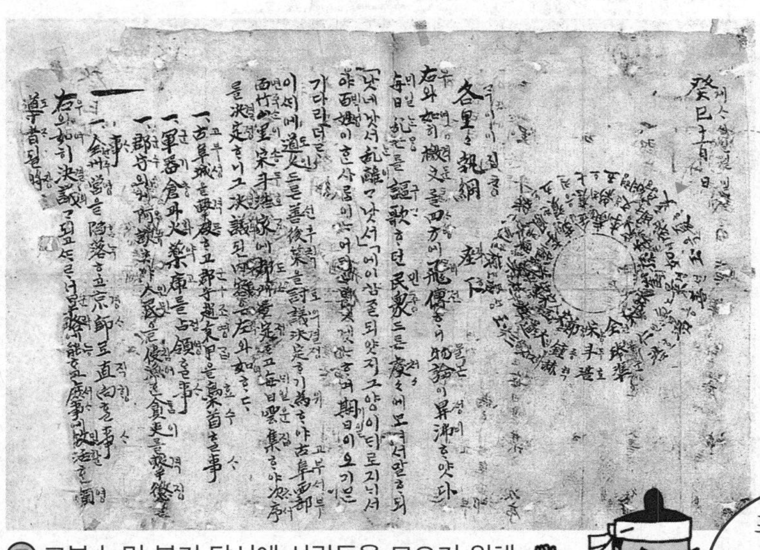
사발 둘레에
따라 쓴 이름

고부 농민 봉기 당시에 사람들을 모으기 위해 돌린 문서로, 사발을 뒤집어 놓고 그 둘레에 이름을 적었기 때문에 '사발통문'이라 한다.

포악한 관리의
목을 베고,
난폭한 외적 무리를
쫓아냅시다.

이름 적은 순서를
알 수 없었기 때문에,
누가 처음 벌인 일인지
드러나지 않았어.

정답은?
③번

전라도 고부 군수로 부임한 조병갑은 권력을 앞세워 부정한 방법으로 재물을 거두어들이고, 농민들에게 무거운 세금을 부과했어. 참다못한 농민들이 1894년에 고부 관아를 습격했는데, 이를 '고부 농민 봉기(고부 민란)'라고 해. 고부 농민 봉기는 동학 농민 운동의 시발점이 되었어.

261

다음에서 찾고 있는 사람은?

사람을 찾습니다

☆ **별명**: 녹두 장군

☆ **한 일**: 동학 농민 운동 지휘, 조정과 전주 화약을 맺음.

☆ **삶의 목표**: 탐관오리를 처벌하고, 백성들이 편안하게 살 수 있는 세상을 만들고자 함.

① 박영효

② 전봉준

③ 박규수

④ 김홍집

⑤ 유홍기

나는 우금치 전투에서
패한 뒤 처형되는 바람에
끝내 그 뜻을 이루지
못했지.

전봉준은 어린 시절
키가 작아 '녹두'로 불렸는데,
그 때문에 사람들은 그를
'녹두 장군'이라 했어.

우금치 전투 후 관군에 붙잡힌 전봉준이 들것에 실려 잡혀가는 모습

동학 농민 운동 당시 농민군이 함락시킨 전주성

정답은? ② 번

1894년 1월, 전라북도 고부군에서 전봉준이 무리를 이끌고 봉기함으로써 동학 농민 운동이 시작되었어. 동학 농민 운동은 농민이 중심이 되어 일어난 반봉건·반외세 운동이었어. 하지만 청과 일본의 개입으로 실패했고, 전봉준은 공주 우금치에서 벌인 전투에서 패한 뒤 처형되었지.

262

전주 화약을 맺은 뒤 농민군이 세운 자치 기구는?

조정이 정말
우리와 화해하고자 한다면
이 개혁안에 동의해야
할 것이오.

눈싸움!

당신들을 핑계로
청과 일본 군대가 와서
내정을 간섭하고 있소.
그만 해산하시오.

① 비변사

② 5군영

③ 승정원

④ 집강소

⑤ 군국기무처

고부 농민 봉기와 1차 농민 봉기

와
조병갑을
치러 가자!

동학 교도들과 농민들이 전봉준을 중심으로 봉기했다.

와
와
전주성이다!

동학 농민군이 황토현에서 관군을 물리치고 전주성을 점령했다.

한성에 일본군이
들어오다니!
낌새가
이상하군.

놀란 조정이 청에 병사를 요청하자, 일본도 군대를 보냈다.

이제 조정과
화해한 건가?

군사적 충돌이 예상되자, 농민군은 조정과 화약을 맺고 물러났다.

정답은?
4번

1894년 5월, 조정과 화약을 맺은 뒤 고향으로 돌아간 동학 농민군은 전라도 각 고을 관아에 자치 행정 기구인 집강소를 설치하고 폐정 개혁을 실시했어. 개혁의 내용은 신분제 폐지, 부패한 관리 처벌, 세금 제도 개선 등이었지.

263 다음 사건들이 일어난 순서대로 나열된 것은?

쾅
탕
쾅
탕

㉠ 우금치 전투에서 동학 농민군이 패함.

나도 좀 끼워 주구려.
집강소

㉡ 전주 화약을 체결하고, 집강소를 설치함.

밖은 저희 일본군이 지키겠습니다.
고종

㉢ 일본이 경복궁을 점령함.

남접
북접
전봉준

㉣ 동학 농민군이 2차 봉기함.

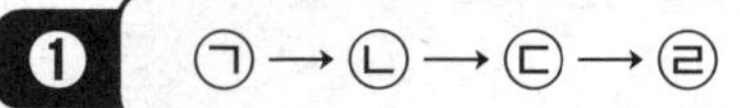
① ㉠ → ㉡ → ㉢ → ㉣

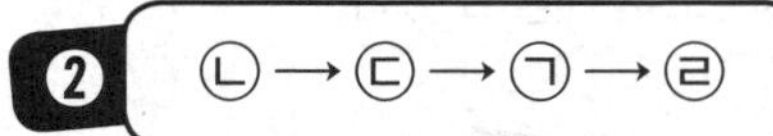
② ㉡ → ㉢ → ㉠ → ㉣

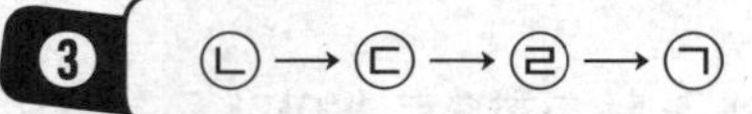
③ ㉡ → ㉢ → ㉣ → ㉠

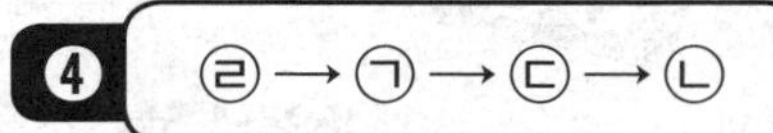
④ ㉣ → ㉠ → ㉢ → ㉡

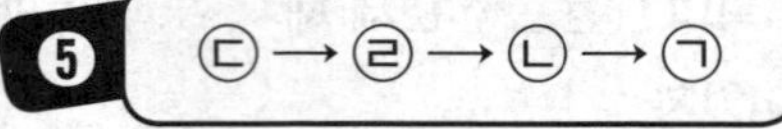
⑤ ㉢ → ㉣ → ㉡ → ㉠

동학 농민 운동의 전개

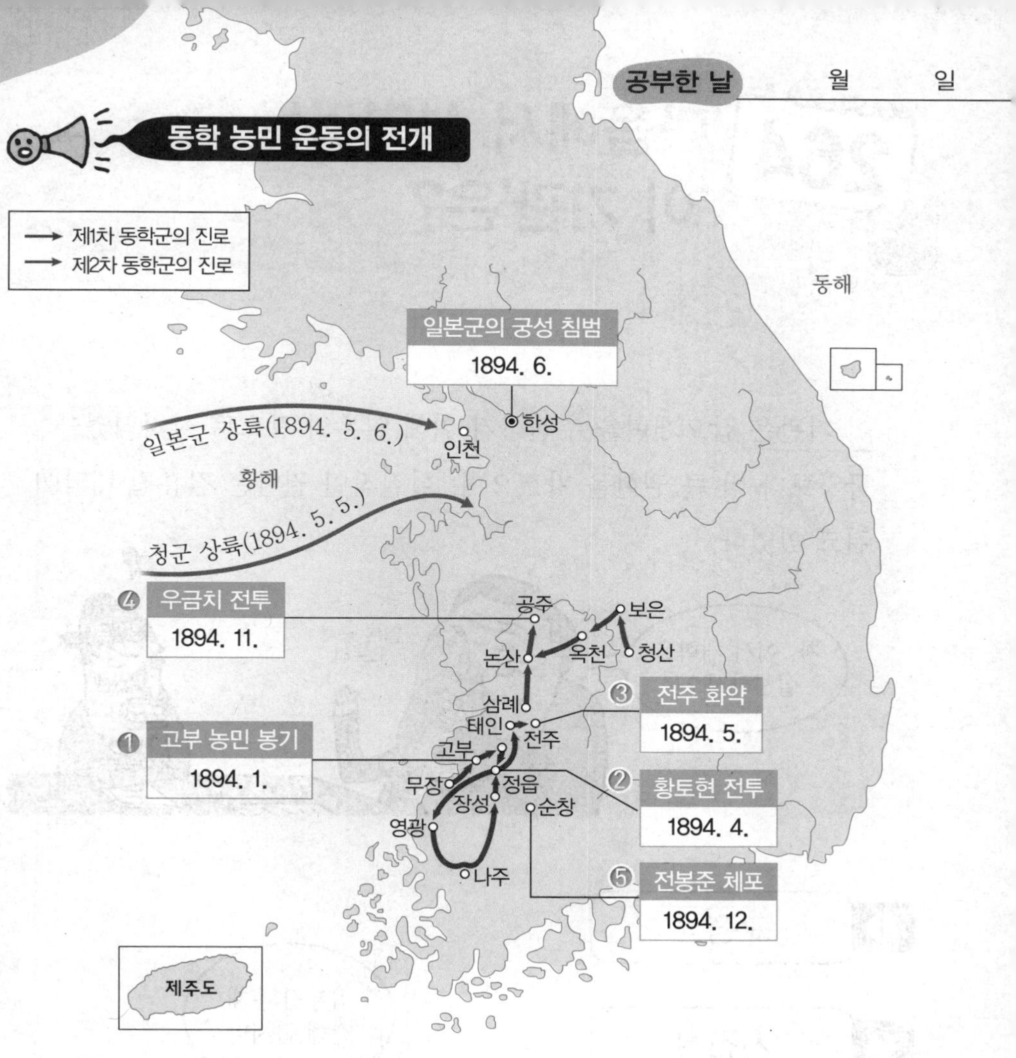

→ 제1차 동학군의 진로
→ 제2차 동학군의 진로

동해
일본군의 궁성 침범
1894. 6.
한성
일본군 상륙(1894. 5. 6.)
인천
황해
청군 상륙(1894. 5. 5.)
④ 우금치 전투
1894. 11.
공주
보은
논산
옥천
청산
③ 전주 화약
1894. 5.
삼례
태인
전주
① 고부 농민 봉기
1894. 1.
고부
무장
정읍
② 황토현 전투
1894. 4.
장성
순창
영광
나주
⑤ 전봉준 체포
1894. 12.
제주도

정답은?
❸번

고부 농민 봉기를 시작으로, 황토현에서 관군을 물리치며 전주성을 점령한 농민군은 정부와 전주 화약을 맺은 뒤 스스로 해산했어. 그러나 일본이 경복궁을 점령하고 청일 전쟁을 일으키자 2차 봉기했지. 우금치에서 조선·일본 연합군과 전투를 벌였으나 패했고, 전봉준과 지도자들이 체포되며 농민군은 각지로 흩어졌어.

264 다음에서 설명하는 '이 기관'은?

이 기관은 갑오개혁을 추진하기 위해 일본의 강요로 설치되었다. 국왕보다 더 큰 권한을 가졌으며, 실질적인 권한은 김홍집 내각이 쥐고 있었다.

자, 어서 개혁을 실시하시오!
일본 공사 오토리

1. 교정청
2. 사간원
3. 기기창
4. 원각사
5. 군국기무처

김홍집 총재, 잘해 봅시다.

김홍집이 1880년에 일본에 수신사로 갔을 당시의 모습으로, 그는 군국기무처의 총재가 되어 여러 개혁들을 시행했다.

동학 농민군이 요구했던 내용 일부가 개혁에 반영되었어.

제1차 갑오개혁의 주요 내용

☆ **정치**: 청의 연호 폐지, 왕권 제한, 과거제 폐지

☆ **사회**: 신분제 폐지, 과부의 재혼 허용

☆ **경제**: 세금을 화폐로 내게 하고, 재정을 담당하는 관청을 통일함.

과거제 폐지! 나 같은 첩의 아들도 관리가 될 수 있다!

신분제 폐지됐으니, 이제 상놈이라고 무시하지 마라.

정답은?
⑤번

고종은 교정청을 설치하여 스스로 개혁을 시도하고 일본에 군대를 철수할 것을 요구했으나, 일본은 이를 무시하고 경복궁을 점령한 뒤 친일 내각을 세웠지. 김홍집 내각은 일본의 간섭 속에서 군국기무처를 세우고 여러 개혁을 추진했는데, 이것이 제1차 갑오개혁이야.

265 갑오개혁에 대한 설명으로 바른 것은?

❶ 국민의 지지가 뒷받침된 개혁이었다.

❷ 갑오개혁으로 과거제와 신분제가 생겼다.

❸ 청의 주도로 개혁이 이루어졌다.

❹ 우리나라 근대화의 계기가 되었다.

❺ 개혁이 계획적으로 천천히 추진되었다.

제2차 갑오개혁의 실시

군국기무처를 없애라고? 개혁에 간섭을 하는군.
고종

청일 전쟁에서 승리한 일본은 조선에 내정 간섭을 하며 군국기무처를 폐지했다.

내각을 모두 친일파로!

일본은 김홍집·박영효를 끌어들여 연립 내각을 세우고 개혁을 추진했다.

조선은 자주독립국임을 선포하노라!
이제 청과의 관계는 끝이구나!

일본의 영향력이 강해지는 상황 속에서, 고종은 조선이 자주독립국임을 알리고 개혁의 내용이 담긴 홍범 14조를 반포했다.

정답은? 4번

갑오개혁으로 과거제와 신분제가 폐지되는 등 우리나라 근대화의 계기가 되었으나, 개혁의 내용 중에는 일본의 침략을 쉽게 하기 위한 것이 많았지. 또한 개혁은 급진적으로 추진되었고, 일본의 간섭이 심해 국민의 반발을 샀어.

266 다음에서 말하는 일본이 일으킨 '이 전쟁'은?

이 전쟁은 일본이 1894년에 조선을 침략할 발판을 마련하기 위해 일으켰다. 이 전쟁에서 승리한 일본은 시모노세키 조약을 맺고 랴오둥 반도를 얻었다. 이로써 대륙 진출의 발판을 마련했으며, 러시아의 남하 정책에 큰 타격을 주었다.

기습 공격으로
적의 함대를 모조리
가라앉히겠스므니다.

❶ 청일 전쟁

❷ 의병 전쟁

❸ 러일 전쟁

❹ 미일 전쟁

❺ 황토현 전투

청일 전쟁의 결과

청

러시아

시모노세키 조약으로 일본에 다 뺏겼네!

랴오둥 반도는 우리 러시아가 노렸는데! 일본이 꿀꺽했네.

조선은 우리가 지배한다!

랴오둥 반도

조선은 이놈 저놈에게 짓밟히는구나.

청일 전쟁에서 승리한 일본은 청나라로부터 조선에 대한 지배권을 인정받았어.

청일 전쟁 이후 조선에 대한 일본의 간섭은 더욱 심해졌지.

정답은?
1번

청일 전쟁에서 승리한 일본이 랴오둥 반도를 차지하자 이는 서구 열강, 특히 러시아를 자극했어. 러시아는 프랑스와 독일의 힘을 빌려 랴오둥 반도를 반환하라고 일본에 강력히 요구했고, 일본은 이에 굴복했지. 그 결과 조선은 러시아와 일본 간의 세력 다툼에 휘말리게 되었어.

267 일본이 명성 황후를 시해한 이 사건은?

왕비를
찾았다!
윽!

시신을 불태워
증거를 없애라.

① 만주사변

② 임오군란

③ 을미사변

④ 을사조약

⑤ 춘생문 사건

니들이 저러고도
인간이냐!

일단 일본을
누르는 데 성공!
러시아

일본이 러시아에 굴복해 랴오둥 반도를 반환한 뒤, 러시아의 영향력이 커졌다.

러시아의 보호를
받는다면 전하의 권력도
되찾을 수 있습니다.
내가 듣고
싶은 말을 해
주었소.
명성
황후

정부는 러시아의 지원을 받아 일본을 몰아내고 국권을 회복하려 했다.

일본이라면
치가 떨려!

바로 그 중심에 고종의 비인 명성 황후가 있었다.

이제 왕비는
사라졌다.
핫!

그러자 일본은 명성 황후를 죽이는 만행을 저질렀다.

정답은?
3번

조선이 친러 정책을 펴 일본을 견제하자, 일본은 조선에서 약해진 세력을 만회하기 위해 1895년 8월, 경복궁을 습격하여 명성 황후를 시해했어. 이후 주도권을 잡은 일본은 친일 내각을 세워 이 사건을 급히 마무리했지. 정부가 진상을 밝히기는커녕 일본의 압력으로 사실을 숨기자 백성들의 반일 감정은 폭발했어.

268

을미개혁의 내용 중 유생의 큰 반발을 불러일으킨 것은?

❶

태양력
1896.1.1
음...
음력
1895.
11.17
태양력 사용

❷

개국
505년
(고종33)
건양
1년
'건양' 연호 사용

❸

우편 업무 시작

❹

종두법 실시

❺

단발령 실시

나도 끝까지
반대할 거야!

단발을 하고 서양 예복을 입은 고종

단발령이란 머리를 짧게 깎도록 한 명령으로, 백성들은 이 명령에 따르려 하지 않았어.

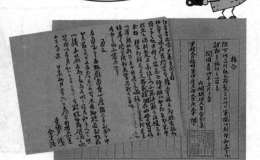

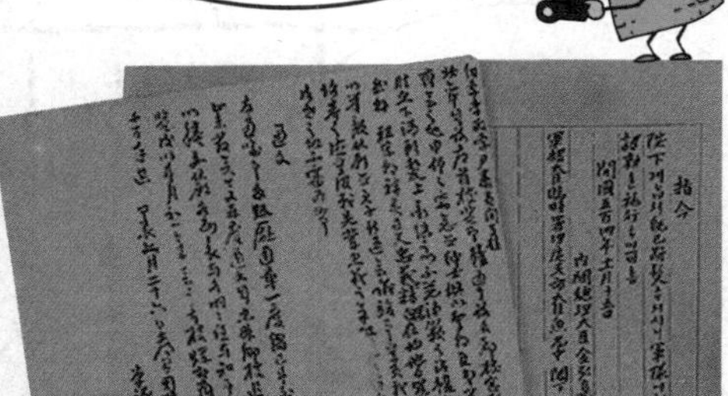

1895년에 내려진 단발 지령문

머리털이 잘리면 죽기라도 하냐? 이리 와!
싫어!

정답은?
5번

일본은 을미사변을 일으킨 뒤 친일 내각을 구성하고 개혁을 실시했는데, 이를 을미개혁이라고 해. 개혁의 내용 중에서 가장 큰 파장을 일으킨 것은 단발령이야. '목을 자를지언정 상투를 자를 수는 없다.'며 유생들을 중심으로 큰 반발이 일어났지. 을미사변으로 뒤숭숭했던 민심은 단발령으로 더욱 나빠졌어.

269 을미의병이 일어난 원인을 모두 고르면?

국모를 시해하더니
이제 조선의 인륜까지
짓밟고 있습니다.
비굴하게 사느니
적을 치다 죽는 것이
옳을 것이오!

① 단발령

② 을사조약

③ 러일 전쟁

④ 을미사변

⑤ 아관 파천

공격! 일본군을
몰아내자!

을미의병(1895)

을미사변과 단발령에 대한 반발로 유생들을 중심으로 일어남.

을사의병(1905)

을사조약을 계기로 봉기하여 신돌석과 같은 평민 의병장이 등장함.

정미의병(1907)

고종의 강제 퇴위와 군대 해산을 계기로 일어나, 해산된 군인이 가담함.

의병 운동의 전개

임진왜란이 일어난 지 300여 년 만에, 다시 일본에 맞서 의병들이 봉기했어. 의병들의 활약은 뒷날 무장 독립운동으로 이어지지.

초기 의병들의 모습

정답은?
①, ④번

1895년, 을미사변과 단발령에 대한 반발로 이소응, 유인석 등의 유생들을 중심으로 조직된 의병을 을미의병이라고 해. 고종의 명령에 따라 을미의병은 해산되었으나 1905년에 을사의병, 1907년에 정미의병 봉기로 이어지면서 우리 민족의 강인한 저항 정신을 보여 주었지.

270 고종이 러시아 공사관으로 거처를 옮긴 이 사건은?

나에게도
무슨 일이 생길지
불안해.
고종

이제 의지할 데라곤
외국 공사뿐이야.

전하, 급하옵니다.
어서 오르소서.
후유, 어쩌다 이
지경이 되었을까?

❶ 삼국 간섭

❷ 아관 파천

❸ 내정 개혁

❹ 정미의병

❺ 갑신정변

고종이 일본의 위협을 피하고자 피신한 러시아 공사관으로, 현재는 탑 부분만 남아 있어.

고종은 1여 년간 이곳에 머물렀지.

정답은? ❷번

을미사변이 일어난 뒤 1896년, 고종은 일본의 위협을 피해 러시아 공사관으로 피신했는데 이를 '아관 파천'이라고 해. '아관'은 '러시아 공사관', '파천'은 '임금이 난을 피해 궁을 떠나 다른 곳으로 이동한다.'는 뜻이지. 이로써 친일 내각이 무너지며 을미개혁은 중단되었어.

271

아관 파천 직후 조선의 상황으로 알맞은 것은?

왜놈이 감히 설쳐?
이제부터 조선은
러시아가 맡는다스키.

빡!

❶ 러시아의 내정 간섭이 줄었다.

❷ 조선이 경제적 이익을 얻었다.

❸ 일본은 조선의 경제적 이권을 포기했다.

❹ 독립국으로서 조선의 지위가 위태로워졌다.

❺ 러시아가 모든 철도 부설권을 차지했다.

러시아 때문에 잠시 주춤했던 일본도 이권 경쟁에 뛰어들었어. 서양 열강이 차지해 놓고 미처 손을 대지 못하고 있는 각종 이권을 넘겨받아, 엄청난 이익을 챙겼지.

철도 부설권
경의선 부설권
프랑스(1896)
일본(1904)
신의주
평양
원산
경원선 부설권
일본(1898)
경인선 부설권
미국(1896)
일본(1897)
제물포
한성
직산
경부선 부설권
일본(1898)
금광 채굴
일본(1900)
대전
대구
부산
마산
마산선 부설권
일본(1904)
이제 조선의 철도는 일본 거시므니다!
철도부설권
광산
채굴
철도부설권

일본의 이권 침탈

정답은?
4번

아관 파천 이후 조선에서의 일본 세력은 위축되었으나, 러시아를 비롯한 서양 열강이 조선의 경제적 이권을 빼앗자 일본도 이권 경쟁에 뛰어들었어. 그리하여 크게는 광산과 철도에서, 작게는 온천장에 이르기까지 대부분의 이권을 독점해 갔어. 그 결과 조선은 자립적인 경제를 일으킬 기회를 잃었지.

272

1896년에 《독립신문》을 창간한 사람은?

오,
전부 한글이네.
나도 읽을 수
있겠어.
신문이오,
독립 신문!
간난 엄마,
이것 좀 봐요.
여성에 대한 차별도
없앤대요.

① 신돌석

② 박영효

③ 최익현

④ 서재필

⑤ 안창호

《독립신문》을 창간한 서재필(1864~1951)

《독립신문》은 누구나 읽을 수 있도록 한글로 쓰여졌고, 우리의 사정을 외국에 알리기 위해서 영문으로도 발행되었지.

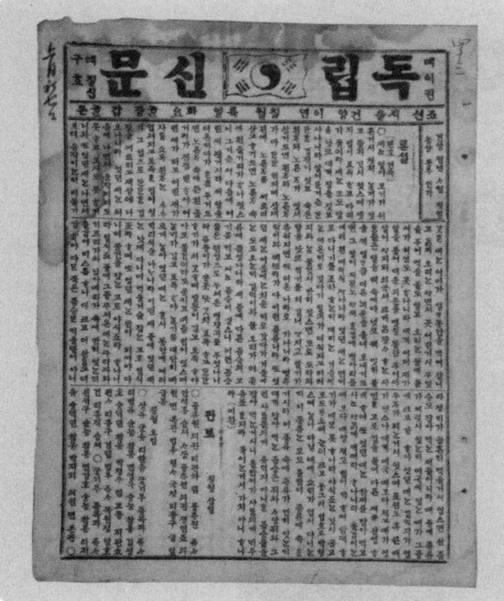

독립신문

나라 꼴이 어떻게 돌아가고 있는지 이제 알겠구먼.

우리나라 최초의 민간 신문인 《독립신문》

정답은?
④번

갑신정변이 실패하자 미국으로 건너간 서재필은 갑오개혁 때 고국으로 돌아와 1896년 4월, 《독립신문》을 창간했어. 《독립신문》은 일반 대중을 위해 순 한글로 기사를 쓴 우리나라 최초의 민간 신문으로, 민중을 계몽하고 자유와 권리를 보호하는 데 앞장섰어.

273 다음 건축물을 세운 단체는?

❶ 황국 협회

❷ 독립 협회

❸ 대한 협회

❹ 조선 협회

❺ 신민회

독립문

정답은?
❷번

이 건축물은 독립 협회에서 세운 독립문으로, 청나라 사신을 맞이하던 영은문을 허물고 그 자리에 세운 것이야. 독립문은 우리의 자주독립을 상징하지. 서재필·윤치호 등을 중심으로 설립된 독립 협회는 이전의 개화파가 주도한 개혁 운동의 한계를 극복하고, 민중을 계몽하여 개혁 운동을 펼쳤어.

274

독립 협회가 벌인 일이 아닌 것은?

❶ 토론회와 강연회를 열었다.

❷ 독립문 건립 모금 운동을 벌였다.

❸ 신분에 제약을 두어 회원을 모집했다.

❹ 강대국이 이권을 빼앗는 것에 대항했다.

❺ 중추원을 근대적인 의회로 고치려고 했다.

와 와

독립 협회의 활동 방향

독립관

자주 국권

다른 나라에 의존하지 말고
우리의 주권을 우리가
행사하자!

자유 민권

국민의 권리를 존중하고,
이를 위해 근대적인 의회를
세워야 한다!

죄인에게도
권리가 있다고요?

자강 개혁

학교와 공장을 세워
민족의 힘을 키우고,
국방을 튼튼히 하여
자주독립과 부강을
이루자!

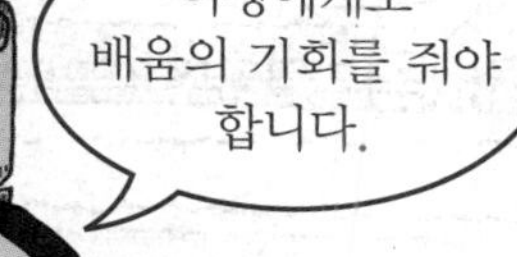
여성에게도
배움의 기회를 줘야
합니다.

소학교
중학교
여학교
실업 학교
전문 학교
대학교

옳소!
역시 아는 것이
힘!

정답은?
3번

독립 협회는 신분에 관계없이 회원을 모집하여, 백정 출신이 연설을 하기도 했어. 이 밖에도 민중 집회인 만민 공동회를 열어 정치·사회 문제를 토론했으며, 관민 공동회를 열어 국정 개혁의 내용을 담은 '헌의 6조'를 건의했지.

275 빈칸에 들어갈 말이 차례대로 짝지어진 것은?

1897년 2월, 고종은 러시아 공사관에서 경운궁으로 돌아와 황제로 즉위한 뒤, 나라 이름을 (㉠)이라고 고쳤다. 그리고 자주독립과 근대화를 목표로 하여, (㉡)을 실시했다.

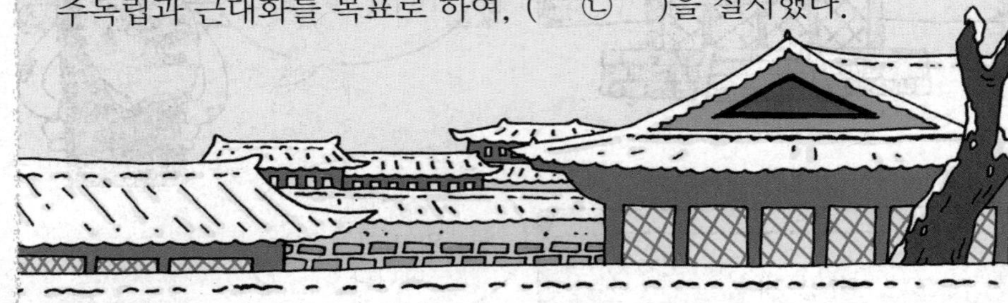

❶ ㉠ 대한 제국 – ㉡ 양무개혁

❷ ㉠ 독립 제국 – ㉡ 광무개혁

❸ ㉠ 대한 제국 – ㉡ 을미개혁

❹ ㉠ 독립 제국 – ㉡ 갑오개혁

❺ ㉠ 대한 제국 – ㉡ 광무개혁

짐이 백성의 뜻에
따라 황제가 되었음을
선포하노라!

공부한 날 월 일

고종이 황제 즉위식을 올린 환구단

광무개혁은 완전한 자주독립과 근대화를 목표로 추진되었어.

광무개혁

상공업
의회
정치
교육
토지
의료

정답은?
5번

황제로 즉위한 고종은 대한 제국의 헌법이라 할 수 있는 '대한국 국제'를 반포하고 광무개혁을 추진했어. 그리하여 산업을 육성하고 학교를 세워 교육을 진흥시켰고, 근대적 토지 소유 문서인 지계를 발급했어. 또한 국방을 튼튼히 하기 위해 군제를 개편했지.

276 다음에서 설명하는 '이 병원'은?

이 병원은 미국에서 온 의료 선교사인 알렌이 1885년에 세운 우리나라 최초의 서양식 병원이다. 얼마 지나지 않아 이 병원은 '사람을 구제하는 집'이라는 뜻의 '제중원'으로 이름을 바꾸었다.

알렌

① 자혜 의원

② 광혜원

③ 박문국

④ 전환국

⑤ 세브란스 병원

알렌 선생님, 병원에서 자애로운 빛이 나는 게 보이세요?

노닥거릴 시간 없어요. 오늘도 환자가 많아요, 많아!

경운궁(덕수궁)의 근대식 건물인 석조전

고딕 양식으로 지어진 명동 성당

개항 후, 서양 선교사에 의해 최초의
근대식 병원이 지어지는 한편,
이런 서양식 건물도 세워졌지.

정답은?
2번

알렌은 갑신정변 때 부상을 입은 명성 황후의 조카 민영익을 치료해 준 일로 고종의 신임을 얻어, 광혜원을 세우게 되었지. 이 밖에도 1899년에는 국립 병원이 세워져 이듬해 광제원으로 이름을 바꾸었고, 1904년에는 최초의 현대식 종합 병원인 세브란스 병원이, 1909년부터 지방 10여 곳에 자혜 의원이 세워졌어.

277 개항 이후 설치된 시설에 대한 설명으로 바른 것은?

❶ 통신 시설은 광무개혁 때 대부분 폐쇄되었다.

❷ 전신은 미국에 의해 처음 시작되었다.

❸ 전차는 우정총국에서 처음 운행했다.

❹ 우리나라에 처음으로 개통된 철도는 호남선이다.

❺ 철도는 일본이 조선을 침략할 목적으로 개통했다.

수화기를 들고 오른쪽의 작은 손잡이를
돌리면, 교환수가 전화를 받아 통화하려는
사람과 연결해 주는 방식의 전화기.

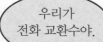

우리가
전화 교환수야.

손잡이
수화기

교복 입은 학생, 갓을 쓴 남자들이
함께 탄 대한 제국 시대의 전차

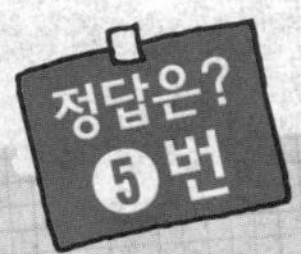
정답은?
5번

통신 시설은 을미개혁 때 늘어나기 시작해, 광무개혁 때 더욱 많아졌어. 전신은 청에 의해 시작되었고, 전차는 한성 전기 회사에서 처음 운행했지. 우정총국은 근대식 우편 업무를 보던 곳이야. 처음으로 개통된 철도는 경인선이며, 이후 일본은 군사적 필요에 따라 다른 철도도 개통했어.

오늘은 소녀가
꽃과 나비 목걸이를
선물 받았구나.

위안부의 아픔을 기억하기 위해 일본 대사관 맞은편에 세운
소녀의 동상에는 위안부 피해 할머니의 아픔을 위로하고
명예 회복을 바라는 시민들의 발길이 끊이질 않는다.

8

Q 278~335

일제 강점기와 민족 운동

우리 민족은 35년간이나 일제의 억압 속에 놓여 있었어.

그 고통의 시간 속에서도 국권을 되찾기 위한 투쟁과 노력은 계속되었지.

278

포츠머스 조약과 관계있는 전쟁은?

너 때문에 한반도를 맘껏 지배할 수가 없잖아! 전쟁이닷!

콰

전쟁에 이기고는 있지만 시간을 끌면 불리해.

분하지만 국내 정세가 불안하니….

미국, 중재를 부탁하오.

오케이, 포츠머스에서 만날까?

❶ 청프 전쟁　❷ 러프 전쟁　❸ 영일 전쟁
❹ 러일 전쟁　❺ 청일 전쟁

당시 미국의 한 시사 잡지에 실린 삽화로, 러시아와 일본 사이에 끼어 괴로움을 당하는 대한 제국을 표현했다.

러일 전쟁은 러시아와 일본이 한반도를 서로 지배하려다가 벌어진 전쟁이야.

일본의 승리로 전쟁이 끝나자, 두 나라는 미국 루스벨트 대통령의 중재로 포츠머스에서 강화 조약을 맺었지.

일본과 러시아 대표들이 회담을 하는 모습

정답은? ④번

러일 전쟁(1904~1905) 중 일본은 강제로 대한 제국과 '제1차 한일 협약'을 맺어 일본이 추천하는 외교 고문과 재정 고문을 채용하게 했어. 전쟁이 끝나자 포츠머스 조약을 통해 미국 등 국제 사회로부터 대한 제국 지배권을 인정받고, 대한 제국을 손아귀에 넣기 위한 작업을 착착 진행했지.

279 을사조약에 대한 설명으로 잘못된 것은?

❶ 일본의 강압에 못 이겨 고종 황제가 조약에 서명하였다.

❷ 이 조약으로 대한 제국은 외교권을 빼앗겼다.

❸ 이 조약을 계기로 의병들이 다시 일어났다.

❹ 일본은 을사5적을 앞세워 강제로 조약을 맺었다.

❺ 이 조약에 민영환 등은 죽음으로 항거하였다.

조선 말기의 충신, 민영환(1861~1905)

을사조약이 맺어진 뒤
당시 육군부장이었던 민영환은
'죽음으로써 황제의 은혜를 갚고,
2천만 동포에게 사죄합니다.'라면서
나라가 망한 책임을 지고
자결했어.

슬프도다,
모두 짐이 어리석은
탓이로다.

고종
(1852~1919)

폐하!
황은에 감사… 윽!

정답은?
1번

을사조약은 일본이 대한 제국의 대신이었던 이완용, 이근택, 이지용, 박제순, 권중현(을사5적)을 앞세워 맺은 조약으로, 고종 황제는 이에 서명하지 않았어. 그래서 국제 조약으로서 인정받을 수 없단다.

280

280 빈칸에 들어갈 답이 차례대로 짝지어진 것은?

장지연이
이런 글을?
일본에 나라를
팔아먹다니!

(㉠)년에 을사조약이 강제로 맺어지자, 국민들은 크게 격분하였다. 언론인 장지연은 《황성신문》에 (㉡)(이)라는 사설을 써서 나라를 팔아먹은 대신들을 비난했다.

❶ ㉠ 1904 – ㉡ 한일 의정서

❷ ㉠ 1904 – ㉡ 시일야방성대곡

❸ ㉠ 1905 – ㉡ 시일야방성대곡

❹ ㉠ 1905 – ㉡ 한일 의정서

❺ ㉠ 1905 – ㉡ 독립 선언서

장지연이 쓴 사설의 제목은 '이날을 목 놓아 크게 우노라.'라는 뜻이야.

是日也放聲大哭

[illegible]
도다 千萬夢外에 五條件이何
로自ᄒᆞ야提出ᄒᆞ얏는고此
條件은非但我韓이라東洋
三國의分裂ᄒᆞᄂᆞᆫ兆漸을
釀出ᄒᆞᆷ인즉伊藤侯의原
初主意가何에在ᄒᆞᆫ고雖
然이나我
大皇帝陛下의强硬ᄒᆞ신 聖
[illegible]
賊을甘作ᄒᆞ야四千年疆土와
五百年 宗社를他人에
게奉獻ᄒᆞ고二千萬生靈
으로他人의奴隷를驅作
ᄒᆞ니彼等豚犬不若ᄒᆞᆫ外
大朴齊純及各大臣은足
히深責ᄒᆞᆯ것이無ᄒᆞ거니
와名爲參政大臣者는政
[illegible]
嗚乎憤矣라我二千萬爲人
奴隷之同胞여生乎아死
乎아檀箕以來四千年國
民精神이一夜之間에猝
然滅亡而止乎아痛哉痛
哉라同胞아同胞아

《황성신문》에 실린 '시일야방성대곡'

시일야방성대곡

… 아, 저 개돼지만도 못한 우리 정부의 대신이라는 자들이 사사로운 영화를 바라고 위협에 벌벌 떨면서, 나라를 팔아먹는 도적이 되기를 감수했던 것이다. 4천 년 강토와 500년 사직을 남에게 바치고 2천만 동포를 몰아 남의 노예로 만들었다.
… 아, 원통하고 분하도다. 남의 노예된 우리 2천만 동포여! 4천 년 국민 정신이 하룻밤 사이에 망하고 말 것인가. 원통하고 원통하다. 동포여, 동포여!

을사5적. 왼쪽부터 외부대신 박제순, 내부대신 이지용, 군부대신 이근택, 학부대신 이완용, 농상공부대신 권중현.

정답은?
3번

장지연은 '시일야방성대곡'에서 조약의 부당함을 주장하고, 대신들을 개돼지만도 못하다며 비판했어. 한일 의정서는 1904년 러일 전쟁 때 일본이 대한 제국에 강요하여 맺은 조약이고, 독립 선언서는 1919년 3·1 운동 때 한국의 독립을 널리 선포한 선언서야.

281

고종이 한 일로, 다음 인물들과 관계있는 사건은?

왼쪽부터 이준, 이상설, 이위종 특사야.

1. 아관 파천
2. 헤이그 특사 파견
3. 상소 운동
4. 프랑스 특사 파견
5. 미국 특사 파견

나 몰래
특사를 파견해?
괘씸한!
이토 히로부미

고종의 특사 외교

특사를 보낼 테니
제발 좀 도와주시오.
이미 얘기가
끝났다고!

미국과 프랑스에 을사조약을 저지하기 위한 특사를 보냈으나 성과를 얻지는 못했다.

폐하, 헤이그에서 만국 평화 회의가 열린답니다.

좋은 기회야. 이준을 들라 이르시오.

만국 평화 회의가 열리는 헤이그에 세 명의 특사를 보내 을사조약이 무효임을 알리려고 하였다.

고종, 발버둥쳐 봐라.
누가 약한 나라를
편드나.
잇히히~
약육강식은
변하지 않는 진리죠,
헤헤.

정답은?
2번

고종 황제의 특사 외교는 을사조약을 반대하는 대한 제국의 입장을 국제 사회에 널리 알리기 위한 거였어. 그는 헤이그 만국 평화 회의가 좋은 기회라 생각하고 이준을 특사로 보내. 이준은 러시아에서 이상설, 이위종을 만나 네덜란드의 헤이그로 가게 돼.

282

헤이그 특사 사건의 결과가 아닌 것은?

① 세 명의 특사는 만국 평화 회의에서 발언할 기회를 얻지 못하였다.

② 뜻을 이루지 못한 이준은 헤이그에서 순국하였다.

③ 일본은 대한 제국을 침략하려는 야욕을 더욱 불태웠다.

④ 고종 황제는 강제로 퇴위하였다.

⑤ 미국 등 제국주의 열강은 을사조약의 불법성을 인정했다.

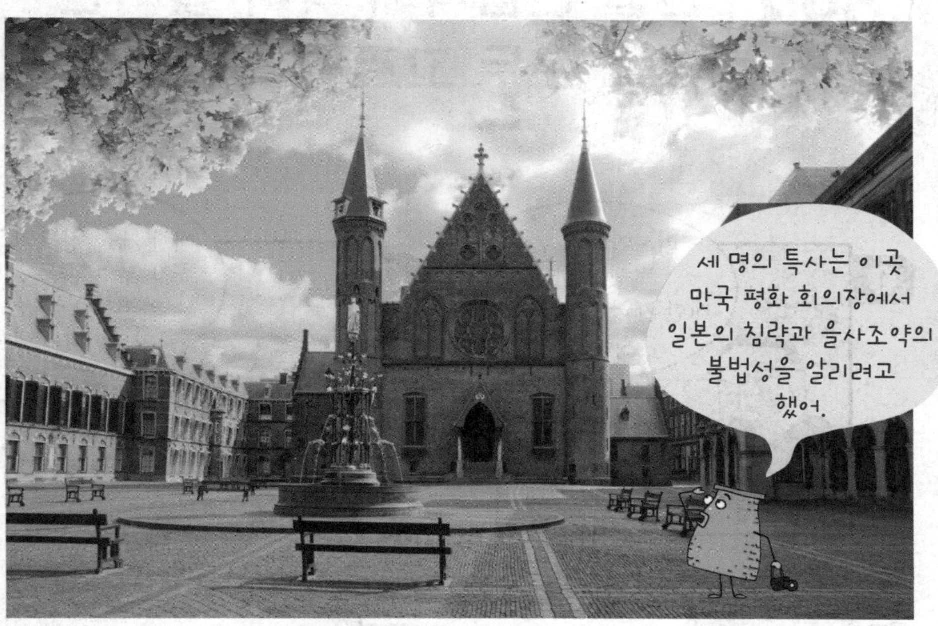
세 명의 특사는 이곳
만국 평화 회의장에서
일본의 침략과 을사조약의
불법성을 알리려고
했어.

1907년, 만국 평화 회의가 열렸던 네덜란드 헤이그의 비넨호프 왕궁

하지만 네덜란드 정부는 대한 제국의 외교권을 인정할 수 없다며 우리 특사가 회의에 참석하는 것을 막았지.

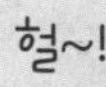
헐~!

정답은?
5번

헤이그 특사는 결국 목적을 이룰 수 없었어. 미국 등 제국주의 열강들은 비밀리에 을사조약을 승인해, 대한 제국의 외교권을 인정하지 않았기 때문이지. 통감 이토 히로부미는 헤이그 특사 사건을 일본에 대한 선전 포고와 다름없다며 고종 황제의 퇴위를 강요하기에 이르렀어.

283 한일 신협약에 따라 벌어진 일을 모두 고르면?

① 
중립 선언!
러시아와 일본이 전쟁을 하면 대한 제국은 어느 편도 들지 않겠소.
고종

② 
대한 제국 정부의 각 부 차관을 일본인으로 임명한다!
이토 히로부미

③ 
군부대신 이병무
불필요한 경비를 절약하고, 군대도 해산하노라.

④ 
만국 평화 회의에 참석하여 조약이 무효임을 알리게.
고종

⑤ 
간도로 가서 포병을 양성하고 조세를 받도록 하라!
고종

이제 대한 제국은 이빨 빠진 호랑이 신세가 되어 버렸어.

대한 제국이 일본과 맺은 강제 조약(1904~1907)

연도	조약	조약으로 벌어진 일
1904년	한일 의정서	군사 요지 점령당함.
	제1차 한일 협약	고문 정치 실시
1905년	을사조약	외교권 빼앗김.
1907년	한일 신협약	차관 정치 실시

일본이 추천하는
고문을 채용하시오!
아버님….
순종
대한 제국의
군대를 해산한다!
고문 정치
고종의 강제 퇴위
군대 해산
대한 제국 주권을
뺏길 날이
머지않아 보여.
재 화났을
때는 피하는 게
상책.

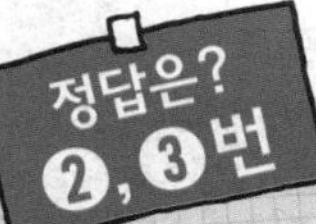
정답은?
②, ③번

고종이 강제 퇴위하고, 일본은 '정미7조약'이라고도 불리는 한일 신협약을 대한 제국에 강요하여 맺었어. 이 조약으로 일본이 임명하는 차관이 실권을 장악하는 차관 정치가 실시되고, 대한 제국의 군대는 해산되어 사실상 국권을 빼앗기게 돼.

284

러일 전쟁 중 일본이 불법으로 빼앗은 땅은?

❶ 간도

❷ 울릉도

❸ 독도

❹ 제주도

❺ 거문도

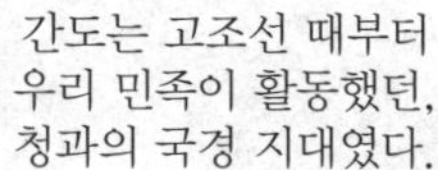
간도는 고조선 때부터
우리 민족이 활동했던,
청과의 국경 지대였다.

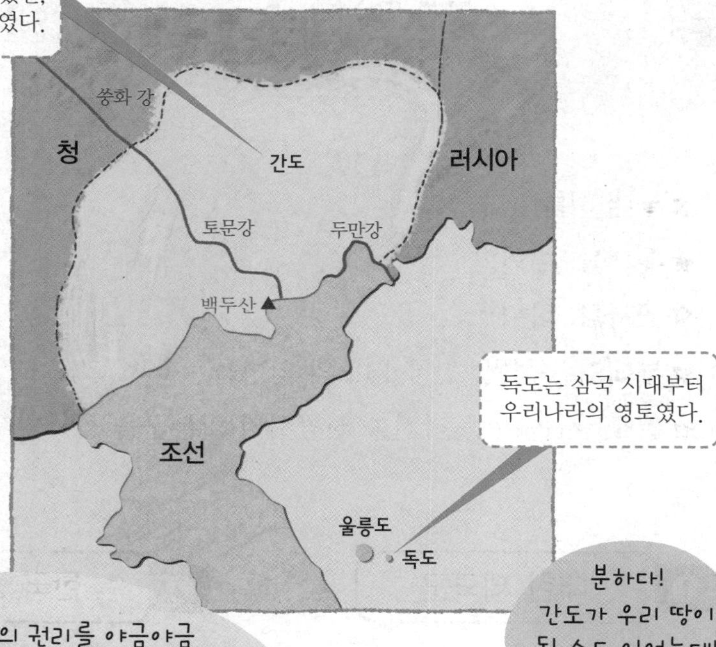
쑹화 강
청
간도
러시아
토문강
두만강
백두산
조선
독도는 삼국 시대부터
우리나라의 영토였다.
울릉도
독도

대한 제국의 권리를 야금야금
빼앗아 가던 일본은 영토까지 손을 뻗었어.
독도를 불법으로 자기네 땅으로
삼아 버리는가 하면, 을사조약을 내세워
1909년, 간도 지역에 대한 권리를
청나라에게 넘겨 버렸지.

분하다!
간도가 우리 땅이
될 수도 있었는데!

정답은?
3번

독도는 우리나라의 동쪽 끝에 자리 잡은 섬인데, 오래전부터 심심찮게 일본 어부들의 침입을 받아 왔어. 고종 황제는 울릉도를 군으로 승격시켜 독도를 관리하게 하였는데, 일본은 러일 전쟁 중 불법으로 독도를 시마네 현에 편입시켰지.

285

빈칸에 들어갈 의병 부대의 이름은?

☆ **부대 이름**: (　　　　)

☆ **총대장**: 이인영

☆ **군사장**: 허위

☆ **부대의 구성원**: 전국 13도의 의병들

☆ **목표**: 서울 진공 작전을 성공시켜 일본군을 몰아낸다.

① 대한 제국군

② 한국 광복군

③ 서울 창의군

④ 13도 창의군

⑤ 서울 진공 부대

이인영
허위
전국의 동포들이여! 단결하여 독립을 찾자!

서울시 중랑구 망우리 공원에 있는 항일 의병 13도 창의군 탑

… 전 세계를 향하여 일본의 부정과 폭력을 호소하고, 모든 일본인과 그 앞잡이 및 야만스런 군대를 없애기 위해 최선을 다하지 않으면 안 된다….

이인영(1867~1909)

정답은?
4번

유학자 의병장인 이인영은 각 도의 의병장에게 격문을 띄워 13도 창의군을 결성했어. 이 중에는 한일 신협약으로 해산된 군대의 군인 일부도 포함되었어. 13도 창의군은 한성으로 진격하여 서울 진공 작전을 펼칠 계획이었으나 일본군의 공격을 받고 실패했지.

286

286 다음 중 의병장이 아닌 사람은?

①
폐하(고종)께서 물러나셔야 백성이 편해집니다.
송병준

②
홍주성을 점령해 우리 일의 근거지로 삼읍시다.
임병찬

③
충청, 전라도 일대의 전직 관리와 유생을 모아 일을 도모합시다!
민종식

④
같은 조선군을 공격하지 못해 잡혀가지만 의병은 전국에서 일제히 일어나야 한다.
최익현

⑤
나, 태백산 호랑이에게는 공격과 진격뿐이다!
신돌석

이 중에 애국자의 탈을 쓴 가짜가 있구먼!

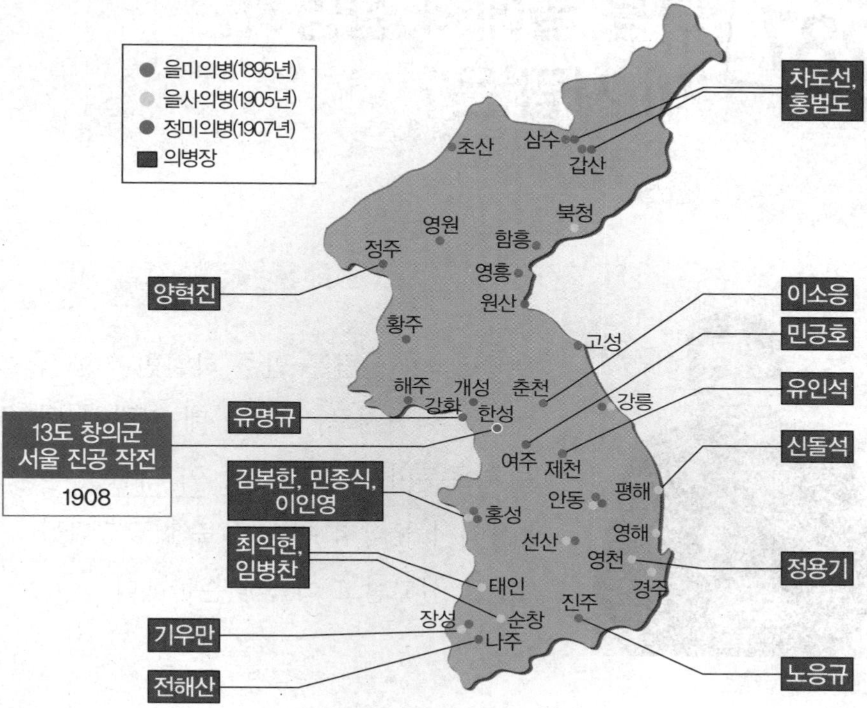

● 을미의병(1895년)
● 을사의병(1905년)
● 정미의병(1907년)
■ 의병장

차도선, 홍범도 — 삼수, 갑산
초산, 북청, 영원, 함흥, 정주, 영흥, 원산, 황주, 고성, 해주, 개성, 춘천, 강화, 한성, 강릉
양혁진 — 정주
이소응 — 춘천
민긍호 — 여주
유인석 — 제천
신돌석 — 평해
유명규 — 강화
13도 창의군 서울 진공 작전 1908 — 한성
김복한, 민종식, 이인영 — 홍성
안동, 선산, 영해
정용기 — 영천
최익현, 임병찬 — 태인, 순창
경주
기우만 — 장성
전해산 — 나주
노응규 — 진주

대표적 항일 의병 봉기 지역

을미의병은 을미사변과 단발령을 계기로,
을사의병은 을사조약을 계기로,
정미의병은 고종의 퇴위와
군대 해산을 계기로 일어났어.

정답은?
1번

송병준은 친일파로, 이용구와 함께 일진회를 만들어 일본의 앞잡이 노릇을 했고, 고종 황제 퇴위에 앞장섰어. 또한 조선과 일본이 합병해야 한다고 주장했어. 임병찬, 민종식, 최익현, 신돌석은 대표적인 의병장이야.

287 다음 글에서 설명하는 '이 사람'은?

1909년, 이 사람은 만주 하얼빈 역에서 조선을 식민지로 만드는 데 앞장선 이토 히로부미를 처단했다. 이 사람은 곧 현장에서 붙잡혀 뤼순 감옥에 갇혔다가 사형을 선고받고 이듬해 순국했다.

① 오기호

② 안중근

③ 전명운

④ 안창호

⑤ 장인환

만주 땅도 한번
먹어 보려 나섰다가
황천길로 가게 될 줄은
몰랐네.
뽀옥~

목숨을 바친 의거 활동

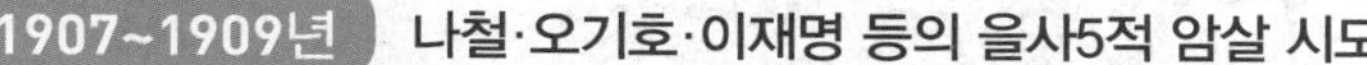

1907~1909년 나철·오기호·이재명 등의 을사5적 암살 시도

곧 나올 때가 되었지?
저기 나오는군.

이완용! 민족의 칼을 받아랏!

1908년 전명운·장인환의 스티븐스 사살

대한 제국은 독립할 자격이 없습니다.

미국 매국노, 지옥에나 가랏!

1909년 안중근의 이토 히로부미 처단

캑!
탕 탕 탕

정답은?
❷번

안중근 의사는 을사조약이 맺어진 뒤 중국과 러시아에서 항일 투쟁을 했고, 삼흥 학교를 세우는 등 교육에도 힘썼어. 1909년, 이토 히로부미가 만주를 시찰한다는 정보를 입수하고 철저한 계획을 세워 그를 처단했지. 이 일로 일본의 만주 점령 계획은 무산되었어.

288 일본의 황무지 개간권 요구를 막아 낸 단체는?

조선의 황무지를 차지해서 일본의 식량 문제를 해결하자.
오옷~! 대박!
하야시 주한 일본 공사
황무지 개간권 내놔!
우리 땅의 3분의 1이나 되는 황무지를 공짜로 넘기라고?
해외 공사관에도 일본이 우리 땅을 넘보고 있다는 사실을 알립시다!
와
와
일본에 황무지 개간권을 넘기는 것 결사 반대!

① 신민회

② 보안회

③ 독립 협회

④ 헌정 연구회

⑤ 대한 자강회

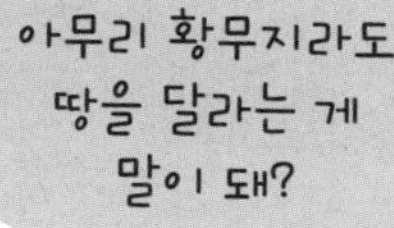
아무리 황무지라도
땅을 달라는 게
말이 돼?

일본이
침략 야욕을
드러낸 거지.

서울시 중구 남산 기슭의
조선 통감부 관저 터에는
황무지 개간권을 요구했던
당시 주한 일본 공사 하야시
곤스케의 동상 잔해를 모아
거꾸로 세운 동상이 있어.
동상을 거꾸로 세운 까닭은
일제로부터 당한 치욕을
잊지 않기 위함이야.

'거꾸로 세운 동상'에 '남작하야시곤스케군상'이라는 글자가
거꾸로 새겨져 있다(⬚ 안).

정답은?
❷번

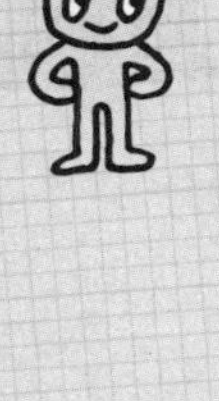

보안회는 일본의 경제 침탈에 맞서 1904년에 조직되어 황무지 개간권을 지켜 냈어. ①번 신민회(1907)는 비밀 결사 조직, ③번 독립 협회(1896)는 정치·사회 단체야. ④번 헌정 연구회(1905)는 입헌 정치를 수립하고자 했는데 을사조약 뒤 대한 자강회로 발전했어.

289

1907년에 벌어진 다음의 애국 운동은?

나랏빚
1,300만 원을 갚지
못하면 나라를
잃을 것이오.

나랏빚이 계속 쌓이자, 국민들이 힘을 모아 나랏빚을 갚기 위해 이 운동을 벌였다. 대구의 서상돈, 김광제 등이 앞장서고 전 국민이 적극적으로 모금 운동을 벌였으나, 일제의 탄압으로 빚을 갚는 데는 실패했다.

❶ 독립 운동

'국채'란
나라의 빚을 말해.

❷ 새마을 운동

❸ 국채 보상 운동

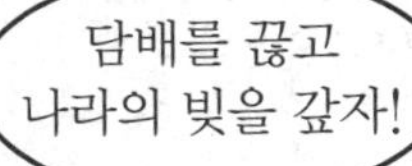
담배를 끊고
나라의 빚을 갚자!
비녀를 빚 갚는 데
내놓아야지.

❹ 애국 계몽 운동

❺ 6·10 만세 운동

뚝

국채 보상 운동
국민 대회가
열린대.
대한매일신보

… 나랏빚을 갚으면 나라가 존재하고 갚지 못하면 나라가 망할 수밖에 없으나, 지금 나랏돈으로는 도저히 갚을 능력이 없으며, 만일 못 갚는다면 그때는 이미 삼천리 강토는 내 나라, 내 민족의 소유가 못 될 것이다….

–국채 보상 국민 대회 취지문 중 일부

각 도별, 기간별로
얼마를 모았는지
잘 적혀 있네.

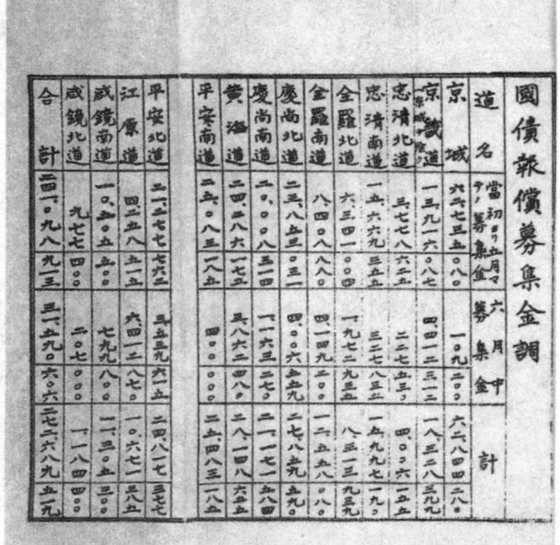

國債報償募集金調

道名	當初ヨリ五月マデノ募集金	六月中募集金	計
京城	六六,七三五 〇八〇	一〇九 二〇〇	六六,八四四 二八〇
京畿道	一三,九一六 〇八七	四,四一二 三一二	一八,三二八 三九九
忠清北道	三,七七八 六二五	二二七 五三〇	四,〇〇六 一五五
忠清南道	一五,六六九 三五五	三二七 八三五	一五,九九七 一九〇
全羅北道	六,三四一 〇〇四	一,九七二 九三五	八,三一三 九三九
全羅南道	八,四〇八 八八〇	四,一四九 二〇〇	一二,五五八 〇八〇
慶尚北道	二三,八五三 〇三一	四,〇〇六 五五九	二七,八五九 五九〇
慶尚南道	二〇,〇〇八 三一四	一,一六三 二七〇	二一,一七一 五八四
黃海道	二四,二八六 一七五	三,八六二 四八〇	二八,一四八 六五五
平安南道	二五,〇八三 一八五	四〇〇 〇〇〇	二五,四八三 一八五
平安北道	二一,二七七 七六二	三,五三九 六一五	二四,八一七 三七七
江原道	四,二五八 五一五	六,四一三 八七〇	一〇,六七一 三八五
咸鏡南道	一〇,五〇五 五〇〇	七九九 八〇〇	一一,三〇五 三〇〇
咸鏡北道	九七七 四〇〇	二〇七 〇〇〇	一,一八四 四〇〇
合計	二四〇,九八八 九一三	三一,五九〇 六〇六	二七二,六八九 五一九

국채 보상금 모집 금액표

정답은?
❸번

일본은 조선으로 하여금 높은 이자로 일본의 돈을 빌려 쓰게 함으로써 경제적으로도 침략했어. 그래서 조선의 빚은 점점 늘어났는데 이를 갚아 나가자는 운동이 국채 보상 운동이야.

290 다음 사람과 관계있는 항일 운동 조직은?

빼앗긴 나라의 권리를 찾으려면 공부해서 실력을 쌓아야 합니다!
몸과 마음을 닦아 인격을 완성해야 합니다!
산업을 일으켜 민족의 힘을 길러야 합니다!

구구절절 옳은 말씀!

① 태극회
② 신흥회
③ 대성회
④ 도산회
⑤ 신민회

도산 안창호

'도산'은 안창호 선생님의 호야.

서울시 강남구 도산 공원에는 안창호의 동상과 그의 명언이 새겨진 비석이 있다.

정답은?
5번

우리 민족이 실력을 길러야 한다고 늘 주장했던 안창호는 신민회를 조직하여 애국 계몽 운동을 벌여 나갔어. 또한 안창호는 '무실, 역행, 충의, 용감'이라는 4대 정신을 강조하며 민족을 계몽하려고 애썼어.

291

다음 중 신민회가 한 일이 아닌 것은?

①

인재를 키워야 하니
평양에 학교를 세웁시다.
이름하여 대성 학교!

②

민족 산업을
키울 수 있도록
'태극 서관'이라는
출판사를 세웁시다.

③

나라를 되찾을
젊은이들을 길러 낼
'청년 학우회'를
만듭시다!

④

고종 황제
퇴위를 반대하는
시위를 이끕시다!
와

⑤

나라 밖에도 독립운동
기지를 세웁시다!

'신민회'라는
이름은 국민의
힘을 길러 새롭게
한다는 뜻이야.

신민회의 주역들

이승훈(1864~1930)

양기탁(1871~1938)

안창호(1878~1938)

교육의 중요성을 강조한 안창호가 1908년에 세운 대성 학교

대성 학교는
1912년, 제1회 졸업생을
내고 일제에 의해
문을 닫았어.

정답은?
④번

신민회는 안창호, 양기탁, 이승훈 등이 조직한 비밀 단체야. 학교를 세우고, 독립을 이끌 젊은이들을 길러 내고, 신문과 잡지를 발행하면서 꾸준히 항일 운동을 벌였어. ④번의 고종 황제 퇴위 반대 운동을 펼친 곳은 대한 자강회야.

292 국민을 계몽한 각 신문의 특징으로 잘못된 것은?

❶ 《한성순보》 - 박문국에서 발행한 최초의 근대적 신문

❷ 《황성신문》 - 선교사 아펜젤러가 창간한 신문

❸ 《독립신문》 - 순 한글로 된 최초의 민간 신문

❹ 《대한매일신보》 - 영국인 베델이 창간한 신문

❺ 《제국신문》 - 순 한글로 되어 있어 하층민과 부녀자들이 주로 읽은 신문

애국 계몽을 이끈 신문들

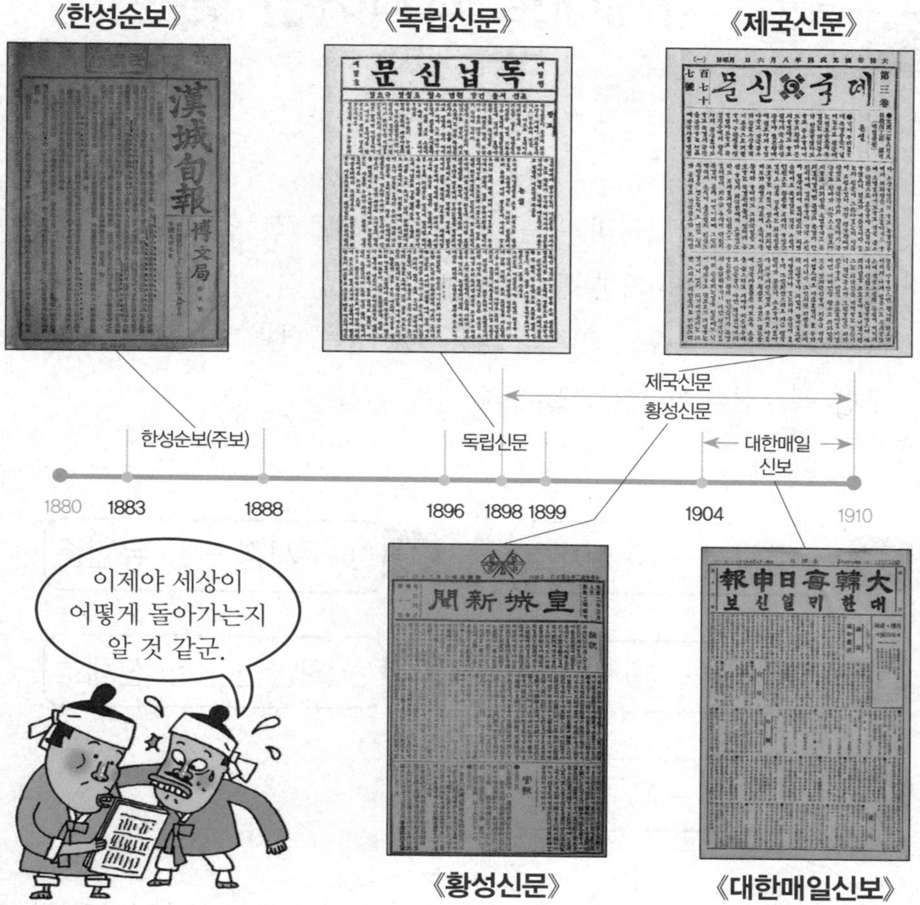

《한성순보》

《독립신문》

《제국신문》

제국신문
황성신문
한성순보(주보)
독립신문
대한매일
신보
1880
1883
1888
1896
1898
1899
1904
1910

이제야 세상이 어떻게 돌아가는지 알 것 같군.

《황성신문》

《대한매일신보》

정답은?
2번

《황성신문》은 독립운동가 남궁억, 장지연 등이 창간한 신문으로 한글과 한문을 섞어 썼어. 1905년, 장지연의 논설 '시일야방성대곡'이 실린 것으로 유명하지. 선교사 아펜젤러는 배재 학당을 설립한 사람이야.

293 빈칸에 들어갈 사람이 차례대로 짝지어진 것은?

(㉠)은 《국어문법》 등을 펴내 우리말을 쓰는 방법을 정리하고, 한글 맞춤법의 기본 틀을 마련했다.
(㉡)은(는) 우리 민족의 영웅전을 쓰는 한편, 고대 역사를 연구한 '독사신론'이라는 글을 통해 민족의식을 높였다.

❶ ㉠ 주시경 – ㉡ 신채호

❷ ㉠ 주시경 – ㉡ 유길준

❸ ㉠ 주시경 – ㉡ 박은식

❹ ㉠ 최남선 – ㉡ 신채호

❺ ㉠ 박은식 – ㉡ 신채호

이제 한문 못지않게 한글을 많이 사용하게 되었으니 우리말 표기법을 통일합시다!
국권을 되찾는 데 이바지할 역사책을 만듭시다!

민족의식이 높아지면서 우리말, 우리글과 역사에 대한 관심이 높아졌어.

'독사신론'이
신문에 연재되네요.
일본의 식민 사관을
아주 속시원하게
비판한 글이지요.

우리 역사에서
민족의 주체성을
찾으려 했군요.
일본의 역사
왜곡에 맞서서
말이지요.

'독사신론'은 1908년, 신채호가 민족주의 사학의 관점에서 역사를 새롭게 설명한 글이야. '역사는 한 민족에 대한 족보와 같다.'고 하면서 우리 민족이 단군의 후손임을 밝히고, 왕조 중심이 아닌 민족 중심으로 역사를 서술했지.

민족주의 사관
식민주의 사관
덤벼~!

정답은?
❶번

갑오개혁(1894~1896) 이후 지식인들은 한글을 적극적으로 사용하고, 국문 연구소를 설립해 주시경, 윤치호 등이 한글을 연구했지. 신채호, 장지연, 박은식 같은 이들은 국사를 연구해 민족의 주체 의식을 일깨우려 했어.

294 동학에서 이름을 바꿔 민족 종교로 발전한 것은?

①
위정척사 운동만 벌일 게 아니라 개혁이 필요해.
유교
②
일본 불교의 간섭에서 벗어나 개혁해야 해. 나무아미타불!
불교
③
단군을 섬기면서 항일 운동을 해 나가야지.
대종교
④
근대 문명을 통한 선교도 중요하지만 나라도 구해 주시옵소서, 아멘!
기독교
⑤
일진회와 손잡은 세력을 내쫓고 보국 안민에 힘써야지.
천도교
종교는 다르지만 나라 구하는 일에는 한마음 한뜻이네.

건축 공사비는 교인들이 성금을 걷어 마련했대.

서울시 종로구에 있는 천도교 중앙대교당. 1919~1921년에 지어졌으며, 공사비로 걷은 성금 중 일부는 3·1 운동 자금으로 사용되었다.

정답은?
5번

동학은 19세기 중엽, 최제우가 창시한 종교야. 1894년에 동학 농민 운동이 실패로 돌아가자 3대 교주 손병희는 일본에 망명했지. 그는 나라가 점점 위태로워지자, 동학을 다시 일으켜 세우고 '천도교'로 이름을 바꾸어 민족 운동을 펼쳐 나갔어.

1910년의 한일 병합 조약에 대한 설명으로 바른 것은?

❶ 이 조약이 무효임을 알리기 위해 고종은 헤이그에 특사를 보냈다.

❷ 이 조약은 '정미7조약'이라고도 한다.

❸ 이 조약으로 대한 제국의 군대가 해산되었다.

❹ 이 조약으로 우리나라는 일본의 식민지가 되었다.

❺ 이 조약으로 우리나라는 일본에 외교권을 빼앗겼다.

국권 침탈의 과정(1904~1910)

1904. 2. 23.

한일 의정서
군사 요지, 시설 점령

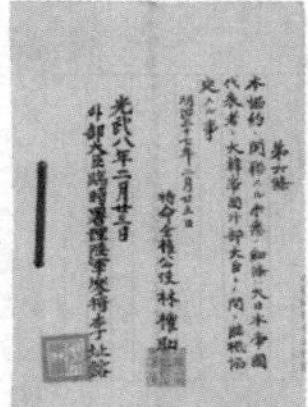

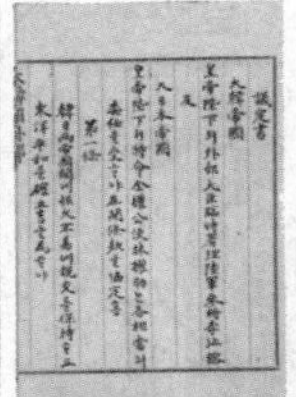

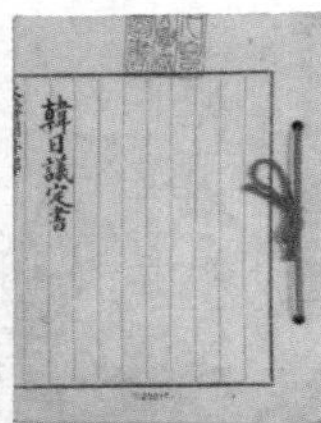
韓日議定書

1904. 8. 22.

제1차 한일 협약
식민지 계획,
고문 정치 시작

정치에
간섭 좀
하겠다.

1905. 11. 17.

을사조약
통감부 설치,
외교권 박탈

1907. 7. 20.

고종 황제 강제 퇴위

나보고 벌써
물러나라고?

1907. 7. 24.

한일 신협약
차관 정치 시작,
군대 해산

1909. 7. 12.

기유각서
사법권, 감옥 사무 처리권 박탈

1910. 8. 22.

한일 병합 조약
국권 피탈

정답은? ❹번

한일 병합 조약은 일본이 끈질기게 진행해 온 조선 식민지 공작에 마침표를 찍는 조약이었어. 데라우치 조선 통감은 친일파 이완용과 제멋대로 조약을 맺어 500여 년 조선의 역사를 끝장내고 일본의 식민지가 되게 했어. ①, ⑤번은 을사조약, ②, ③번은 한일 신협약과 관계있는 내용이야.

296 일제가 우리 민족을 통치하기 위해 세운 기관은?

이제 총독님의 명령은 곧 조선의 법입니다.
이 기관의 요직에는 일본인을 앉혀야 합니다.
물론! 조선인들은 허드렛일만 시켜야지.
데라우치 초대 총독
궁궐 안에 들어선 흉물!
저 안의 일본 놈들이 총칼을 들이대고 온갖 일을 시키니 힘없는 백성은 따를 수밖에!

❶ 통감부

❷ 우정국

❸ 조선 총독부

❹ 일진회

❺ 일본 총독부

조선 총독부의 옛 모습

경복궁을
떡하니 가로막은 채
세워졌지.

조선 총독부 건물은
광복 후 나랏일을 보는
기관이 모여 있는 중앙청으로
사용되다가 국립중앙박물관으로
개조되었지. 그러다가
1995년, 광복 50주년을
맞이해서야 비로소
철거되었어.

철거된 조선 총독부 건물의 주요 재료들을 독립 기념관에 전시함으로써 수치스러운 역사로부터 교훈을 얻고자 했다.

정답은?
③번

일제가 한일 병합 조약을 맺으며 세운 통치 기관인 조선 총독부의 우두머리는 '총독'이었어. 총독은 일본 국왕의 직속으로, 입법·사법·행정권을 가지고 군대를 마음대로 휘두를 수 있을 정도였어.

297

일제의 무단 통치를 뒷받침한 제도는?

지금 대일본 제국을 헐뜯는 거 아냐?
어휴, 이 암흑의 시대가 언제쯤 끝날까?
쉿, 순사가 나타났어!
쾅
이게 어디서 입을 함부로 놀려!
우리한테 너희는 파리 목숨인 걸 꼭 맞아 봐야 알겠냐!
윽!

① 문화 통치 제도

② 헌병 경찰 제도

③ 민주 경찰 제도

④ 총독 감시 제도

⑤ 병참 기지화 제도

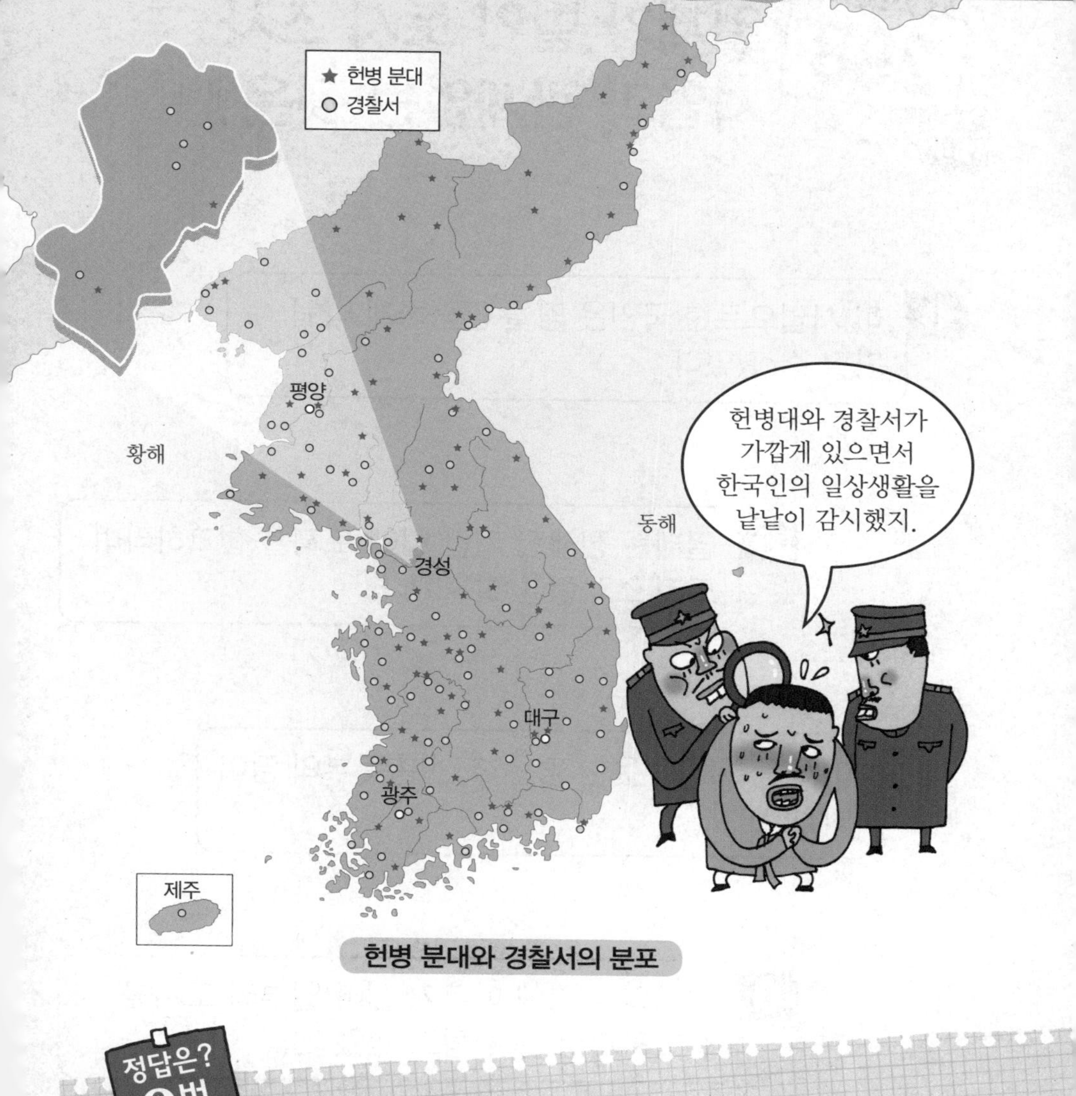

★ 헌병 분대
○ 경찰서

평양
황해
동해
경성
대구
광주
제주

헌병대와 경찰서가
가깝게 있으면서
한국인의 일상생활을
낱낱이 감시했지.

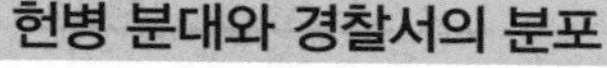
헌병 분대와 경찰서의 분포

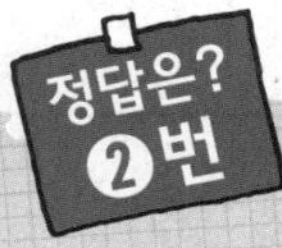
정답은?
❷번

일제는 대한 제국의 국권을 빼앗은 뒤, 총칼로 다스리는 무단 통치를 실시했어. 이를 뒷받침하기 위해 군사 조직인 헌병이 일반 치안 문제까지 해결하는 헌법 경찰 제도를 마련해 우리 민족을 공포로 몰아넣었지.

일제가 벌인 토지 조사 사업과 관계없는 것은?

❶ 이 사업으로 한국인은 땅을 공평하게 나눠 가질 수 있었다.

❷ 일제는 정해진 기간 안에 토지를 신고하라며 토지 조사령을 발표했다.

❸ 미처 등록하지 못한 땅은 조선 총독부의 땅이 되었다.

❹ 일제의 명령에 따르기 싫어 일부러 토지를 신고하지 않는 사람도 있었다.

❺ 신고하지 않은 땅은 동양 척식 주식회사나 일본인에게 싼값으로 팔려 나가기도 했다.

일제는 우리 땅을
빼앗기 위해
토지 조사국을 설치하고,
토지 조사 사업에 나섰어.
일제가 우리 땅을 어떻게
꿀꺽했는지 살펴볼까?

아이고~ 엉엉..
우리 집안 땅인데
주인이 확실하지
않다고 총독부가
가지겠대!

주인을 한 명으로 내세우기
애매한 땅 꿀꺽!

조선의
토지 대장이
100년도 넘게
작성되지 않아
엉망입니다.

장부에 적힌 것과 실제 주인이
다른 땅 꿀꺽!

그 짧은 기간에
글도 모르는 내가
어떻게 토지 신고를
하냐고!

정해진 기간에 미처 신고를
하지 못한 땅 꿀꺽!

정답은?
❶번

일제가 토지 조사 사업을 벌인 결과, 대다수의 우리 농민들이 땅을 빼앗겨 소작농으로 전락하거나, 만주·연해주·일본 같은 곳으로 떠도는 신세가 되었대. 동양 척식 주식회사는 일본인의 조선 이민을 돕기 위해 세운 회사로, 우리 땅을 빼앗는 데 앞장섰어.

299

빈칸에 들어갈 말이 차례대로 짝지어진 것은?

회사 설립 허가를 받으러 왔소.
조선인에게 허가를 내줄 수 없소.

일제는 우리 민족이 회사를 세우는 것을 막기 위해 (㉠)을 내렸다. 이 법은 (㉡)의 허가를 받아야만 회사를 세울 수 있는 것이었다.

1. ㉠ 삼림령 - ㉡ 조선 총독부
2. ㉠ 회사령 - ㉡ 통감부
3. ㉠ 회사령 - ㉡ 조선 총독부
4. ㉠ 삼림령 - ㉡ 동양 척식 주식회사
5. ㉠ 회사 조사령 - ㉡ 통감부

삼림령은 삼림과 관계있는 것. 그럼 회사와 관계있는 것은 뭐겠어?

일제의 경제 수탈

나한테 땅을 팔아 놓고 미처 신고를 못 한 사이에 자기 이름으로 신고를 해?
이게 웬 떡이냐?
토지 조사 사업

기계 회사는커녕 정미소 같은 거나 세우라고 하니 우리 경제가 어떻게 성장해!
회사령
우리 민족을 쥐어짜는구나!

삼림령·어업령·광업령
우리 자원을 쓰는데 왜 일제의 명령을 따라야 하느냐고!

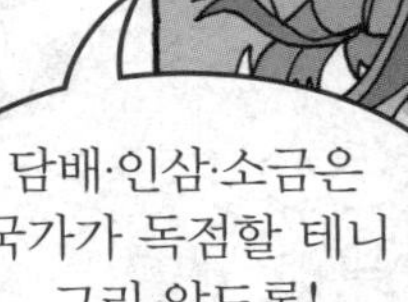
인삼·소금 등 전매
담배·인삼·소금은 국가가 독점할 테니 그리 알도록!

정답은?
③번

일제는 1910년 12월, 회사를 세울 때는 조선 총독부의 허가를 받으라는 회사령을 내려 우리 산업의 발달을 막았어. 또한 중공업 분야의 큰 회사는 일본인들이 차지하게 하고, 한국인에게는 정미소·양조장 같은 작은 회사만 허가해 경제적으로 성장할 기회를 빼앗았어.

300 다음과 같은 의병 활동이 일어난 시대는?

우리 대한 독립 의군부의 목표는 대한 제국을 일으키는 것!
총독부에 이 땅에서 물러나라는 편지를 쓰고, 의병 전쟁을 계획합시다.
채응언 의병장님이 체포되었으니 이 땅에서의 의병 활동은 가시밭길이 될 것이오.
간도나 연해주로 가서 의병의 힘을 키웁시다!

❶ 1890년대

❷ 1900년대

❸ 1910년대

❹ 1920년대

❺ 1930년대

데라우치 마사타케

일제의 무단 통치 아래 국내에서는 드러내 놓고 독립운동을 할 수가 없었지.

그래서 몰래 조직한 단체 중 하나가 대한 독립 의군부지. 나중에는 결국 발각되었지만 말야.

군대의 호위를 받으며 통감으로 부임했던 데라우치는 초대 총독이 된 뒤, 1910년대 한반도에서 무단 통치를 자행하였다.

정답은?
3번

일제의 남한 대토벌 작전(1909)에는 엄청난 군 병력은 물론 경찰과 헌병, 심지어 이장까지도 동원되었어. 특히 의병이 많았던 호남 지역의 의병 세력은 거의 진압되었고, 1915년에 의병장 채응언이 체포되면서 국내의 의병 부대는 거의 사라졌어.

301 일제가 조작한 다음 사건으로 해체된 독립운동 단체는?

일제는 이 단체의 간부들 및 애국지사들이 데라우치 총독을 암살하려 했다며 사건을 거짓으로 꾸몄다. 재판관은 체포한 이들 중 105명에게 유죄를 선고했으나 모두가 이에 불복해 다시 재판을 받았다. 그 결과 대부분 무죄로 석방되었다.

데라우치 총독을 암살하려 했지? 좋은 말로 할 때 다 불어!
그런 일 없소!
우리가 지어낸 얘기니 당연히 없겠지.

① 송죽회

② 조선 국민회

③ 대한 광복회

④ 조선 국권 회복단

⑤ 신민회

105인 사건을 낳은 안악 사건

나는 누구?
안중근의 사촌 동생
안명근. 여긴 어디?
황해도 안악 지방.

무관 학교를
세우려 하니 지원
좀 부탁합니다.
그럴 돈 없으니
구걸하지 마쇼.

구걸? 일제에
빌붙은 네놈을 보면
구역질이 난다.
왜,
왜 이러시오?

안명근
종신 징역!

안명근을 비롯한
안악 지방의 독립운동가
160여 명이 체포된 것이
안악 사건이야.

안악 사건을 빌미로
'데라우치 암살 사건'을
조작해 105인 사건을
일으켰다지?

정답은? ⑤번

문제에서 제시한 사건은 1911년에 발생한 '105인 사건'이야. 일제는 당시 평안도와 황해도 지역에서 활발히 전개되던 신민회의 활동을 탄압하기 위해 사건을 조작했어. ①~④번도 모두 항일 단체인데 105인 사건보다 나중에 생겨났지.

302 다음 중 대한 광복회가 한 일이 아닌 것은?

① 
무관 학교를
세워 독립군을
길러 냅시다.
② 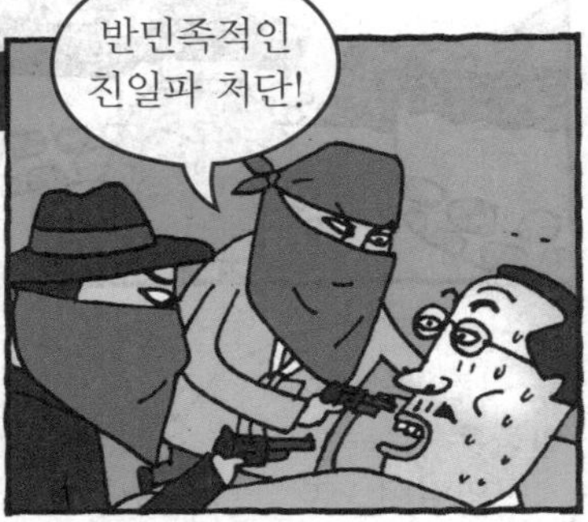
반민족적인
친일파 처단!
③ 
회원들을
만주와
상하이로
보냅시다.
나라 밖에
독립운동 기지를
세우자는 거지?
④ 
경제 자립
운동을
벌입시다!
⑤
일본군
트럭이다!
탕
습격해서
독립 자금을
마련하자!

일제의
탄압이 심해도
비밀 항일 단체는
수그러들 줄
몰랐어.

독립을 위해 할 일을
생각해 봅시다.
음, 우선
독립군을 경제적으로
지원해야 합니다.

1915년, 유학자들을 중심으로 결성된
조선 국권 회복단

독립운동가가
머물 곳이
필요해요!
회비를 걷어
독립 자금에 보태면
어떨까요?

1913년, 평양에서 교사와 학생 중심으로
조직된 항일 여성 단체 **송죽회**

그 밖에도
조선 산직 장려계,
조선 국민회 등이
있었으나 이들의
활동은 끝내 일제에
발각되고 말았지.

정답은?
④번

대한 광복회는 전국 각 도에 지부를 두고 독립 자금을 모집하고, 독립 투쟁을 벌였어. 총사령은 박상진, 청산리 대첩으로 유명한 김좌진이 부사령이었어. ④번 경제 자립 운동을 벌인 단체는 조선 산직 장려계야.

303 단체에 대한 설명으로 잘못된 것은?

① 서전서숙 - 상하이에 세워진 최초의 근대 교육 기관

② 신흥 강습소 - 신민회 회원들이 삼원보에 세운 사관 학교

③ 신한청년당 - 독립 청원서를 윌슨 대통령 특사에게 전함.

④ 대한인 국민회 - 미국에서 결성되어 파리 강화 회의에 대표를 보내려 함.

⑤ 대한 광복군 정부 - 이상설을 대통령으로 하여 블라디보스토크에 세워짐.

일제의 탄압으로
국내에서 독립운동을
하기 힘들어지자
나라 밖에서 방법을
찾았구나.

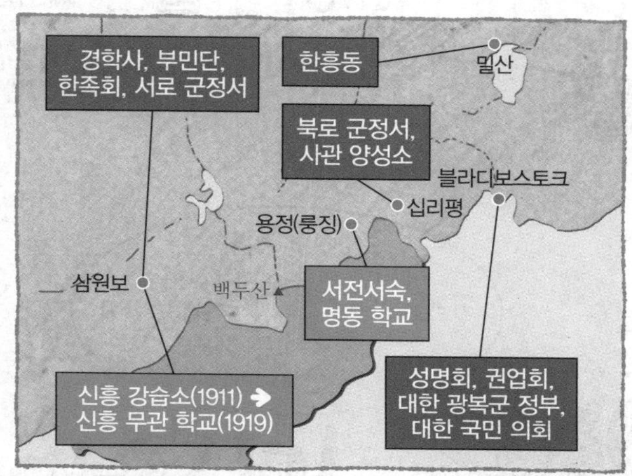
경학사, 부민단, 한족회, 서로 군정서
한흥동
밀산
북로 군정서, 사관 양성소
블라디보스토크
십리평
용정(룽징)
삼원보
백두산
서전서숙, 명동 학교
신흥 강습소(1911) ➔ 신흥 무관 학교(1919)
성명회, 권업회, 대한 광복군 정부, 대한 국민 의회

1910년대 만주와 연해주의 독립운동 기지와 단체

우드로 윌슨 (1856~1924)

윌슨 대통령의
민족 자결주의는
식민지 국가들에게
독립의 희망을 주었지만
속내는 강대국을
위한 거였어.

신한청년당은 독립 청원서를 미국의 윌슨 대통령 특사에게 전했고, 1919년 1월에는 김규식(◌ 안)을 파리 강화 회의에 보내 조선의 독립을 요구했다.

정답은? ①번

1905년 이후 신민회가 중심이 되어 만주, 연해주, 상하이, 미국 등 나라 밖에 독립운동을 위한 단체를 세워 나갔어. ①번 서전서숙은 북간도에 이상설 등이 세운 교육 기관으로, 신학문과 독립 정신을 가르쳤지.

304

1919년, 일본 도쿄에서 우리 유학생들이 일으킨 사건은?

조선 청년 독립단은
2천만 민족을 대표하여
정의와 자유를 누리는 세계 만방에
독립을 이룰 것을
선언하노라!
대한 독립 만세!
와

❶ 3·1 운동

❷ 2·8 독립 선언

❸ 5·4 운동

❹ 6·10 만세 운동

❺ 4·19 혁명

민족 자결주의라는 세계의 물결을 타고 우리나라가 독립할 수 있다면!
영어와 일본어로 된 독립 선언서를 각 나라의 공사관과 언론 기관에 미리 보냅시다.
거사는 2월 8일 오후 2시, 도쿄의 조선 기독교 청년 회관에서 일으킵시다.

2·8 독립 선언을 발표한 도쿄 유학생들

'모든 민족에게는 앞날을 스스로 결정할 권리가 있다'는 민족 자결주의는 1차 세계 대전에서 진 나라의 식민지에만 해당하는 말이었어. 일본은 승전국이었으므로 우리와는 아무 상관도 없다는 걸 나중에야 알았지.

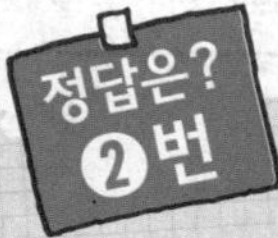
정답은? 2번

일본의 유학생들은 1918년, 미국의 윌슨 대통령이 선언한 민족 자결주의에 자극을 받아 이듬해 독립 선언서를 발표했어. 고종 황제의 서거와 더불어 2·8 독립 선언은 약 20일 뒤에 일어나는 3·1 운동에 큰 영향을 주었지.

305

3·1 운동에 대한 설명으로 잘못된 것은?

❶ 한용운을 비롯한 민족 대표는 탑골 공원에서 독립 선언서를 낭독했다.

❷ 3·1 운동은 중국과 인도의 민족 운동에도 영향을 주었다.

❸ 3·1 운동 후 시위가 전국적으로 확대되었다.

❹ 3·1운동 후 일제는 무단 통치 방식을 바꾸었다.

❺ 3·1 운동을 계기로 대한민국 임시 정부가 세워졌다.

● 대규모의 3·1 운동 봉기 도시

용정(룽징) 혼춘(훈춘) 온성 청진 후창 함경도 의주 평안도 북청 철산 정주 맹산 함흥 안주 고원 성천 강서 평양 남포 황해도 철원 장연 해주 개성 경기도 강원도 경성 울릉도 독도 화성 평택 안성 울진 서산 병천 충청도 대전 공주 경상도 군산 대구 임실 합천 밀양 남원 함안 전라도 하동 사천 부산 제주도

1919년 3월 1일, 태화관과 탑골 공원에서 각각 민족 대표 33인과 시민들이 독립 선언식을 하면서 만세 시위가 시작되었다. 이후 만세 시위는 전국 방방곡곡은 물론 해외까지 퍼져 나갔다.

일본 군대는 만세 운동이 일어났던 경기도 수원군(지금의 화성시) 제암리의 주민들을 교회에 모아 놓고 집단으로 살해했다(제암리 학살 사건).

온 나라가 만세 시위로 달아오르자, 일제는 그만큼 더 악랄하게 우리 민족을 탄압해 많은 인명을 희생시켰어.

1919년의 3·1 운동

정답은?
①번

민족 대표 33명 중 29명은 탑골 공원이 아닌 인사동의 한 음식점(태화관)에서 독립 선언식을 했어. 민중과 경찰의 충돌을 걱정했기 때문이지. 한편, 시민과 학생들은 탑골 공원에서 독립 선언서를 낭독하고 만세 시위를 벌였단다.

306 천안 아우내 장터에서 만세 시위를 이끌었던 여고생은?

경성의
만세 운동을
우리 고향에서도
벌여 봐요.
사람들이 많이 모이는
장날이 좋겠어요!
만세!
대한독립만세!

❶ 신사임당

❷ 김정희

❸ 나혜석

❹ 유관순

❺ 배정자

나라에 바칠 목숨이 하나밖에 없는 것이 유일한 슬픔이라고 한 유관순의 수감 당시 모습

유관순 열사의 얼굴이 고문 때문에 퉁퉁 부었어.

유관순이 옥고를 치른 서대문 형무소

정답은?
④번

유관순은 이화 학당에 다니던 중, 3·1 운동으로 학교가 문을 닫자 고향인 천안 지역으로 내려와 만세 운동을 주도했어. 그때 일본 헌병대에 체포되어 결국은 옥사했지. ③번 나혜석은 우리나라 최초의 여성 서양화가이고, ⑤번 배정자는 이토 히로부미의 양녀로, 더할 수 없는 친일파야.

307 빈칸에 알맞은 임시 정부의 이름은?

장소	정부의 이름	시기
블라디보스토크	대한 국민 의회	1919년 3월 17일
상하이	상하이 임시 정부	1919년 4월 13일
경성	( )	1919년 4월 23일

① 조선 정부

② 경성 정부

③ 한성 정부

④ 대한 의정원

⑤ 조선 총독부

독립국 한국의
임시 정부가
경성에 세워졌다!
대박!

경성에 세워졌다고 해서
경성 정부라고 했다면
다시 한번 생각해 봐!

독립 전쟁에 유리한 블라디보스토크의
대한 국민 의회

국민 회의를 거쳐 수립한
경성의 **한성 정부**

탕
타다당
탕탕

블라디보스토크
선양
베이징
톈진
경성
상하이

짝
짝
짝

외교에 유리한 상하이의
상하이 임시 정부

대한 국민 의회
1919. 3.

상하이 임시 정부
1919. 4.

한성 정부
1919. 4.

대한민국 임시 정부
1919. 9.

대한민국 임시 정부의 수립

정답은?
3번

나라 안팎으로 독립운동이 한창일 때 애국지사들은 좀 더 체계적인 독립운동을 위해 정부가 필요하다고 느꼈어. 그래서 여러 지역에 임시 정부를 세웠어. 그러다가 1919년 9월, 이를 하나로 합친 '대한민국 임시 정부'가 탄생했지.

308 1920년대까지 대한민국 임시 정부가 한 일이 아닌 것은?

①

저, 김규식, 명 받들어 국제회의에 참가하고 오겠습니다.

②

비밀 연락망인 연통제를 만들어 국내외 간에 정보를 주고받아야겠다.

③

우리 미국에 구미 위원부를 설치했쥐.

한국의 독립과 평화

자유 한국

④

임시 정부에서 《독립신문》을 펴내니 그런 정보도 알게 되네!

으, 일본 놈들 때문에 열 받네.

⑤

한국 국민은 일본에 전쟁을 선포하노라!

임시 정부는 우리나라 역사상 최초의 공화주의 정부야.

그래서 왕이 아닌 대통령이 있구나!

유럽과 중국의 건축 양식이 섞인, 상하이 특유의 근대식 건물에 대한민국 임시 정부가 둥지를 틀었다.

백범 김구는 임시 정부의 국무령과 주석 등을 지냈어.

상하이 임시 정부 청사에 재현해 놓은 김구의 집무실

정답은?
5번

1919년 9월, 블라디보스토크·상하이·경성의 임시 정부를 통합하여 상하이에 세운 대한민국 임시 정부는, 수립 초기인 1920년대까지 무장 투쟁보다는 외교에 힘을 썼어. 일본에 선전 포고를 한 것은 1941년의 일이야.

309 임시 정부가 어려움에 빠지게 된 까닭을 모두 고르면?

❶ 연통제가 일제에 발각되어 독립운동 자금을 조달받을 수 없게 되었다.

❷ 외교 활동을 전혀 하지 않고 무장 투쟁에만 힘썼다.

❸ 막대한 독립운동 자금을 들여 국제 연맹에 가입하였다.

❹ 독립운동 방법을 둘러싸고 지도자들 사이에 갈등이 생겼다.

❺ 이승만은 외세에 의존하지 않는 외교 활동을 벌였다.

대한민국 임시 정부의 임시 대통령에 선출된 이승만의 취임식

이승만은 국제 연맹이
우리나라를 다스려 달라는
'위임 통치 청원서'를 미국 정부에
보내 큰 파장을 일으켰지.

상하이 임시 정부 청사에 박은식, 이상룡, 김구 등 임시 정부 요인들의 사진이 걸려 있다.

이런저런 어려움
속에서도 독립을 위한
새 길을 찾아야 했지.

김구(1876~1949)

정답은?
①, ④번

1920년대의 임시 정부는 무장 투쟁보다 외교에 주력했는데, 냉담한 강대국들에 부딪혀 국제 연맹에도 가입하지 못하고, 독립도 인정받지 못했어. 그래서 독립운동의 방법을 바꿔야 한다는 의견이 나오는 등 갈등이 생겼지.

310

빈칸에 들어갈 말이 차례대로 짝지어진 것은?

이 방법대로라면 조선을 탄압하지 않겠다는 겁니까?
미쳤어?
사이토

3·1 운동이 일어난 뒤 조선 총독 사이토는 (㉠)를 내세웠다. 또한 헌병 경찰 제도를 없애고 (㉡)로 바꾸었으나, 경찰과 군대의 수를 크게 늘려 우리 민족을 더욱 철저하게 감시했다.

❶ ㉠ 문화 통치 - ㉡ 특수 경찰 제도

❷ ㉠ 문화 통치 - ㉡ 보통 경찰 제도

❸ ㉠ 문화 통치 - ㉡ 서민 경찰 제도

❹ ㉠ 무단 통치 - ㉡ 특수 경찰 제도

❺ ㉠ 무단 통치 - ㉡ 보통 경찰 제도

저런 걸 보고 눈 가리고 아웅 한다는 거야.

조선의 총독을 두 번(제3대, 제5대)이나 지낸 사이토 마코토

문화 통치로 조선인의 눈과 귀를 트이게 했다 되레….
걱정 마! 책이랑 신문은 검열해서 맘에 안 들면 못 내게 할 거니까.

사이토는 친일 단체를 만들고 친일파 지식인들을 길러 내자고 했어.

3·1 운동 같은 민족 운동 재발을 막으려고 그런 거지?

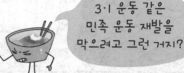

이완용 등 친일 매국노들이 일본의 고위 인사들과 함께 우리 왕실을 앞세워 찍은 기념사진

친일파 고관 부인들이 일본을 방문해 찍은 기념사진

정답은? 2번

일제는 3·1 운동 뒤, 무단 통치에서 문화 통치로 통치 방식을 바꾸면서 조선인의 문화를 존중하는 척했어. 그러나 경찰과 군대 수를 전보다 3배로 늘리고, 언론을 검열하는 등 문화 통치는 가혹한 식민 통치를 숨기기 위한 허울에 불과했어.

311

다음에서 알 수 있는 일제의 경제 수탈 정책은?

전쟁에 필요한 건
뭐든 대 주겠소!

우리
일본이 전쟁을
치르는 동안,
농사는 때려치우고
공장에서 일하자고.

농사지을
농사꾼이 없으니,
쌀이 부족해!
쌀 내놔!

일본의
식량 문제?
조선이 있는데
무슨 걱정!

① 회사령

② 농업령

③ 토지 조사 사업

④ 물산 장려 운동

⑤ 산미 증식 계획

조선 농민을 위하여 쌀의 품종을 개량해 주고, 물 대는 시설도 충분히 지어 주겠다. 이게 바로 산미 증식 계획!

그렇게 하고 얼마나 빼앗아 가려고….

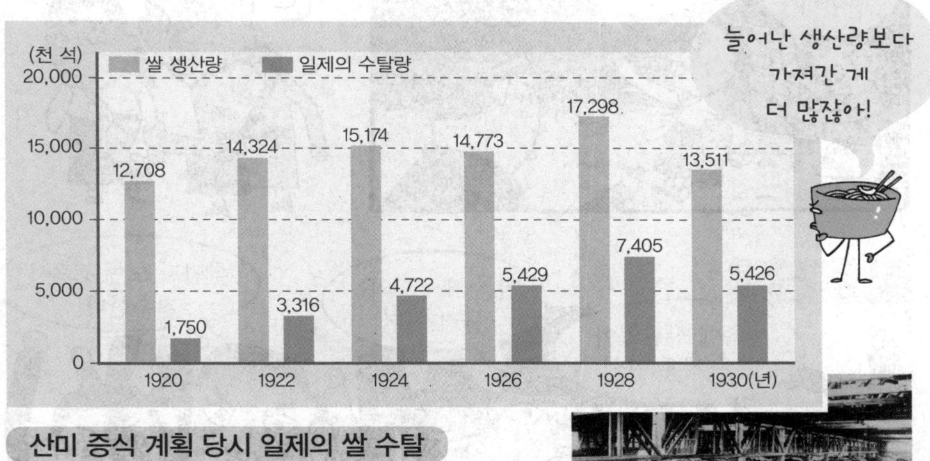
(천 석)
쌀 생산량
일제의 수탈량
20,000
15,000
10,000
5,000
0
12,708
1,750
14,324
3,316
15,174
4,722
14,773
5,429
17,298
7,405
13,511
5,426
1920
1922
1924
1926
1928
1930(년)
늘어난 생산량보다 가져간 게 더 많잖아!

산미 증식 계획 당시 일제의 쌀 수탈

일제가 수탈한 쌀이 군산항 쌀 창고에 그득 쌓여 있다.

정답은?
5번

제1차 세계 대전 중 일본이 공업에 주력하자 일본 국내에서는 쌀이 부족해졌어. 일제는 우리나라에서 쌀을 가져가기 위해 산미 증식 계획(1920~1934)을 세웠지. 힘들게 농사짓고 쌀, 세금, 각종 비용까지 물게 된 농민은 농촌을 떠나 유민이 되기도 했어.

312 다음과 관계있는 역사적 사건은?

사건의 발단
히히히,
잡았다!
어머!
왜 그래요?
그거
못 놔!

조센징 놈이
뭔데 까불어!

사건의 확산
민족에 상관없이
법을 적용하라!
일본 제국주의는
물러가라!
식민지 노예 교육을
거부한다!

❶ 6·10 만세 운동

❷ 민립 대학 설립 운동

❸ 광주 학생 항일 운동

❹ 국산품 애용 운동

❺ 광주 민주화 운동

● 광주 학생 항일 운동이 파급된 도시
■ 광주 학생 항일 운동이 파급되어 시위가 일어난 때

백두산
함경북도
함경남도
평안북도
신의주
정주
함흥
평안남도
원산
평양
1930. 1. 12.
동해
황해
황해도
해주
개성
강원도
경기도
경성
12. 3.
인천
울릉도
독도
충청북도
충청남도
청주
공주
대전
경상북도
대구
전라북도
12. 8.
경상남도
광주
진주
부산
함평
11. 19.
나주
목포
전라남도
11. 27.
광주 학생 항일 운동의 시작(1929. 11. 3.)
제주도

광주 학생 항일 운동은 3·1 운동 이후 최대의 민족 투쟁이야.

광주 학생 항일 운동의 확산

정답은?
③번

광주 학생 항일 운동은 1929년, 나주역에서 일본 남학생이 한국 여학생을 희롱한 사건에서 비롯되었어. 이 사건의 뒤처리가 한국인에게 불리하게 이루어지면서 억눌렸던 민족 감정이 폭발해, 전국적인 시위로 번졌지.

313 다음 사건들이 일어난 순서대로 바르게 놓인 것은?

조선 청년 독립단은
독립을 이룰 것을
선언하노라!

㉠ 2·8 독립 선언

식민지 교육에
반대한다.

㉡ 6·10 만세 운동

독립 선언을
하자.

㉢ 3·1 운동

일본 학생과
차별 마라!

㉣ 광주 학생 항일 운동

1. ㉡ → ㉠ → ㉣ → ㉢
2. ㉠ → ㉣ → ㉢ → ㉡
3. ㉢ → ㉠ → ㉣ → ㉡
4. ㉢ → ㉠ → ㉡ → ㉣

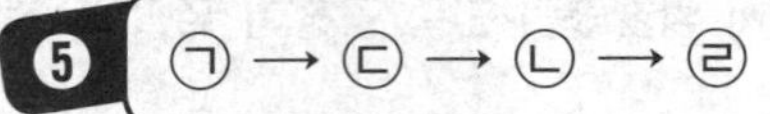

5. ㉠ → ㉢ → ㉡ → ㉣

고종 황제(왼쪽)와 황태자였던 순종

고종의 장례식(위)과 순종의 장례식(옆) 모습. 대한 제국 두 황제의 죽음은 민족의 독립 의지를 불태우는 계기가 되어 각각 3·1 운동과 6·10 만세 운동을 촉발시켰다.

학생들의 힘을 보여 줘야겠어.
암, 끝까지 싸워야지.

정답은? ⑤번

2·8 독립 선언과 3·1 운동은 1919년, 6·10 만세 운동은 1926년, 광주 학생 항일 운동은 1929년에 일어났어. 네 사건 모두 학생들이 적극적으로 참여했다는 공통점이 있지.

314

물산 장려 운동에 대한 설명으로 잘못된 것은?

❶ 우리가 만든 것은 우리가 쓰자는 운동이다.

❷ 조만식을 중심으로 조선 물산 장려회가 생기면서 전국으로 퍼졌다.

❸ 일제가 회사령을 공포하자 일으켰다.

❹ 자작회 학생들은 국산품 애용 운동을 벌였다.

❺ 금연과 절약 등 민중의 생활을 개선하는 내용도 담고 있었다.

조선물산장려회
우리것으로살자
자작자급하야

국산품을 이용하자고 주장하는 물산 장려 운동 포스터

왼쪽은 수입품, 오른쪽은 국산품인데 어떤 걸로 드릴까요?

금성 옷

이왕이면 우리 민족의 것을 써야겠죠?

입어라, 조선 사람이 짠 것을.

먹어라, 조선 사람이 만든 것을.

써라, 조선 사람이 지은 것을.

정답은?
3번

일제는 1910년에 공포한 회사령이 일본 기업의 한반도 진출에 걸림돌이 되자 1920년에 이를 폐지했어. 그러자 일본 기업들이 물밀듯이 들어와 우리 기업은 큰 타격을 입었어. 민족 경제를 살려야 독립이 가능하다는 생각이 민족 지도자들 사이에 널리 퍼져 물산 장려 운동을 일으키게 된 거야.

315 1920년대에 일어난 사회 운동이 아닌 것은?

① 농민 운동

소작료를 또 올리다니!
늘 당할 수만은 없어!

② 3·1 운동

대한 독립 만세!
대한독립

③ 노동 운동

일본인과 봉급을 차별 말고 노동 시간을 줄여라!

④ 여성 운동

여성들도 교육을 받아야 합니다!

⑤ 형평 운동

신분을 차별하지 마라!
평등한 사회를 만들자!

다 훌륭한 내용이구먼!

朝鮮衡平社總本部

㉮ 형평 운동 포스터

1923년,
신분 차별을 겪고 있던
백정들이 평등을 주장하며
'형평 운동'을 일으켰어.

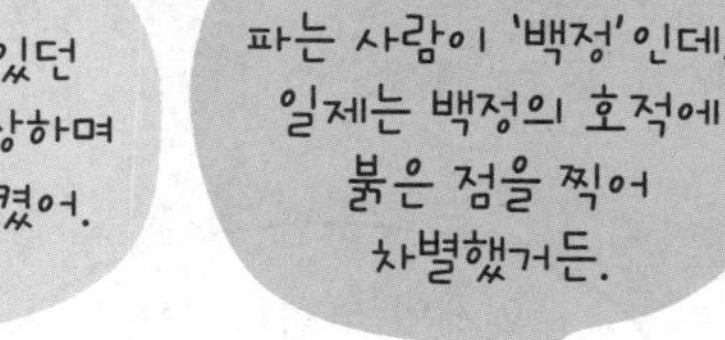

가축을 잡아 고기를
파는 사람이 '백정'인데,
일제는 백정의 호적에
붉은 점을 찍어
차별했거든.

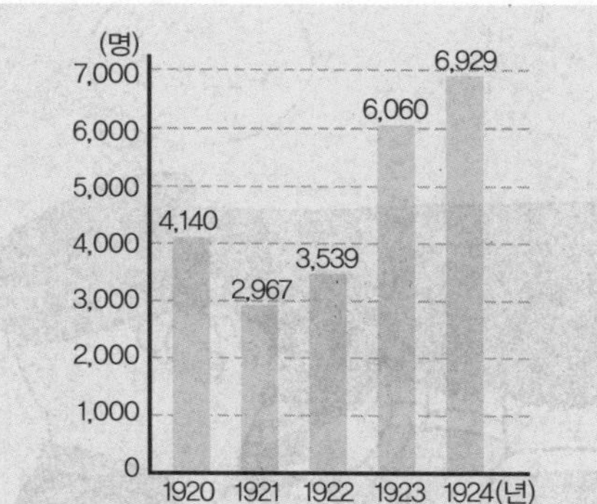

(명)
7,000
6,000
5,000
4,000
3,000
2,000
1,000
0
4,140
2,967
3,539
6,060
6,929
1920 1921 1922 1923 1924(년)

소작 쟁의에 참가한 인원

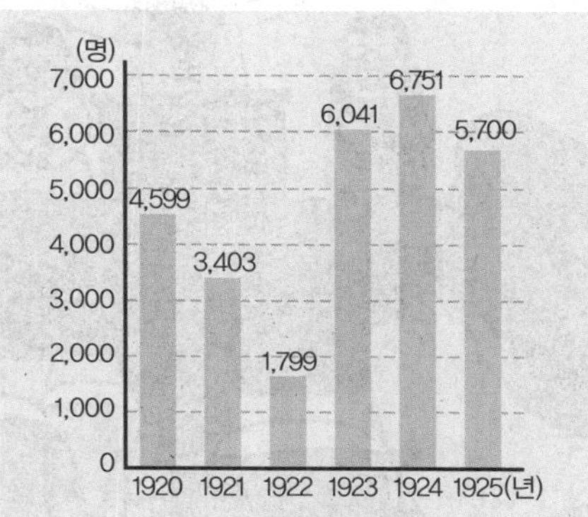

(명)
7,000
6,000
5,000
4,000
3,000
2,000
1,000
0
4,599
3,403
1,799
6,041
6,751
5,700
1920 1921 1922 1923 1924 1925(년)

노동 쟁의에 참가한 인원

정답은?
2번

3·1 운동은 1919년에 일어난 만세 운동으로, 1920년대의 사회 운동에 영향을 끼쳤어. 3·1 운동 이후 항일 투쟁의 주체로 떠오른 농민, 노동자는 암태도 소작 쟁의와 같은 농민 운동, 원산 총파업과 같은 노동 운동을 일으켜 일제에 항거했어.

316 1927년에 민족주의자들과 사회주의자들이 만든 단체는?

일제와 타협하려는 민족주의자는 발을 붙이지 못할 것입니다!
민족주의, 사회주의라는 이념을 뛰어넘어 우리 민족을 하나로 묶는 끈이 되겠습니다!
흠, 두고 보자.

❶ 신간회

❷ 형평사

❸ 정우회

❹ 근우회

❺ 신민회

신간회를 창립한 주요 인물

이상재 (1850~1927)

한용운 (1879~1944)

홍명희 (1888~1968)

안재홍 (1891~1965)

신간회 강령

하나. 우리는 기회주의를 일절 부인함.

하나. 우리는 정치적·경제적 각성을 촉진함.

하나. 우리는 단결을 공고히 함.

이념은 나중 문제입니다.
물론이지요.
사회주의자
민족주의자

정답은? ❶번

②번 형평사(1923)는 신분의 차별을 없앨 목적으로 조직되었어.
③번 정우회(1926)는 사회주의 단체로 신간회 창립을 이끌었고,
④번 근우회(1927)는 신간회의 영향으로 여성들이 만든 단체야.
⑤번 신민회(1907)는 안창호를 중심으로 만든 항일 비밀 결사야.

317 빈칸에 들어갈 말로 바른 것은?

신간회는 (   )을 3·1 운동과 같은 전국적인 항일 운동으로 확산시키려고 민중 대회를 열 계획이었으나, 대회가 열리기 불과 몇 시간 전에 일제에 발각되어 실패했다.

❶ 형평 운동

❷ 물산 장려 운동

❸ 소년 운동

❹ 광주 학생 항일 운동

❺ 6·10 만세 운동

조사해 보니,
일본 학생과 기관이
잘못했어요.
뭐, 일본 학생이
먼저 시비 걸었는데
조선 학생을 더 많이
잡아갔으니 신간회가
저러는 것도
무리는 아니지.

신간회의 주요 활동

식민지 교육 정책에 반대	한국인 위주의 교육 실시
신간회 (1927~1931)	
일제와 손잡는 **정치 운동 반대**	원산 총파업 등 노동 쟁의를 비롯한 **사회 운동 지원**

민족의 힘을
키워 독립을 이루자!

정답은?
4번

신간회는 이념을 뛰어넘어 하나가 된 국내 최대 규모의 독립운동 단체야. 그렇기 때문에 우리 민족을 돕는 일이라면 발 벗고 나섰지. 하지만 일제의 탄압과 신간회 내부의 갈등으로 4년 만에 해산하고 말았어.

318 다음에서 설명하는 독립운동 단체는?

☆ 1919년에 김원봉, 윤세주 등이 만들었다.

☆ '독립을 위해 싸우는 의롭고 장렬한 단체'라는 뜻이다.

☆ 김익상, 김상옥, 나석주 등이 일제의 주요 인물들을 공격하고, 식민 통치 기관을 파괴함으로써 세계를 놀라게 했다.

일제의 무력에 맞설 강력한 단체가 필요해.

① 의사단

② 의열단

③ 한인 애국단

④ 조선 의용대

⑤ 광복군

목숨을 내놓고 의거를 실행한 의열단원

아파요?
아파!

조선 총독부에 폭탄을 투척(1921)하고, 일본 육군 대장 암살을 시도(1922)했다 순국한 **김익상**

쾅

독립운동가 탄압의 상징이었던 종로 경찰서에 폭탄을 투척(1923)하고 순국한 **김상옥**

탕 탕!
끽!

조선 식산 은행과 동양 척식 주식회사를 파괴(1926)하려다 순국한 **나석주**

정답은?
❷번

3·1 운동 뒤, 독립운동가들은 일제에 무력으로 맞설 강력한 단체가 필요하다고 생각했어. 그렇게 해서 조직된 의열단은 일제의 식민 통치 기관, 일본군과 관리, 친일파 처단을 목표로 삼고 국외로 다니며 활발한 활동을 벌였지.

319 다음 이야기와 관계있는 독립운동가는?

일본인 밑에서
비굴하게 사느니
독립운동을
해야겠어.

임시 정부에는
무슨 일로 오셨소?
김구
조국을 위해
무언가 하고
싶습니다.

조국의 독립과
자유를 되찾기 위해
일본 국왕을 죽일 것을
맹세하나이다.

일본 국왕,
받아랏!
헉!
수류탄이닷!
쾅

❶ 신채호

❷ 강우규

❸ 김지섭

❹ 조명하

❺ 이봉창

이봉창(1900~1932)과 선서문

비록 실패로 돌아갔지만
일왕 암살이라는
어마무시한 일을 앞두고도
저렇게 활짝 웃을 수 있다니,
왠지 나랑 비슷해.

지금이라도 당장 일왕
히로히토를 향해 수류탄을
던질 듯한데?

이봉창의 고향이기도 한
서울시 용산구의 효창 공원에
세워진 동상

정답은?
5번

①번 신채호는 사학자로서 독립운동을 하다 감옥에서 순국했어.
②번 강우규는 조선 총독 사이토를, ③번 김지섭은 일본 왕궁을,
④번 조명하는 일본 육군 대장 구니노미야를 공격하고 순국했지.

320 다음에서 설명하고 있는 '이 사람'은?

이 사람은 이곳
루쉰 공원(당시 훙커우 공원)에서
열리는 일왕 생일 연회 겸
전승 기념식에 물통과
도시락으로 위장한 폭탄을
갖고 참석했어.

이 사람은
폭탄을 던져
일본 고위 관리를
암살하는 의거를
일으켰지.

이 사람은
한인 애국단 소속
독립운동가야.

❶ 김구　❷ 이회영　❸ 이봉창
❹ 윤봉길　❺ 나석주

윤봉길(1908~1932)

루쉰 공원 안에 있는 윤봉길 기념관인 '매헌'. 매헌은 윤봉길의 호이다.

1930
1932

윤봉길이 거사에 사용했던 물통 폭탄과 도시락 폭탄의 모형

매헌에는 윤봉길 관련 사진 자료와 유품들이 전시되어 있다.

정답은? ④번

①번 김구는 한인 애국단을 조직해 이봉창, 윤봉길과 같은 애국지사들의 활동을 도왔어. ②번 이회영은 의열단 등과 관계해 국외 항일 운동을 이끌었고, ⑤번 나석주는 1926년에 조선 식산 은행과 동양 척식 주식회사를 파괴하려 한 독립운동가야.

321

독립 전투와 인물이 맞게 짝지어진 것을 모두 고르면?

나라 밖에서도
독립 전쟁은
계속된다!
탕 타탕
요놈들아,
맛 좀 봐라!
꽥,
1920년에
내가 죽을 줄은
몰랐네!

❶ 봉오동 전투 – 홍범도

❷ 봉오동 전투 - 이범석

❸ 청산리 대첩 - 안중근

❹ 청산리 대첩 - 강우규

❺ 청산리 대첩 - 김좌진

만주의 봉오동과
청산리 산속에서 귀신 같은
조선 독립군에게 당한 것을
생각하면 자다가도
눈이 떠져, 내가!

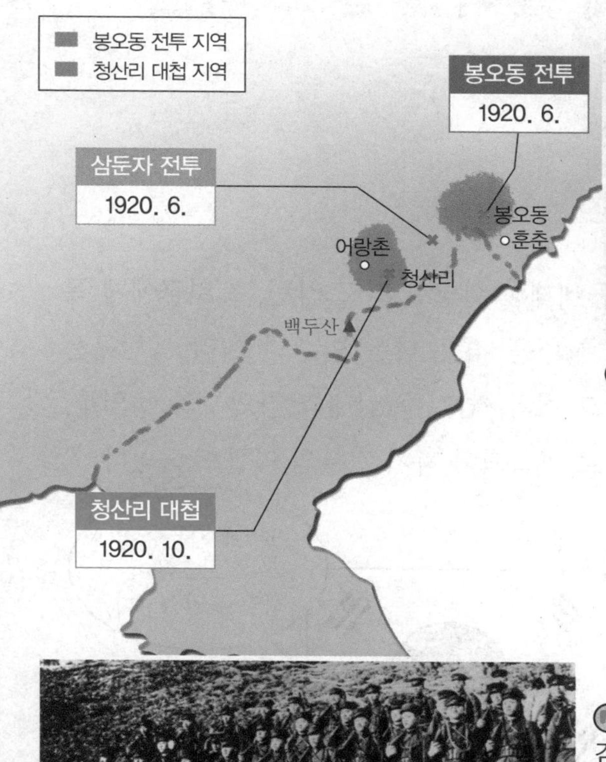
봉오동 전투 지역
청산리 대첩 지역
봉오동 전투
1920. 6.
삼둔자 전투
1920. 6.
봉오동
훈춘
어랑촌
청산리
백두산
청산리 대첩
1920. 10.

일본군이 독립군 활동을 막기 위해 만주의 봉오동을 습격해 왔을 때, 대한 독립군 사령관 홍범도가 중심이 되어 이들을 크게 무찔렀다.

김좌진의 북로 군정서를 비롯한 독립군 연합 부대가 청산리 일대에서 일본군을 무찔러 독립 전쟁 최대의 승리를 이루고 찍은 기념사진. 맨 앞줄에 앉은 사람이 김좌진이다.

정답은?
1, 5번

1920년대 만주 지역에는 다수의 독립군 부대가 편성되어 활발한 활동을 했어. 일본군은 최신 무기와 엄청난 군대를 동원해 독립군 활동을 막으려 했지만, 똘똘 뭉쳐 매복과 기습 작전을 펼친 우리 독립군을 당해 내지는 못했어.

322 빈칸에 들어갈 말로 바른 것은?

간도의 한국인들이 일본군에게 학살당한 간도 참변, 소련군에게 독립군이 궤멸당한 자유시 참변을 겪은 다음 만주의 여러 독립군은 군대 조직을 다시 짰다. 그 결과, 남만주 일대의 참의부와 정의부, 북만주 일대의 (   )로 편성되어 자치 정부의 역할도 하였다.

독립군을 이끄는 것도 우리의 임무입니다만,
만주에 사는 우리 민족을 보호해야 할 책임도 있습니다.

① 의정부

② 신민부

③ 신간회

④ 신민회

⑤ 독립부

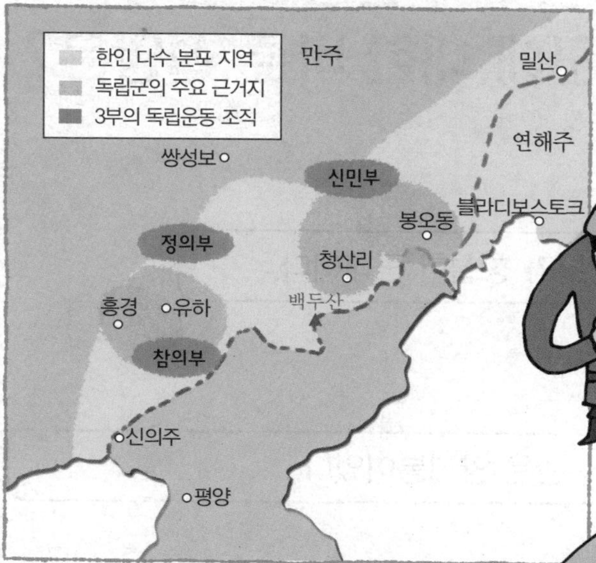

한인 다수 분포 지역
독립군의 주요 근거지
3부의 독립운동 조직
만주
밀산
연해주
쌍성보
신민부
블라디보스토크
봉오동
정의부
청산리
백두산
흥경
유하
참의부
신의주
평양
압록강

3부의 활동 지역

우리는
귀신 잡는
독립군이다.
또 저것들 때문에
고생하게 생겼군.

1925년에 일본은
만주 군벌과 협정을 맺어,
만주의 우리 독립군을
체포하면 반드시 일본에
넘겨주게 했지.

정답은? ❷번

1920년대 말, 3부(참의부·정의부·신민부)는 다시 통합 운동을 벌이고 그 결과 국민부와 혁신 의회가 세워졌지. ③번 신간회(1927~1931)는 민족 운동 단체, ④번 신민회(1907~1910)는 항일 비밀 결사 단체야.

323

1930년대에 활동한 한국 독립군에 대한 바른 설명은?

❶ 대한민국 임시 정부가 창설한 군대이다.

❷ 총사령관은 양세봉이었다.

❸ 북만주 지역에서 중국군과 힘을 합쳐 일본에 맞서 싸웠다.

❹ 중국군과 함께 영릉가 전투를 승리로 이끌었다.

❺ 1945년에 해방이 될 때까지 활발한 독립 전쟁을 벌였다.

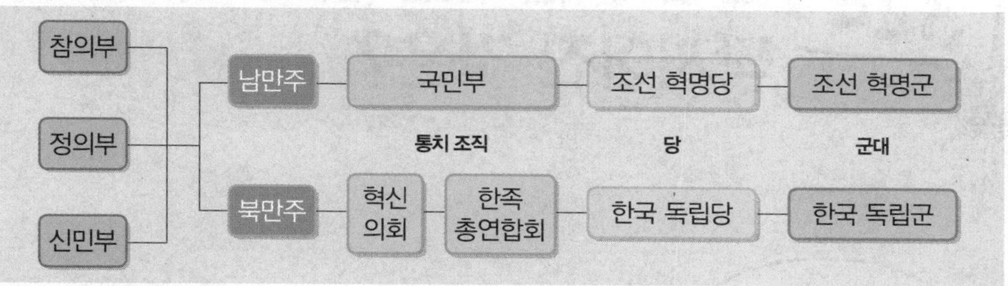
참의부
정의부
신민부
남만주
북만주
국민부
조선 혁명당
조선 혁명군
혁신 의회
한족 총연합회
한국 독립당
한국 독립군
통치 조직
당
군대

3부 통합 운동의 전개

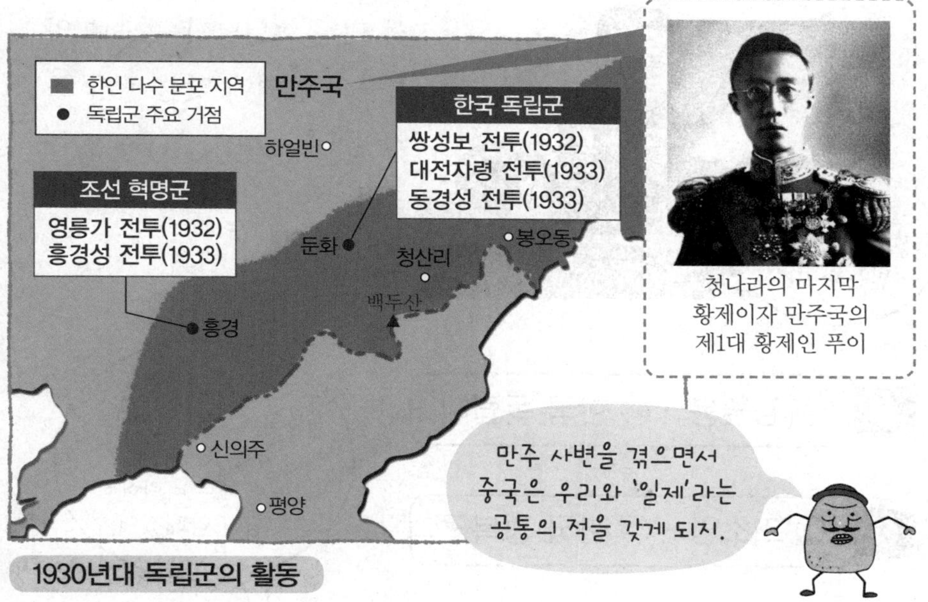
한인 다수 분포 지역
독립군 주요 거점
만주국
하얼빈
조선 혁명군
영릉가 전투(1932)
흥경성 전투(1933)
한국 독립군
쌍성보 전투(1932)
대전자령 전투(1933)
동경성 전투(1933)
둔화
청산리
봉오동
백두산
흥경
신의주
평양
만주 사변을 겪으면서 중국은 우리와 '일제'라는 공통의 적을 갖게 되지.

청나라의 마지막 황제이자 만주국의 제1대 황제인 푸이

1930년대 독립군의 활동

정답은? ❸번

1931년, 일본이 만주를 차지하려고 만주 사변을 일으킨 이후 일제에 대해 한중 연합 작전이 펼쳐졌어. ②, ④번은 남만주 지역의 조선 혁명군에 대한 설명이야. 한국 독립군은 1933년, 지청천을 비롯한 간부들이 상하이 임시 정부로 떠나면서 쇠퇴하고 말았지.

324 빈칸에 들어갈 답이 차례대로 짝지어진 것은?

민족이
해방되는 그날까지
싸웁시다!
중국
국민당의 지원을
받는다며?

1938년, (㉠)와(과) 조선 민족 혁명당의 주도로 일본군의 공격에 맞설 군사 조직인 (㉡)을(를) 만들었다.

❶ ㉠ 김원봉 - ㉡ 한국 독립대

❷ ㉠ 조소앙 - ㉡ 한국 광복군

❸ ㉠ 양기탁 - ㉡ 조선 의용대

❹ ㉠ 김원봉 - ㉡ 조선 의용대

❺ ㉠ 신익희 - ㉡ 조선 광복군

나중에 대원들이
중국 공산당이 있는
화북 지방으로
이탈하는 바람에
내 힘이 약해졌어.

1937년, 일본은 루거우차오 부근에서 중국군과 일본군이 충돌한 것을 빌미로 중일 전쟁을 일으켰다. 이 전쟁 중 일본은 난징 대학살과 같은 반인륜적 범죄를 저질렀다.

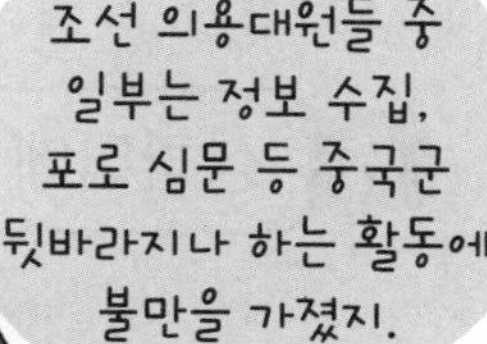
중일 전쟁에서
중국군이 계속 패하자
김원봉은 중국 국민당과
협의 끝에 군대를
만들었지.

우리가
언제까지 중국군
뒤치다꺼리나
해야 하나!
그냥
화북 지방으로 가
일본군과 싸웁시다.
조선 의용대원들 중
일부는 정보 수집,
포로 심문 등 중국군
뒷바라지나 하는 활동에
불만을 가졌지.

정답은?
4번

김원봉은 1919년, 의열단을 조직한 독립운동가야. 그는 중국 관내 한인 최초의 무장 투쟁 조직인 조선 의용대를 만들고, 중국 국민당의 지원을 받아 독립 전쟁을 이끌 군사를 양성하고자 했어.

325

대한민국 임시 정부의 1940년대 활동이 아닌 것은?

❶ 광복군을 창설했다.

❷ 일본에 선전 포고를 했다.

❸ 상하이에 자리를 잡고 외교에만 전념했다.

❹ 인도와 미얀마 전선에서 영국군과 공동 작전을 펼쳤다.

❺ 미국의 협조를 받아 훈련을 하면서 국내 진입 작전을 계획했다.

김구는
충칭 임시 정부 당시
주석을 지냈다.

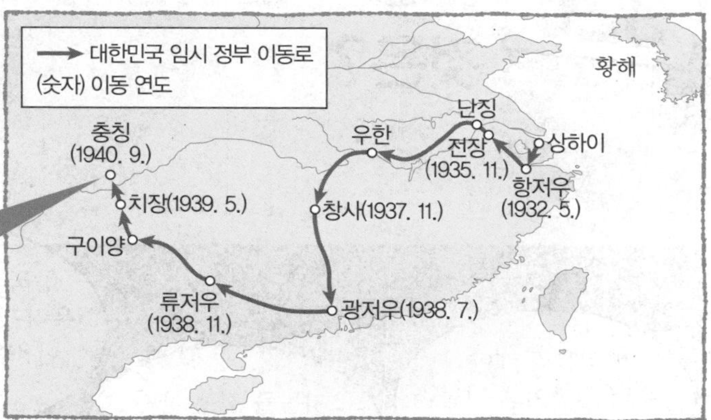
대한민국 임시 정부 이동로
(숫자) 이동 연도
황해
충칭 (1940. 9.)
치장(1939. 5.)
구이양
류저우 (1938. 11.)
광저우(1938. 7.)
창사(1937. 11.)
우한
난징
전장 (1935. 11.)
상하이
항저우 (1932. 5.)

대한민국 임시 정부의 이동

1942년에는
조선 의용대 일부가
광복군에 편입되지.

1940년 9월, 지청천을 총사령관으로 하는 광복군이 창설되었다.

정답은?
3번

1919년, 상하이로 통합된 대한민국 임시 정부는 수립 초기인 1920년대까지 무력 투쟁보다는 외교에 힘을 썼어. 1940년, 충칭에 자리 잡은 뒤에는 광복군을 창설하고 일본에 선전 포고를 하는 등 전과는 달라진 모습을 보였어.

326

빈칸에 들어갈 말로 바른 것은?

빨리빨리 캐야
우리 일본이 무기를
하나라도 더 만들지!

저놈들 전쟁 물자
대 주다가 우리나라는
껍데기만 남겠어.

중국과 전쟁을 하는데
우리 땅을 (   )로
이용할 생각을 하다니,
교활한 놈들!

① 연통제

② 식량 기지

③ 임시 정부

④ 병참 기지

⑤ 물류 창고

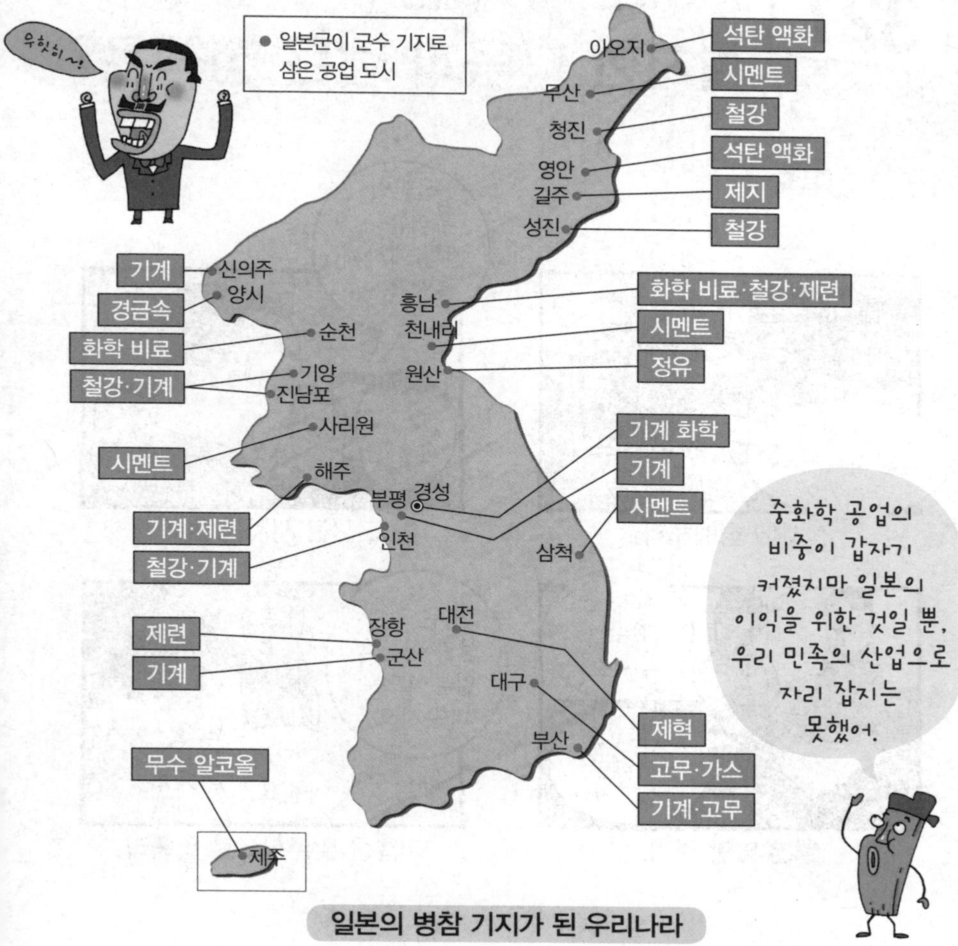

● 일본군이 군수 기지로 삼은 공업 도시

아오지 – 석탄 액화
무산 – 시멘트
청진 – 철강
영안 – 석탄 액화
길주 – 제지
성진 – 철강
신의주 – 기계
양시 – 경금속
순천 – 화학 비료
기양, 진남포 – 철강·기계
사리원 – 시멘트
해주 – 기계·제련
흥남 – 화학 비료·철강·제련
천내리 – 시멘트
원산 – 정유
경성 – 기계 화학
부평 – 기계
인천 – 철강·기계
삼척 – 시멘트
장항 – 제련
군산 – 기계
대전 – 제혁
대구 – 고무·가스
부산 – 기계·고무
제주 – 무수 알코올

우핫핫~!

중화학 공업의 비중이 갑자기 커졌지만 일본의 이익을 위한 것일 뿐, 우리 민족의 산업으로 자리 잡지는 못했어.

일본의 병참 기지가 된 우리나라

정답은?
4번

1920년대 일본은 회사령을 없애 일본 기업이 우리나라에 진출할 수 있게 했어. 이후 1937년, 중일 전쟁을 일으킨 일본은 우리나라를 전쟁 물자를 대는 병참 기지로 삼아 중공업 공장을 세우고 철강, 석탄 등 자원을 마음껏 가져갔지.

327

1930년대 후반부터 일제가 실시한 다음과 같은 정책은?

일본 신을
모신 신사에 왜
우리가?
신사에 참배하라.

신민인
우리는…,
천황 폐하께
충성을….
황국 신민 서사를 읊어라.

서류 좀
접수해
주시오.
니혼고오
쯔카에로!
(일본 말을 써라!)
일본 말만 써라.

한 달 안에
성과 이름을
일본식으로
바꾸시오.
예? 성을
바꿔요?
이름을 일본식으로 바꿔라.

① 민족 말살 정책

② 조선 자립 정책

③ 친일 신민 정책

④ 산미 증식 정책

⑤ 병참 기지화 정책

공부한 날 월 일

남산
신사
숭례문
서울역

1930년대 말 서울역과 남산 전경. 일본은 남산에도 신사를 세워 참배를 강요했다.

학생들이 황국 신민 서사를 외우고 있는 모습

일본인과 조선인은 마음도, 피도, 육체도 하나가 되어야 한다!

미나미 지로

정답은?
1번

민족 말살 정책은 제7대 조선 총독 미나미가 1930년대 후반부터 본격적으로 실시한 정책이야. 민족정신을 말살시켜 우리 민족을 일제의 대륙 침략 전쟁에 동원하기 위한 것이었지.

328 빈칸에 들어갈 사건과 일제의 정책이 맞게 짝지어진 것은?

1931
1937
1939
1941
1943
만주 사변
중일 전쟁
제2차 세계 대전
(㉠)
(㉡)
병력이 부족합니다.
조선에서도 이 제도를 실시합시다.
학생도 무조건 군대에 보내는 거예요!
댁의 아이를 전쟁터에 보내시오.
그 위험한 곳에?
안 돼요, 못 보내요.

❶ ㉠ 베트남 전쟁 - ㉡ 기병제

❷ ㉠ 베트남 전쟁 - ㉡ 징병제

❸ ㉠ 태평양 전쟁 - ㉡ 보병제

❹ ㉠ 태평양 전쟁 - ㉡ 연통제

❺ ㉠ 태평양 전쟁 - ㉡ 징병제

일본은 제2차 세계 대전 중 미국의 경제 제재에 불만을 품고 하와이의 진주만을 폭격해 전쟁을 일으켰어.

일제의 강압에 학도병으로 끌려가는 학생들

일본은 제2차 세계 대전이 일어나자 한국인들을 강제로 징용해 군대에 보내거나 군수 물자를 만드는 곳에서 일하게 했다.

일본 나가사키 현의 하시마 섬은 탄광 개발이 한창이던 1941년, 한국인이 강제 징용되어 노동력을 수탈당한 곳이다. 하시마 섬은 한국인 강제 징용 사실이 누락된 채, 일본의 근대화를 상징하는 곳이라는 것만 내세워 2015년, 세계 문화유산으로 지정되었다.

정답은?
5번

중일 전쟁을 일으킨 일제는 친일파들을 앞세워 한국 청년들을 전쟁터에 나갈 군인으로 지원하게 했어. 지원자가 많지 않자 1943년에는 징병제를 실시해 강제로 한국 청년들을 전쟁터에 보냈지.

329 일본군 위안부에 대한 설명으로 잘못된 것은?

①

병사들이 전쟁을 더 잘할 수 있다면….
정신대 중 일부가 위안부로 희생되었다.

②

우리 여자들도 일본군이 잘 싸우게 뒷받침합시다.
자발적으로 만들어진 조직이다.

③

군인들 옷을 빨라는 건가?
공장의 일꾼으로 간다고 속은 사람도 있다.

④

아이고~!
'여자 정신 근로령'에 따라 강제로 끌려갔다.

⑤

타다다타탕
일본이 패망한 뒤 죽임을 당하기도 했다.

위안부 피해 할머니들은 지금도 몸과 마음의 상처로 고통받고 있어.

공부한 날 월 일

일본은 제2차 세계 대전 중 우리나라, 중국, 일본, 필리핀 등 여러 나라의 여성들을 강제로 동원해 성 노예로 삼았다.

이등박문(이토 히로부미) 죄악 15개조항
1. 한국 명성황후를 시해한 죄요.
2. 한국 고종 황제를 폐위시킨 죄요.
3. 을사5조약 정미7조약을 강제로 체결한 죄요.
10. 한국인들의 외국유학을 금지시킨 죄요.
11. 교과서를 압수하여 불태워 버린 죄요.
12. 한국인이 일본인의 보호를 받고자 한다고 세계에 거짓말을 퍼뜨린 죄요.
14. 대륙침략으로 동양평화를 깨뜨린 죄요.
大韓國人

서울시 종로구 일본 대사관 맞은편에 위안부의 아픔을 기억하기 위해 세운 소녀의 동상

정답은?
2번

일제는 여성들까지 전쟁에 끌어들이며 '정신대'라는 이름으로 강제 노동을 시켰어. 그중 '일본군 위안부'는 일본군의 성 노예로 이용된 여성들을 이르는 말이야. 일본은 지금까지도 위안부 사실을 왜곡하고, 책임을 피하려고만 하지.

330 다음과 관계있는 우리말 연구 기관은?

원래는 '조선어 연구회'였는데 1931년에 이름을 바꿨어.
1933년에 〈한글 맞춤법 통일안〉을 만들었어.
1942년, 일제의 탄압을 받아 이윤재·최현배 등의 회원들이 체포되었어.

❶ 국어 학회

❷ 조선어 학당

❸ 조선어 학회

❹ 조선어 편수회

❺ 조선사 편수회

조선어 학회 사건

ㄱ ㄴ ㄷ ㄹ ㅁ ㅂ ㅅ ㅇ ㅈ
가갸,
거겨….
시끄러!
조선 말을
배우다니, 가만두면
안 되겠어.

일본은 민족 말살 정책을 펴 우리말을 쓰지 못하게 했다.

너, 국어(일본어)를
썼다고 선생한테
혼났지?
네….

그러던 중 조선어 학회를 탄압할 구실을 찾아내게 된다.

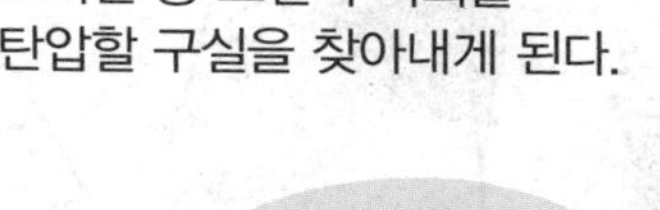

당장
잡아들이시오!

일본은 조선어 학회 회원들을 체포하고 강제로 해산시켰다. 편찬 중이던 《큰사전》 원고는 압수를 당했다.

일제에 압수당했다가 해방 뒤 서울역 창고에서 발견된 《큰사전》의 원고

정답은? ③번

조선어 학회는 우리말을 지키고자 한글 보급에 앞장섰고, 사전을 편찬하려고 하다가 조선어 학회 사건을 겪었지. 이 일로 중단되었던 《큰사전》 편찬 작업은 해방 뒤 다시 시작되어 1957년까지 6권이 완성되었어.

331

빈칸에 들어갈 단체의 이름은?

박은식·신채호 같은 자들이 맘대로 조선 역사를 지껄이는 바람에, 조선 사람들한테 독립 의지를 불러일으키고 있어요.
가만히 있다가는 큰일 나겠습니다.

일본 역사학자들이 우리 역사를 왜곡하자, 우리 역사학자들은 이를 막기 위해 1934년에 (　　　　)를 만들었다.

❶ 진단 학회

❷ 역사 학회

❸ 조선사 편수회

❹ 민족 사학회

❺ 조선사 연구회

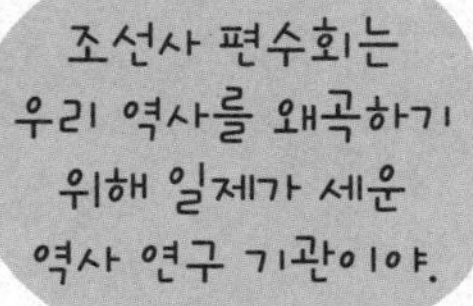
조선사 편수회는
우리 역사를 왜곡하기
위해 일제가 세운
역사 연구 기관이야.

말 나온 김에
조선사 편수회에서
한국사를 어떻게
왜곡했는지 얘기해 볼까?
아주 기가 막히지.

삼국 시대 때
한반도 남부에
임나 일본부를 설치해
일본이 다스렸지.
왜곡 사례 1

조선은
반도이기 때문에
대륙이나 섬의 지배를
받아야 해.
왜곡 사례 2

조선은 수백 년 동안
발전이 없었어요.
왜곡 사례 3

조선은 당파 싸움이
얼마나 심했습니까!
서로 헐뜯는 게
취미라죠.
왜곡 사례 4

정답은? ❶번

진단 학회는 역사 자료를 근거로 한국사를 객관적으로 연구하다가 1942년, 일제의 탄압으로 활동이 중단되었어. ③번 조선사 편수회는 조선 총독부 산하의 기관으로, 역사를 왜곡하여 일제의 식민 통치를 정당화하는 데 앞장섰어.

332

역사학자의 업적으로 바른 것을 모두 고르면?

❶ 신채호 - 고대 역사를 연구하며 '조선 얼'을 강조하였다.

❷ 신채호 - 고대 역사 연구에 몰두하며 《조선상고사》를 썼다.

❸ 박은식 - 나라 밖에서 독립운동에 힘쓰며 《한국통사》를 썼다.

❹ 박은식 - 역사를 이끄는 것은 민중이라고 주장하였다.

❺ 정인보 - '임나 일본부설'을 주장하며 《조선사》를 썼다.

박은식
《한국독립운동지혈사》

정인보
《조선사연구》

안재홍
《조선상고사감》

신채호
《조선사연구초》

문일평
《조선사화》

일제가 왜곡해 놓은 우리 역사를 바로잡기 위해 편찬한 역사책들이야.

민족정신이 깃든 역사를 잃지 않으면 나라를 되찾을 수 있을 것이다!

박은식(1859~1925)

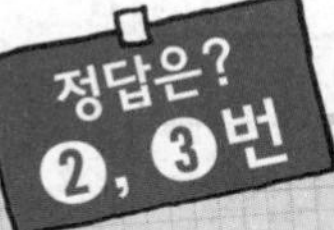
정답은?
②, ③번

①번은 정인보, ④번은 문일평과 관계있는 내용으로, 두 사람 모두 민족주의 사학을 이어받았지. ⑤번은 일제가 세운 조선사 편수회에서 한 일이야.

333 빈칸에 들어갈 말로 바른 것은?

조선 사람의 돈과 노력으로 (　　　　)을(를) 세워야 합니다!
이상재 선생이 대표를 맡으셨네.
우리 힘으로 세우는 고등 교육 기관이 되는 건가!

❶ 서당

❷ 야학

❸ 보통학교

❹ 관립 대학

❺ 민립 대학

일제에 맞선 민족 교육 활동

여러분은
이순신 장군의
애국심을 본받아야
합니다.

관립 학교의 일제 식민 교육을 피해
사립 학교와 서당에서 민족 교육 실시

어른, 아이 할 것
없이 와서 배울 수
있으니 좋구나!

야학에서 우리말, 우리 역사와
지리 교육 실시

發起總會

注意

三月廿九日下午一時부터

中央基督敎靑年會舘

民立大學期成準備會

민립 대학 설립
운동 광고

한민족 1천만이
1원씩 내서 민립 대학을
세웁시다.

민립 대학 설립 운동을
전개했으나
일본의 탄압으로 실패

정답은?
5번

일제는 1911년, 사립 학교 규칙을 공포해 교육과 관련된 모든 일은 조선 총독부의 명령을 따르게 했어. 그렇기 때문에 사립 학교에서조차 민족 교육을 하기 어려웠지. 하지만 일제가 문화 통치를 내세우는 시기를 틈타 민립 대학을 설립하자는 운동이 일어났어.

334 일제에 저항하는 다음과 같은 작품을 쓴 시인은?

청포도

내 고장 칠 월은
청포도가 익어 가는 시절.
…(중략)…

내가 바라는 손님은 고달픈 몸으로
청포(靑袍)를 입고 찾아온다고 했으니,

내 그를 맞아, 이 포도를 따 먹으면
두 손은 함뿍 적셔도 좋으련.
…(이하 생략)…

❶ 최남선 ❷ 이육사 ❸ 이상화
❹ 한용운 ❺ 윤동주

이육사(1904~1944)의 본명은 '이원록'으로, 일제에 의해 감옥에 갇혔을 때의 수감 번호 '264'를 이름 대신 사용했다.

이육사 시인은 항일 무장 독립운동 단체인 의열단에서 활동했지.

이육사의 시 〈청포도〉를 새긴 시비로, 그의 고향에 세워졌다.

경상북도 안동시 도산면에 자리했던 이육사의 생가

이육사 시인처럼 일제에 저항한 분이 있는가 하면 최남선과 이광수는 변절하여 우리 젊은이들을 전쟁터로 내모는 데 한몫했지.

정답은? ❷번

①번 최남선은 최초의 신체시 〈해에게서 소년에게〉를 썼으나 친일 활동을 했어. 식민지 통치에 저항한 시인으로는 〈님의 침묵〉의 한용운, 〈빼앗긴 들에도 봄은 오는가〉의 이상화, 〈서시〉의 윤동주 등이 있어.

335 영화 〈아리랑〉을 만들고 직접 주연한 사람은?

영화를
만든 사람이 연기도
잘하는구먼.
주인공은 일제의
고문을 받고 정신을
놓아 버린 청년이래.
우리 민족의 아픔이
오롯이 담겨 있어.

1. 나혜석
2. 안익태
3. 유치진
4. 나운규
5. 이중섭

레디,
액션!

일제 강점기의 우리 문화

1912

치마분(치약) 광고 시작
첫 영업용 자동차 광고 등장

ライオン齒磨

1913

국산 화장품 박가분,
시중에 판매하기 시작

朴家粉
박가분

1919

최초의 영화,
〈의리적 구토〉
상영

감독과 주연은 김도산이라는 배우였어.

1922

대륙 고무신 첫 등장

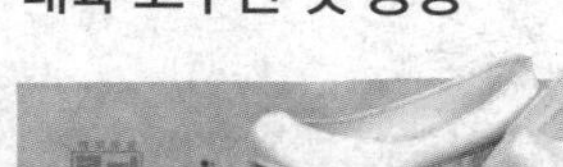

대륙고무신
大陸고무工業株式會社

1925

경성역 완공

1926

나운규의 영화,
〈아리랑〉 상영

나운규(1902~1937)

정답은?
4번

독립군으로 활동한 적도 있는 나운규가 감독, 주연한 영화 〈아리랑〉은 일제 식민지에서 여러 모습으로 고통받는 우리 민족의 현실을 담아내 2년 동안이나 상영했대. ①번 나혜석과 ⑤번 이중섭은 화가, ②번 안익태는 작곡가, ③번 유치진은 작가야.

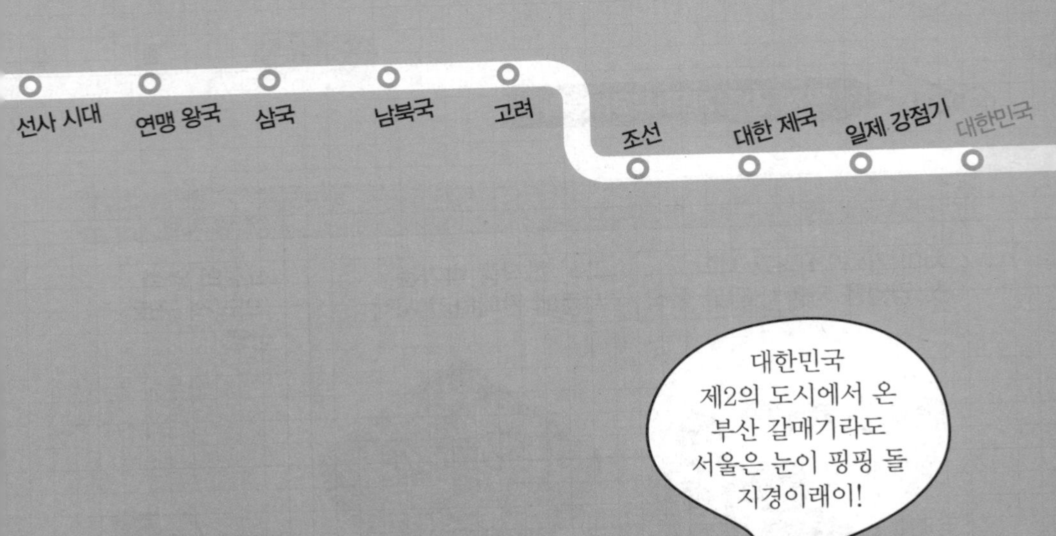
선사 시대
연맹 왕국
삼국
남북국
고려
조선
대한 제국
일제 강점기
대한민국
대한민국 제2의 도시에서 온 부산 갈매기라도 서울은 눈이 핑핑 돌 지경이래이!
끼룩~

우리나라는 개발 도상국에서 반세기 만에 경제 대국으로 성장하였으나 공정한 분배를 통해 국민 모두가 잘사는 나라로 성장해야 할 과제를 안고 있다.

9

Q 336~365

대한민국의 발전

지금의 대한민국이
있기까지 어떤 일들이
있었을까?

수많은 일들을 겪고
우리나라는 다양함이 넘치는
민주주의 국가가 되었지.
그럼 현대사 속으로
Go, Go!

336

우리나라가 35년간의 일제 지배에서 해방된 날은?

만세
해방이다

흐윽…. 우리
대일본 제국이
항복하다니!

❶ 1944년 8월 15일

❷ 1945년 8월 15일

❸ 1945년 10월 3일

❹ 1946년 7월 17일

❺ 1946년 8월 15일

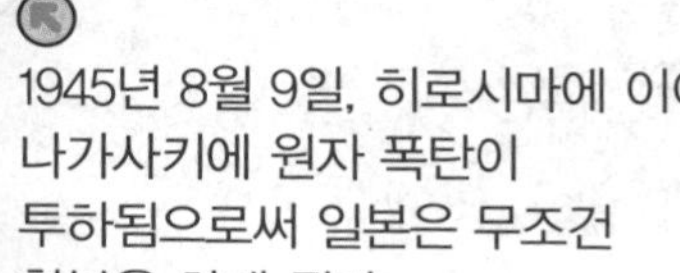

1945년 8월 9일, 히로시마에 이어 나가사키에 원자 폭탄이 투하됨으로써 일본은 무조건 항복을 하게 된다.

광복을 맞아 서울 마포 형무소에서 출소한 독립투사들이 만세를 부르며 기뻐하고 있다.

1945년 9월 2일, 일본 외무대신 시게미쓰 마모루가 항복 문서에 서명하고 있다.

만세! 만세!

정답은?
2번

제2차 세계 대전에서 일본은 독일, 이탈리아와 함께 동맹국으로 연합국과 싸웠어. 그러나 히로시마와 나가사키에 핵폭탄까지 터뜨린 연합국의 공세를 이기지 못하고 1945년 8월 15일, 무조건 항복을 해 우리 민족은 해방을 맞았지.

337 다음 글에서 설명하는 '이 사람'은?

이 사람은 광복 전부터 조선 건국 동맹을 만들어 건국을 준비하고 있었다. 마침내 일본이 패망하고 항복하자 이 사람은 조선 건국 준비 위원회를 만들어 우리 민족의 완전한 독립 국가를 세우기 위한 준비를 했다.

① 김구

② 이승만

③ 조만식

④ 송진우

⑤ 여운형

유비무환이라,
독립 국가 건국도
마찬가지지.
조선건국동

여운형의 다섯 가지 조건

1945년 8월 15일 아침,
여운형은 조선 총독부
정무총감 엔도에게
다섯 가지 조건을 들어주면
일본인들의 안전을
보장하겠다고 했어.

첫째 감옥에 갇혀 있는 우리 애국자를 즉시 풀어 줄 것

둘째 서울에 3개월분 식량을 확보할 것

셋째 치안과 건국 사업에 대하여 간섭하지 말 것

넷째 학생을 훈련하고 조직화하는 데 간섭하지 말 것

다섯째 전국의 노동자를 건국 사업에 동원하는 데 간섭하지 말 것

여운형 선생,
잘 알았소.

아유,
속이 다 시원하네.

정답은?
5번

독립운동가 여운형(1886~1947)은 대한민국 임시 정부에 몸담기도 했으며, 조선 중앙 일보사 사장을 지내던 중 손기정 선수 일장기 말소 사건으로 신문이 폐간되는 일을 겪기도 했어.

338

조선 건국 준비 위원회에 대한 설명으로 잘못된 것은?

❶ 우리 민족의 힘으로 새 나라를 세우려 했다.

❷ 미군이 우리 땅에 들어오기 전 '조선 인민 공화국'을 선포했다.

❸ 치안대를 결성하여 사회 질서를 유지했다.

❹ 미군에게 우리나라를 대표하는 세력으로 인정받았다.

❺ 부위원장이었던 안재홍은 조선 국민당을 새로 조직했다.

날짜로 본 조선 건국 준비 위원회(건준)

1945. 8. 15.

조선 건국 준비 위원회 결성

지금부터
건국 사업을
시작합시다!
건국준비위원

조선 건국 준비 위원회 결성

9. 1.

안재홍, 조선 국민당 창당

9. 4.

집행부 개편. 박헌영의 공산당 계열이 주도권을 잡음.

9. 6.

조선 인민 공화국(인공) 수립 선포

자, 다 함께 외칩시다!
조선 인민 공화국
만세! 만세! 만세!
조선인민 공화국

조선 인민 공화국 수립 선포

9. 7.

조선 건국 준비 위원회 해체

10. 10.

미 군정청에서 조선 인민 공화국 승인을 거절, 조선 인민 공화국 해체

정답은?
4번

건준은 미군이 한반도에 들어오기 전 우리 민족의 정부를 세워 놓아야 한다는 생각에 조선 인민 공화국을 출범시켰어. 그러나 미군은 건준과 조선 인민 공화국을 무시하고 일제 때의 행정 관료에 의지하여 군정을 펼쳐 나갔지.

339

빈칸에 들어갈 나라가 바르게 짝지어진 것은?

백두산
청진
길주
성진
신의주
원산
평양
사리원
개성
전곡
38도선
강릉
서울
인천
황해
동해
대전
전주
대구
광주
부산
제주도
㉠ 군대의 진로
㉡ 군대의 진로

(㉠)과 (㉡)은 일본군의 무장을 해제한다는 명목으로, 38도선을 경계로 남과 북에 각각 군대를 주둔시켰다. 두 나라의 대립이 심해지면서 38도선은 한반도를 나누는 분단선이 되고 말았다.

❶ ㉠ 소련 – ㉡ 중국

❷ ㉠ 미국 – ㉡ 소련

❸ ㉠ 미국 – ㉡ 중국

❹ ㉠ 소련 – ㉡ 영국

❺ ㉠ 미국 – ㉡ 독일

민족 분단의 상징,
38도선은
왜 생겼을까?

소련군은 만주의 일본군을 공격해 1945년 8월 22일에는 평양까지 밀고 내려왔다.

옛썰!
최소한 서울은
확보해야 하오.

소련군의 한반도 상륙에 불안해진 미군은 38도선을 그어 그 위로는 소련이, 아래로는 미국이 일본군의 항복을 받자고 제의하고 소련이 이에 찬성했다.

THE 38thPARALLEL

민족의 비극 38도선은 아직도 유효하다.

정답은?
❷번

처음 38도선은 군사적 목적을 띠고 잠깐 동안의 편의를 위해 정해진 것이었어. 그런데 두 열강의 정치적 경계선으로 바뀜으로써, 우리 민족에게는 부모 형제간에 생이별을 하게 되는 등 비극의 씨앗이 되었어.

340 소련 모스크바에서 열린 회의 내용 중 빈칸에 들어갈 말은?

☆ **때**: 1945년 12월

☆ **모인 사람**: 미국, 영국, 소련 세 나라의 외무 장관

☆ **회의 목적**: 제2차 세계 대전 후의 해결해야 할 문제 논의

☆ **회의 결과**: 미국, 영국, 소련, 중국 4개국은 한국인들로 하여금 임시 정부를 먼저 세우도록 하고, 한국이 완전한 독립 국가가 될 때까지 (　　　　)을(를) 실시한다.

① 수렴청정

② 공화정

③ 분단 통치

④ 위임 통치

⑤ 신탁 통치

나는 결사 반대!
나는 절대 찬성!

《동아일보》는 1945년 12월 27일자 신문에서 '소련은 신탁 통치 주장, 미국은 즉시 독립 주장'이라고 보도했어. 모스크바 3국 외상 회의의 내용을 전한 것인데, 이는 틀린 내용이었지. 이로 인해 한반도는 신탁 통치를 찬성하는 입장과 반대하는 입장으로 극렬하게 갈라졌어.

東亞日報

蘇聯은信託統治主張

蘇聯의口實은三八線分割占領

米國은即時獨立主張

外相會議에論議된朝鮮獨立問題

朝鮮의分占은不當

모스크바 3국 외상 회의의 내용을 잘못 보도한 《동아일보》의 기사

기사의 정확성은 아무리 강조해도 지나치지 않은 법.

TRUSTY SHIP DIS
信託統治絶
三相決定絶對支持

신탁 통치를 반대하는 모습(왼쪽)과 지지하는 모습

정답은? ⑤번

신탁 통치란, 식민지 지배를 받던 국가를 강대국이 대신 통치하여 건국을 돕는 일이야. 미국과 소련은 모스크바 3국 외상 회의에서 결정된 내용을 실행하기 위해 미소 공동 위원회를 열었으나, 이해관계가 달라 성과 없이 끝나고 통일 정부 수립이 어려워졌어.

341 대한민국 정부 수립까지 일어난 일이 순서대로 된 것은?

㉠ 미국은 한국의 독립 문제를 유엔을 통해 해결해 나가기로 했다.

㉡ 유엔 소총회는 미국의 제안을 받아들여 남한만 우선 선거를 치르도록 했다.

㉢ 남한만 총선거를 치러 대한민국 정부를 수립했다.

㉣ 유엔에서는 남북한 총선거를 치러 정부를 세우도록 결정했다.

㉤ 유엔 한국 임시 위원단이 구성되었으나 소련은 이들이 북한에 오는 것을 막았다.

1. ㉡ → ㉢ → ㉤ → ㉣ → ㉠
2. ㉠ → ㉡ → ㉢ → ㉣ → ㉤
3. ㉣ → ㉡ → ㉤ → ㉠ → ㉢
4. ㉠ → ㉣ → ㉤ → ㉡ → ㉢
5. ㉠ → ㉡ → ㉤ → ㉣ → ㉢

지금 우리나라의 상황을 보면 맨 마지막에 일어난 일이 뭔지는 알겠지?

대한민국 초대 대통령인 이승만(1875~1965)

나는 대통령 이승만.
나는 부통령 이시영.

남한이 1948년 5월에 단독 총선을 치르고, 8월 15일에 대한민국 정부 수립을 선포하는 모습. 같은 해 12월, 대한민국은 유엔 총회에서 합법 정부임을 승인받았다.

정답은? 4번

미소 공동 위원회의 회의가 결실 없이 실패로 돌아가자 미국은 한국의 독립 문제를 유엔에 넘겼어. 소련은 유엔에 미국의 입김이 작용했다고 보고, 유엔 위원단의 활동을 거부했지. 그러자 유엔은 가능한 지역만 선거를 치르도록 결정을 바꿔, 결국 남한만의 선거가 치러지게 된 거야.

342

하나 된 정부를 세우기 위해 여운형, 김규식이 만든 것은?

신탁 통치 반대! 좌익은 꺼져라!

신탁 통치 찬성! 우익, 너나 꺼져라!

공산당

이대로 가면 분단될 게 뻔해요.

우리가 나서서 막아 봅시다.

이때가 1946년 5월이지.

여운형

김규식

① 미소 공동 위원회

② 남북 합작 위원회

③ 좌우 합작 위원회

④ 좌우 합동 위원회

⑤ 몽양 우사 공동회

좌우 합작 운동과 대구 10월 사건

시민에게 총을 쏘다니!

파업

탕 탕 탕

미 군정은 대구 10월 사건 이후 공산주의자를 탄압하고, 좌우 합작 운동에 대한 지원도 유야무야하게 돼.

미 군정이 쌀 배급제를 위한 미곡 수집령을 내리자 1946년 10월, 분노한 농민과 파업 노동자들이 대구에서 시위를 일으켰다. 이 시위가 무력으로 진압되면서 수많은 사람이 죽거나 다쳤는데, 이 사건이 대구 10월 사건이다.

정답은?
③번

당시 한국은 이승만·김구 중심의 우파, 김규식·여운형 중심의 중도파, 박헌영 중심의 좌파로 나뉘어 대립했어. 중도파를 중심으로 민족의 분단을 막으려는 좌우 합작 위원회의 노력은 여운형이 암살되고 미국이 한반도 문제를 유엔에 넘기면서 물거품이 돼.

343

다음의 호소문을 발표한 사람은?

3천만 동포에게 고함

나는 통일된 조국을 건설하려다 38도선을 베고 쓰러질지언정 단독 정부를 세우는 데는 협력하지 않겠습니다.

① 이승만

② 김구

③ 김규식

④ 여운형

⑤ 조만식

김규식 선생,
어떻게든 분단을
막도록 노력해
봅시다.

통일 정부 수립을 둘러싼 노력과 갈등

우리도 단독 정부 수립에 반대합니다. 소련과 미국이 한반도에서 군대를 철수해야죠.
김두봉
김규식
김구
김일성

김구·김규식은 평양에서 김일성·김두봉을 만나 통일 정부를 세우기 위한 남북 협상을 벌였다.

김구 일행이 남북 협상을 위해 38도선을 넘는 모습

남한 단독 정부 수립을 반대하는 세력과 경찰이 충돌한 제주도 4·3 사건이 일어났다.

정답은?
❷번

남한만의 단독 정부 수립은 결국 남북 분단 상황을 굳혀 버리는 것이므로 이를 반대하는 목소리도 높았어. 그러나 김구·김규식이 추진한 남북 협상은 남한만의 총선거가 치러지는 바람에 실패했고, 제주도 4·3 사건은 민간인의 큰 희생을 불러왔어.

344 반민 특위에 대해 바르게 설명한 것을 모두 고르면?

❶ '반민족 행위 특별 조사 위원회'의 줄임말이다.

❷ 친일 행위, 일제 잔재 청산을 목적으로 설치되었다.

❸ 이승만은 반민 특위의 활동을 적극 지원했다.

❹ 반민 특위를 지원했던 특별 경찰대는 뒷날 표창을 받았다.

❺ 반민 특위의 활동은 성공적으로 끝났다.

친일파들은
광복 후에도 주요
관직에 앉아 일제 때와
다름없이 살았어.

헐!

미 군정은
친일파를
감쌌어요.
이제는 그들을
처단할 때가
왔어요.

최남선, 최린,
이광수 씨도 구속
되었대요.
민족 배반자들을
반민 특위에서
잡아가니 속이 다
시원하네!

하지만 대통령부터
친일파 청산보다 반공이
중요하다고 하니 반민 특위의
활동이 성공할 수
없었지.

정답은?
①, ②번

반민 특위는 1948년에 설치되어 친일파를 잡아들였으나 정부는 이에 소극적이었어. 급기야 반민 특위가 친일 경찰 노덕술을 체포하자 경찰이 반민 특위 사무실을 습격하기도 했지. 특별 경찰대가 강제 해산되면서 반민 특위도 끝내 해산되었어.

345 6·25 전쟁이 나기 전의 상황과 관계없는 것은?

❶
중국 공산당
만세!

자본주의와 공산주의 국가는 대립했다.

❷
소련이
핵무기 실험에
성공하다니!
쩝!

미국과 소련은 긴장 관계였다.

❸
이제 그만
포기하시지!
흥! 무슨
소리!
38선

남한과 북한의 관계는 점점 불안해졌다.

❹
쿠르르릉

미군의 전투 부대가 남한에서 철수했다.

❺
남한과 북한이
화해하여 통일 정부를
세웁시다.

남한과 북한의 평화 통일 노력이 계속되었다.

자본주의-미국-남한,
공산주의-소련-북한,
이렇게 생각해 봐.

영국
소련
몽골
중국
일본
대한민국
이란
태평양
대서양
캐나다
미국
인도양
오스트레일리아
뉴질랜드
미국과 자유 진영
소련과 공산 진영

냉전 체제의 형성

당시는 총과 대포를 사용하는 전쟁이 아니라, 미국으로 대표되는 자본주의와 소련으로 대표되는 공산주의라는 이념으로 맞선 냉전 시대였어.

소련의 핵 실험이 성공하자 한껏 고무된 북한이 남침을 강행했고, 공산주의의 확장을 막으려는 미국이 한반도 상황에 개입하게 된 거야.

정답은?
5번

38도선을 기준으로 나뉜 채 각각의 정부를 수립하고 있던 남한과 북한은 이승만과 김일성이 서로를 무너뜨리겠다며 대립하고 있는 상황이었어. 그때 애치슨 선언에 따라 미군의 전투 부대가 남한에서 철수하자 북한은 기습적으로 남침을 했지.

346 일이 일어난 순서에 따라 다음 상황이 들어갈 곳은?

유엔군이 파견되었고, 인천 상륙 작전으로 전세를 역전했다.

북한이 남한으로 쳐들어오며 6·25 전쟁이 시작되었다.

낙동강

북한군의 공격으로 국군은 낙동강까지 밀렸다.

점령되었던 서울을 되찾고, 압록강까지 진격했다.

와
와

중국군의 인해 전술로 국군과 유엔군은 후퇴했다.

북한군의 남침로
중국군 공격로
국군과 유엔군의 반격로

중국군 불법 개입 (1950. 10. 25.)
국군 압록강 진격 (1950. 10. 26.)
평양 탈환 (1950. 10. 19.)
서울 수복 (1950. 9. 28.)
서울 재수복 (1951. 3. 14.)
대전 함락 (1950. 7. 20.)
유엔군 최대 북진선 (1950. 11. 25.)
흥남 철수 (1950. 12. 12.)
휴전 협정 조인 (1953. 7. 27.)
중국군 최대 남진선 (1951. 1.)
국군의 최후 방어선 (1950. 9. 2.)
유엔군의 인천 상륙 (1950. 9. 15.)

압록강
청진
혜산
초산
성진
흥남
평양
원산
황해
동해
옹진
개성
판문점
서울
인천
원주
삼척
대전
대구
포항
마산
부산
제주도

서울에 진입한 북한군의 탱크

인천 상륙 작전을 성공시킨 미국의 맥아더 장군

6·25 전쟁의 전개 과정

정답은? ❸번

같은 민족끼리 총칼을 들이대야 했던 6·25 전쟁은 북한군과 국군·유엔군이 밀고 밀리면서 3년여 동안 계속되었어. 국군과 유엔군이 북한군과 중국군을 몰아낸 1951년 이후 소련의 휴전 제의로 휴전 회담이 이루어졌지.

347

6·25 전쟁의 휴전 회담에 대한 설명으로 바른 것은?

① 미국 정부는 휴전 회담에 반대하였다.

② 회담이 시작되자마자 전쟁은 곧 멈추었다.

③ 회담은 전쟁 포로 문제로 더디게 진행되었다.

④ 회담이 시작된 날에 휴전 협정이 동시에 이루어졌다.

⑤ 휴전 협정으로 전쟁은 완전히 끝이 났다.

쉴 휴,
싸움 전!

오올, 그렇게 말하니
휴전의 뜻을 알겠네.

공부한 날 월 일

서울과 신의주를 잇던 경의선 증기 기관차가 6·25 전쟁 때 폭격을 맞은 모습으로 경기도 파주 자유의 다리 옆에 전시되어 있다. 휴전으로 기관차는 갈 곳을 잃었다.

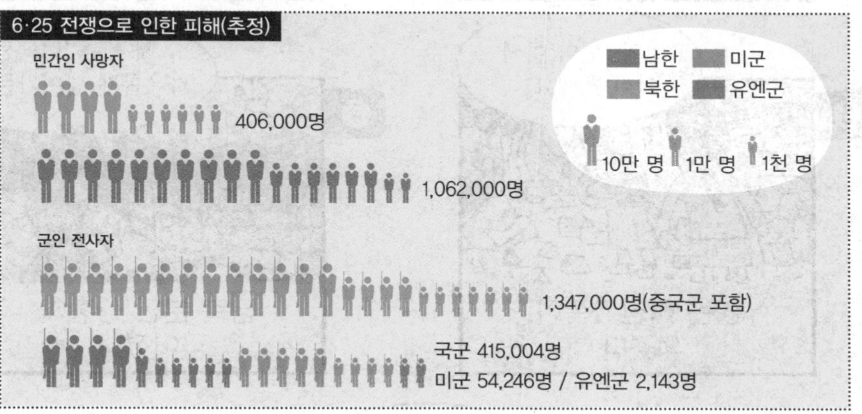

6·25 전쟁으로 인한 피해(추정)
민간인 사망자
406,000명
1,062,000명
군인 전사자
1,347,000명(중국군 포함)
국군 415,004명
미군 54,246명 / 유엔군 2,143명
남한
미군
북한
유엔군
10만 명
1만 명
1천 명

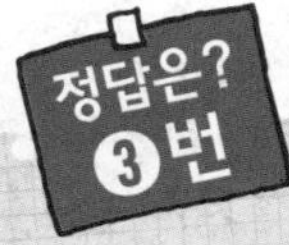

정답은?
3번

세계 여러 나라는 6·25 전쟁이 제3차 세계 대전으로 번질까 봐 걱정했어. 소련이 휴전 회담을 먼저 제의하자 미국이 이를 받아들였고, 휴전을 위한 첫 회담이 열린 지 2년여 만인 1953년에 휴전 협정이 맺어지게 되지.

348 6·25 전쟁의 결과가 아닌 것은?

①

김 일병,
정신 차리게.
백마고지

수백만 명의 사상자가 생겼다.

②

북괴군이 쳐들어오나
감시, 또 감시!

민족 간의 적대감과 불신이 생겼다.

③

엉엉, 엄마 아빠,
어디 계세요….

많은 이산가족이 생겼다.

④
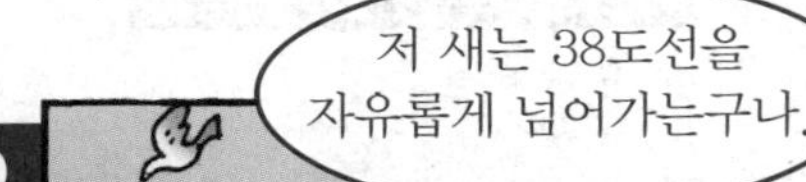
저 새는 38도선을
자유롭게 넘어가는구나.

남북 분단 상황이 굳어졌다.

⑤

이제 통일될 날도
머지않았어.

남한과 북한의 관계가 점점 좋아지고 있다.

이산가족이란
남북 분단 때문에
이리저리 흩어져 소식을
모르는 가족이야.

휴전이 된 뒤 남과 북의 포로들은 임시 다리인 자유의 다리(위 사진)를 건너 고향으로 돌아갔다. 지금 자유의 다리에서 더 이상 나아갈 수 없게 막은 철조망에는 통일의 소망을 적은 리본들이 매달려 있다(맨 위 사진).

정답은?
5번

수백만 명의 목숨을 앗아간 6·25 전쟁은 완전히 끝나지 않고 잠깐 멈춘 상태야. 휴전 뒤, 남한에서는 반공 분위기가 형성되었고, 북한에서는 김일성의 권력이 강화되었어. 남한과 북한의 관계는 잠깐 좋아진 때도 있으나 대부분은 긴장 관계를 유지하고 있어.

349

빈칸에 들어갈 말이 차례대로 짝지어진 것은?

1951년 12월, 초대 대통령 (㉠)은(는) 정권을 연장하려 했다. 그는 (㉡)을 창당해 자기의 세력을 넓혔고, 1952년에는 직선제를 위한 개헌안이 통과되어 제2대 대통령 선거에서 당선되었다.

❶ ㉠ 이승만 – ㉡ 공산당

❷ ㉠ 이승만 – ㉡ 자유당

❸ ㉠ 신익희 – ㉡ 민주당

❹ ㉠ 조봉암 – ㉡ 진보당

❺ ㉠ 윤보선 – ㉡ 자유당

어서 나를 지지해 줄
당을 만들고 헌법도
고쳐야 한다.

대통령
자리가 그렇게도
좋나?

공부한 날 월 일

이승만 정권 초기의 사건들

1949. 6. 26.

김구 암살 사건

엉엉
엉엉

민족 지도자 김구가 안두희에게 암살을 당하였다.

1951. 1.~1951. 4.

국민 방위군 사건

방위군 고위 간부들이 국민 방위군의 돈을 가로채는 바람에 국민 방위군 수만 명이 굶거나 병들어 죽었다. 사진은 국민 방위군에 징집된 사람들.

1951. 2. 10~11.

거창 양민 학살 사건

경남 거창의 신원면 일대에서 민간인 700여 명이 공비로 몰려 학살을 당했다. 사진은 이를 위로하기 위해 세운 위령탑.

우리는 국회 의원이야.
이 중에 공산당 관계자가 있습니다!

이승만 정권은 부산 일대에 계엄령을 선포하고, 국회 의원 몇몇을 공산당으로 몰아 구속한 다음 발췌 개헌안을 통과시켰다.

1952. 5. 25.

부산 정치 파동

정답은? ❷번

이승만 정부는 1948년 8월 15일에 수립되었는데 이후 민족 지도자 김구가 암살되는 등 사회는 어지러운 상황이었어. 친일파 청산, 토지 개혁 등에는 소극적이었던 이승만 정부는 정권 연장을 위해 여러 부정부패 사건을 일으켰는데 자유당이 이에 앞장섰어.

350

자유당이 헌법 개정안을 불법으로 통과시킨 사건은?

개헌안이 찬성 135표로 통과되지 못했다고 선포한 것은 잘못이었습니다.
반올림의 원칙에 따라 국회 의원의 3분의 2는 135명이므로,

한 표 차이로 개헌안이 통과되지 못하자 별 꼼수를 다 부렸군.

자유당이 제출한 개헌안은 통과되었음을 선언합니다.
이건 사기다!

땅 땅

① 자유당 창당

② 제2대 대통령 선거

③ 4·19 혁명

④ 사사오입 개헌

⑤ 3·15 부정 선거

찬성이 135표….

으악

그럼 한 표 차이로 통과 못 된 거네?

그러자 이승만 정권은 203명의 3분의 2는 135.33…명이므로 반올림의 원칙에 따라 소수점 밑을 버리면 135명이 된다고 주장했지.

제2대 대통령으로 뽑힌 이승만은 초대 대통령에 한해서는 몇 번이고 대통령을 할 수 있다는 내용으로 헌법을 고쳐 장기 집권을 하려고 했다. 이 헌법 개정안이 통과되려면 국회 의원의 3분의 2인 136명이 찬성해야 했는데 135표가 나오고 말았다.

사사오입 개헌이 있은 뒤 자유당에 맞서는 민주당이 창당되어 제3대 대통령 선거를 치렀으나 이승만이 또다시 제3대 대통령에 선출되었다.

선거 벽보
대통령후보
이승만
대통령후보
신익희
대통령후보
조봉암
부통령후보
이기붕
자유당
부통령후보
장면
민주당
부통령후보
박기출
진보당

정답은?
4번

'사사오입'은 반올림과 똑같은 말이야. 1954년의 사사오입 개헌으로 초대 대통령이었던 이승만은 대통령 중임 제한이 없어져 얼마든지 대통령 선거에 출마할 수 있게 되었어. 결국 이승만은 제4대 대통령 선거까지 출마하게 돼.

351

3·15 부정 선거에 대한 설명으로 바른 것은?

우리 자유당 후보의 득표율이 전국적으로 95퍼센트가 넘어요.
아니, 뭐야?
그렇게 높으면 다들 의심할 텐데!

❶ 민주당의 대통령 후보는 조봉암이었다.

❷ 이승만과 함께 출마한 부통령 후보는 장면이었다.

❸ 자유당은 깡패를 동원해 국민들이 자유당 후보를 찍도록 했다.

❹ 민주당은 불리해지자 투표함을 바꿔치기했다.

❺ 이 선거로 자유당은 권력이 탄탄해졌다.

자유당은 3~5명으로 조를 짜 공개 투표를 하게 하는 등 부정 선거를 자행했다.

자유당은 이승만의
대통령 당선 가능성이
높아지자 이기붕마저
부통령으로 당선시키기
위해 온갖 부정을
저질렀어.

자유당 표를
넣은 투표함을
진짜 투표함과
바꿔치기!

開票結果

李大統領四選確定

副統領엔李起鵬氏

16日下午六時現在 全國開票結果거의判明

勝利者矜持로 國政刷新注力

自由黨 國民協調에 感謝

不正選

1960년 3월 17일자 《동아일보》는 3·15 부정 선거 개표 결과 이승만 대통령이 4선에, 이기붕이 부통령에 당선되었다고 보도했다.

정답은? ❸번

민주당의 대통령 후보는 조병옥으로, 선거 전에 갑자기 세상을 떠났어. 장면은 민주당의 부통령 후보로, 이승만은 이기붕과 함께 출마했지. 3·15 부정 선거는 국민 대중의 분노를 불러일으켜 자유당 정권이 무너지는 결과를 가져왔어.

352

1960년, 시민들이 정권에 맞서 벌였던 민주 항쟁은?

와
독재 타도!
부패한 정권을 무너뜨리자!
물러가라!
부정 선거 획책하는 이승만은 물러가라!

너, 공산당이지? 사실대로 불어!
부정 선거 무효!
탕탕탕
경찰이 국민에게 총을 쏘다니!
으악!

❶ 4·19 혁명　❷ 3·15 혁명　❸ 5·16 혁명
❹ 6·25 혁명　❺ 6·10 혁명

공부한 날 월 일

서울시 강북구 수유동에 있는 국립 4·19 민주 묘지에는 민주주의를 위해 희생한 이들이 묻혀 있다. 사진은 기념탑의 모습.

이승만 정부는
시위를 무력으로 진압해
수많은 사람들이 목숨을
잃거나 다쳤어.

1960년 4월 19일, 시민들이 거리로 나와 3·15 부정 선거와 이승만의 독재, 자유당의 부정부패에 항의하는 시위를 벌였다.

정답은?
①번

3·15 부정 선거 당일, 경남 마산에서 선거 무효 시위를 시작으로 부패한 정권에 항의하는 시위가 전국으로 퍼져 나가, 4월 19일에는 시위가 절정에 이르렀어(4·19 혁명). 이는 민주적인 절차를 무시한 정권을 학생들과 시민의 힘으로 바로잡은 혁명이었어.

353 다음 사건들이 일어난 순서대로 바르게 놓인 것은?

쿠르르릉

㉠ 박정희가 군인들을 이끌고 5·16 군사 정변을 일으켰다.

㉡ 군사 정권은 중앙정보부와 민주 공화당을 세웠다.

제5대 대통령 취임

㉢ 박정희는 제5대 대통령 선거에 출마했다.

㉣ 장면은 군사 혁명 위원회에 정권을 넘겼다.

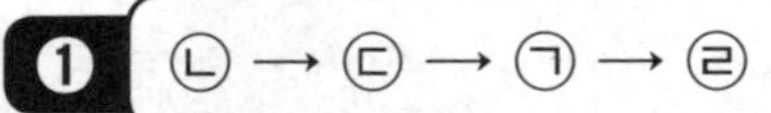

① ㉡ → ㉢ → ㉠ → ㉣

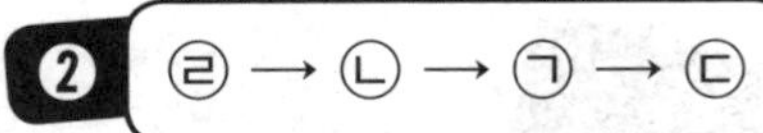

② ㉣ → ㉡ → ㉠ → ㉢

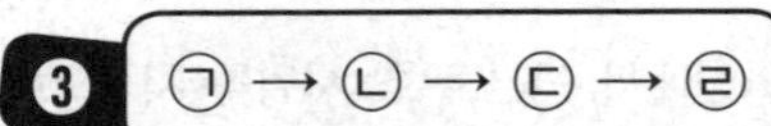

③ ㉠ → ㉡ → ㉢ → ㉣

④ ㉠ → ㉣ → ㉢ → ㉡

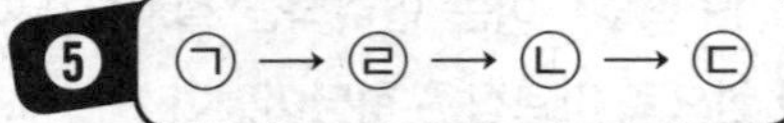

⑤ ㉠ → ㉣ → ㉡ → ㉢

제2, 제3 공화국의 인물들

4·19 혁명 이후 내각 책임제로 바뀌고, 7월 총선거에서 민주당이 크게 승리하면서 제2 공화국을 열었지.

제2 공화국의 대통령 **윤보선**

제2 공화국의 총리 **장면**

5·16 군사 정변 당시 설치된 군사 혁명 위원회의 위원장 장도영과 부위원장 박정희(오른쪽)

제3 공화국의 대통령 **박정희**

박정희는 5·16 군사 정변을 주도한 뒤 국가 재건 최고 회의(군사 정부)에서 권력을 행사하다가 민간인에게 정권을 넘기지 않고 본인이 대통령 자리에 올랐어.

정답은?
5번

박정희를 중심으로 한 일부 군인들은 반공과 경제 재건을 외치며 제2 공화국을 뒤엎는 정변을 일으켰어. 박정희는 군정을 실시하다가 권력의 기반이 될 중앙정보부와 민주 공화당을 세운 뒤, 군대에서 제대하고 대통령 선거에 출마하여 제3 공화국의 제5대 대통령에 당선되지.

354 1964년, 한일 회담에 국민들이 반대한 까닭은?

❶ 일본이 우리나라와 수교하는 것을 거부했다.

❷ 일본이 군사력을 앞세워 한일 협정을 맺으려 했다.

❸ 일본은 식민 통치에 대한 충분한 사과와 배상을 하지 않았다.

❹ 일본이 위안부 문제를 너무 강조했다.

❺ 일본과 교류하면 우리나라 경제가 어려워질 것이라고 생각했다.

한일 회담 즉각 중지하라!
민족의 고통을 돈과 바꾸지 마라!
굴욕외교 반대
한일회담 반대
한일회담 반대
한일 회담 반대!

박정희 정부가 일본과 국교 정상화를 위한 한일 회담을 본격적으로 추진하자, 이를 굴욕적인 대일 외교라고 비판하면서 서울을 비롯한 부산, 대구까지 한일 회담 반대 운동이 확산되었다.

윤보선, 장택상, 장준하 등은 박정희 정부의 한일 회담을 '대일 굴욕 외교'로 규정하고 한일 회담 반대 운동을 벌였다.

장택상(1893~1969)

장준하(1918~1975)

정답은?
3번

군사 정부는 경제 개발 자금을 확보할 필요가 있어 그 어느 때보다도 일본과의 회담에 열의를 보였어. 특히 김종필·오히라의 비밀 회담(1962)에서는 일본의 식민 지배로 입은 우리나라의 피해에 대한 모든 청구권을 포기하고 차관을 지원받아 문제를 남겼지.

355 박정희 정부 때 일어난 일을 모두 고르면?

❶
대통령 임기가 6년으로 늘어났고, 중임 제한도 없앴대.
10월 유신 선포

❷
와
6·25 전쟁 발발

❸
자유당
수단과 방법을 가리지 말고 대선 승리!
3·15 부정 선거
❹
100억 달러 수출의 날
수출 100억 달러 달성

❺
저런 색깔의 옷은 꼭 사야 돼!
컬러텔레비전 방송 시작

박정희 정부는 1963년부터 1979년까지 이어졌지.

박정희 정부의 빛과 그림자

빛!

남북한이 동시에 통일 원칙인 7·4 남북 공동 성명을 발표했다.

경부 고속 도로 개통, 경제 개발 5개년 계획 등으로 경제가 살아나기 시작했다.

그림자!
제9대 박정희 대통령 각하 취임

박정희는 1972년 10월에 유신 헌법을 공포하여 장기 집권을 꾀했다.

자본 없는 중소 기업은 어쩌라고? 종업원 월급도 쥐꼬리인데….
흐흐흐…

경제 성장의 그늘에 가려 노동자의 희생이 강요되었고, 빈부의 차이가 심해졌다.

정답은?
①, ④번

박정희의 10월 유신은 정권을 계속 유지하기 위한 것으로, 시민들은 유신 철폐를 외치며 대규모 시위를 벌였어. 정권은 이에 긴급 조치로 맞섰고, 이 과정에서 인권 탄압이 벌어지기도 했지.

356

전두환 등 신군부 세력이 정권을 장악한 사건은?

한강 다리 11개를 막고
수도권 병력을 장악했다.
뭔가 심쿵한 일이 벌어질 듯.

군은 박정희 대통령
시해 사건을 조사하던 중
새로운 사실을 발견하여
정승화 육군 참모 총장을 연행하는
도중에 가벼운 충돌이
있었습니다.

전두환

합동 수사 본부장

❶ 10·26 사태

❷ 12·12 사태

❸ 부·마 민주 항쟁

❹ 5·18 민주화 운동

❺ 5·16 군사 정변

12·12 사태(1979) 전후의 사건들

1979. 10.18.

신민당 총재 김영삼의 의원 자격 박탈로 시작된 **부·마 민주 항쟁**

1979. 10.26.

장기집권

중앙정보부장 김재규가 박정희 대통령을 피살한 **10·26 사태**

1980. 5. 15.

민주화 일정을 분명히 제시하라!
명분 없는 계엄을 즉각 해제하라!
민주적 방법에 의한 민간 정부를 조속히 수립하라!

서울의 학생과 시민들이 신군부에 맞서 민주화를 요구한 **서울의 봄**

정답은? ❷번

1979년에는 유신 체제 아래에서 고통받던 노동자와 시민들의 민주화 요구가 커지면서 부·마 민주 항쟁 등이 일어났어. 흔들리는 정국 속에 박정희는 측근에게 죽임을 당하고, 이 혼란한 때를 틈타 전두환 등 신군부 세력은 12·12 사태를 일으켜 정권을 잡았어.

357 다음에서 설명하는 사건으로 바른 것은?

타 타 타
쿠르르르릉

☆ 전두환의 신군부는 비상계엄을 전국으로 확대하며 군부 독재를 연장하려 했다.

☆ 계엄령 철폐 등 민주화를 요구하는 시위가 확산되어 광주에서 절정에 이르자, 신군부 세력이 무력으로 진압해 많은 사상자를 냈다.

❶ YH 무역 사건

❷ 6월 민주 항쟁

❸ 5·4 운동

❹ 6·29 민주화 선언

❺ 5·18 민주화 운동

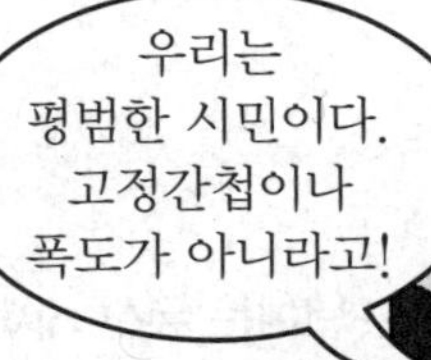

우리는
평범한 시민이다.
고정간첩이나
폭도가 아니라고!

신군부는 시민을 폭도나 간첩이라고 매도했다지?

사회 안정과
질서를 파괴하는
자들은 국가 안보
차원에서 단호하게
대처할 것입니다.
전두환

시위를 진압하러 온 계엄군과 대치하고 있는 광주 시민들

광주시에 있는 국립 5·18 민주 묘지의 5·18 민중 항쟁 추모탑

광주에서
민주화 시위를 하다가
군대의 총검 앞에
쓰러진 사람들이
국립 5·18 민주 묘지에
안장되어 있어.

정답은?
5번

5·18 민주화 운동은 1980년 5월 18일부터 27일까지 전남 및 광주 시민들이 벌인 민주화 운동이야. ①번은 YH 무역 회사의 폐업 조치에 맞서 근로자들이 신민당 당사에서 시위한 사건이고, ②번과 ④번은 1987년에 일어난 민주화 운동과 관계있어.

358

6월 민주 항쟁의 결과로 빈칸에 들어갈 말은?

6월 민주 항쟁

☆ **원인:** 서울대 학생 박종철이 고문을 받다 숨짐(1987. 1. 14.).

☆ **경과:** 군부 독재 규탄과 헌법 개정을 위한 민주화 운동이 일어남.

: 정부에서 특별 선언 발표(6·29 민주화 선언)

☆ **결과:** (   ) 개헌 약속

: 김대중 사면 복권

❶ 공화제

❷ 대통령 직선제

❸ 대통령 간선제

❹ 내각 책임제

❺ 국회 의원 직선제

사면 복권이란 형벌을 면제받고 자격을 다시 찾는다는 뜻이야.

꽃다운 젊은이를 고문으로 죽이고도 국민을 속이려 한 정권에 국민의 분노를 보여 주어야 한다.

6월 민주 항쟁 당시 시민의 요구

박종철 고문 사건의 진상을 낱낱이 밝히고 책임자를 처벌하라!

장기 집권 꾀하는 고문 정권은 물러가라!

대통령을 국민의 손으로 뽑도록 직선제로 개헌하라!

모든 양심수를 즉각 석방하라!

京鄕新聞

盧대표, 直選改憲 선언

民正 中執委서 새憲法따라 내년2월 政府移讓

全대통령에 8개項 時局수습책 건의

金大中씨 赦免·復權 곧단행

時局관련 拘束者 모두 석방

言基法 改廢 言論자유보장

대학 人事·入試 자율성부여

국민에 希望 안겨줘

不出馬 약속 지킬것

與野 골구체協商

여당 대표 노태우의 대통령 직선제 개헌 선언을 보도한 신문

정답은?
2번

1987년 4월 13일, 당시 대통령 전두환은 대통령 간선제를 그대로 유지하겠다고(호헌) 발표하지. 이어 1월에 발생했던 박종철 고문 사건에서 정부가 국민을 속이려 한 정황이 속속 드러나면서 국민들은 떨쳐 일어나게 돼.

359

359 빈칸에 들어갈 스포츠 행사로 알맞은 것은?

1988년 서울에서 제24회 (   )이(가) 열렸다. 전 세계 160개국이 참가한 이 대회에서 우리나라는 금메달 12개로 종합 순위 4위를 차지하는 놀라운 성과를 거두었다.

SEOUL OLYMPI

① 월드컵

② 유니버시아드

③ 올림픽

④ 아시안 게임

⑤ 육상 선수권 대회

유니버시아드는 2년에 한 번씩 열리는 세계 학생 스포츠 대회야.

GAMES OF THE XXIVTH OLYMPIAD SEOUL 1988

서울 올림픽의 마스코트였던 호돌이

서울 올림픽은 1988년 9월 17일부터 10월 2일까지 16일간 서울을 비롯한 주요 도시에서 열렸다. 사진은 폐막식 모습.

성공적인 올림픽 개최로 전 세계에 우리나라를 알릴 수 있었어.

정답은?
❸번

서울 올림픽은 인종과 이념에 관계없이 인류가 하나로 뭉치는 세계 평화의 제전이었어. 화합을 목표로 했지만 북한이 참가하지 않은 것은 아쉬운 점으로 남았지.

360

문민정부 때 금융 비리를 없애기 위해 만든 제도는?

허걱,
이제 이 돈을 어디다
숨겨 놓지?

다른 사람의
이름으로 재산을
숨길 수 없게
되었어.

금융 거래를
할 때 실제 이름을
사용하도록
했으니까.

① 저축 실명제

② 예금 실명제

③ 은행 실명제

④ 금융 실명제

⑤ 예산 실명제

실명을 쓰지 않는다면
불법 자금을 조성해
뇌물, 부동산 투기 등
각종 비리와 부정부패를
저지르기 쉬웠어.

만약 이런 일들이
쉽게 일어난다면
정직하고 성실하게
일하는 사람들은
의욕을 잃게 되겠지.

금융 실명제(1993) 이전의 대형 금융 사건

이철희·장영자 어음 사기

1982년 5월, 어음 사기 혐의로 구속된 이철희·장영자 부부는 건설 회사에 자금을 빌려주면서, 그 액수보다 몇 배 많은 어음을 받아 유통시켜 총 6,404억 원에 달하는 사기 행각을 벌였다.

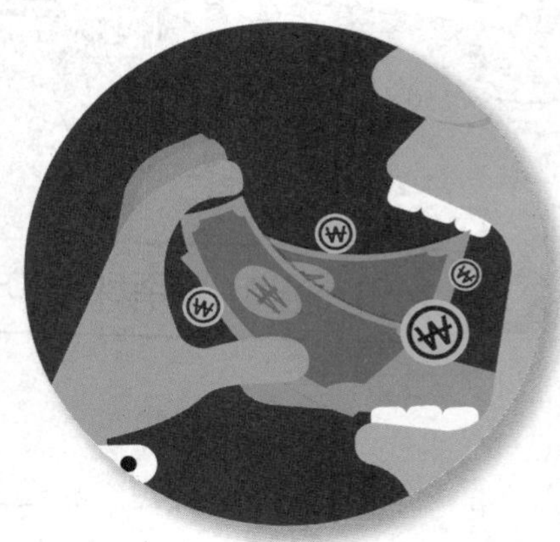

명성 그룹 사건

1983년 8월에 구속된 명성 그룹 회장 김철호는 은행원과 모의해 1,066억 원에 이르는 거액을 횡령하고, 탈세, 정치권에 뇌물을 주는 등의 부정행위를 저질렀다.

정답은?
④번

금융 실명제는 은행 예금이나 증권 투자 등의 금융 거래를 할 때, 자신의 실제 이름으로 해야 하며, 가짜 명의나 이름이 없는 거래는 인정하지 않는 제도야. 김영삼 정권은 금융 실명제와 공직자 재산 공개 등을 실시해 국민들로부터 많은 호응을 얻었어.

361

1997년에 겪은 외환 위기와 관계없는 것은?

❶ 천연자원이 부족해 벌어진 일이다.

❷ 국제 통화 기금에서 긴급 자원을 지원받기로 했다.

❸ 외환 위기를 극복하기 위해 정부는 경제 구조 조정을 했다.

❹ 많은 기업들이 자금난을 견디지 못하고 문을 닫았다.

❺ 직장을 잃은 사람들이 갑자기 많아졌다.

외환 위기(1997) 전 상황

은행에서 돈 빌리기가 쉽지 않네?

금융 실명제 때문에 다른 사람 명의의 예금을 모두 찾아 갖고 있으니까.

한보 그룹이 결국 망했다며?

정치인들이 뒤를 봐주는 것 같더니만….

각하, 큰일입니다. 미국도 일본도 지원 요청을 거절했습니다.

갖고 있는 외환이 없어 어디서든 꾸어야 하는데….

김영삼

IMF 신청

국가 부도 사태를 막기 위해 국제 통화 기금으로부터 긴급 자금을 지원받기로 하였습니다.

으, 어쩌다 이 지경까지….

정답은?
①번

1997년, 나라가 보유하고 있는 외환이 부족하여 국가가 부도날 지경이었어. 그해 1월, 한보 그룹의 부도는 외환 위기의 신호탄이 되어 진로, 대농 등이 줄줄이 무너졌고, 실업자가 늘어나 나라 경제가 흔들렸지. 결국 우리나라는 국제 통화 기금(IMF)의 긴급 금융 지원을 받게 돼.

362 빈칸에 들어갈 답이 차례대로 짝지어진 것은?

제15대 대통령 (㉠)은(는) 우리나라의 민주주의와 인권에 대한 업적과 남북 화해를 위한 노력으로 우리나라 역사상 최초로 (㉡)을 수상했다.

1. ㉠ 김영삼 - ㉡ 노벨 평화상
2. ㉠ 김대중 - ㉡ 노벨 평화상
3. ㉠ 김대중 - ㉡ 노벨 경제학상
4. ㉠ 김영삼 - ㉡ 노벨 경제학상
5. ㉠ 노태우 - ㉡ 노벨 평화상

군사 정부 아래에서
민주화를 외치다
온갖 고난을
당하신 분이지.

대표적인 노벨 평화상 수상자들

2009 버락 오바마

2000 김대중

1991 아웅 산 수 치

1964 마틴 루서 킹

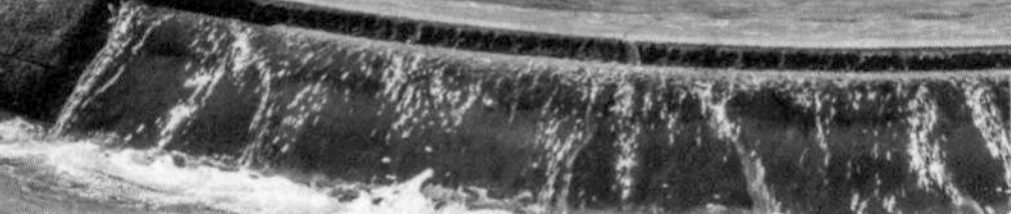

배경 사진은 매년 노벨 평화상을 시상하는 장소인 노르웨이의 오슬로 시청사

정답은? ❷번

김대중은 군사 정권 시절 납치를 당하고, 민주화 운동을 한다는 이유로 사형 선고를 받는 등 고난을 겪었어. 그러다 평화적인 정권 교체를 이루어 대통령이 되었지. 북한에는 강경책이 아닌 햇볕 정책으로 대해 화해 분위기를 조성했지.

363

다음과 관계있는 사건을 모두 고르면?

평양
PYONG
KOREA
대한민국
KBS
드디어 대한민국 대통령 전용기가 평양 순안 공항에 도착했습니다.

반갑습네다. 어서 오십시오.
이렇게 오는 데 55년이 걸렸군요.
평양 시민들은 열렬히 환영하고, 7천만 우리 겨레도 감격하고 있습니다.
김정일
김대중
와와

❶ 연평도 포격 사건 ❷ 남북 정상 회담
❸ 7·4 남북 공동 성명 ❹ 동북 공정
❺ 6·15 남북 공동 선언

남북은 반세기가 넘도록 분단되어 있는 동안, 긴장 관계를 이루기도 했고 화해 분위기 속에 놓이기도 했어. 남북이 화해 분위기일 때는 어떤 일들이 있었을까?

1998년, 현대 그룹의 정주영 회장이 '통일소'를 몰고 판문점을 넘었다.

2000년, 분단 이후 최초로 제1차 남북 정상 회담이 열렸다.

이 밖에도 금강산 관광, 경의선 철도 연결 사업 등이 진행되었으나 지금은 중단된 상태야.

정답은?
②, ⑤번

2000년 6월, 김대중과 김정일은 분단 이후 최초로 남북 정상 회담을 했어. 이때 평화 통일을 위한 기본 방침을 담은 6·15 남북 공동 선언을 발표했지. 7·4 남북 공동 성명은 1972년에 남북한이 최초로 통일을 위한 합의를 이끌어 낸 성명이야.

364 참여 정부 때 일어난 일이 아닌 것은?

❶ 제2차 남북 정상 회담이 열렸다.

❷ 과거사 정리 위원회를 조직해 잘못된 역사를 바로잡으려고 했다.

❸ 남북한의 교류가 완전히 끊겼다.

❹ 행정 중심 복합 도시를 추진하였다.

❺ 남성 중심이었던 호주제를 폐지하였다.

참여 정부의
대북 정책은
이전 김대중 정부의
화해 정책을
이어받았어.

제2차 남북 정상 회담에서는 백두산 관광 사업에 대해 논의하기도 했다. 사진은 백두산의 천지.

이승만 정권 당시 대통령 후보였다가 국가 보안법 위반 혐의로 사형 당한 조봉암의 묘. 2007년, 진실·화해를 위한 과거사 정리 위원회는 조봉암에게 무죄를 선고하였다.

2009년, 행정 중심 복합 도시인 세종특별자치시의 건설 당시 모습

정답은?
3번

참여 정부(노무현 정부)는 국민이 주인이 되는 국민 주권 시대를 열어 나라의 균형 있는 발전과 국민의 통합을 위해 노력했어. 남북 관계 발전을 위해 10·4 남북 공동 선언을 했고, 국익을 앞세워 이라크에 파병하기도 했어.

365 우리나라 사회의 모습으로, 빈칸에 알맞은 말은?

우리나라에 외국인들이 많이 찾아오기 시작하면서 자연스럽게 우리나라 사람들과 결혼하는 외국인이 늘어났다. 이로써 2000년대 이후 우리 사회는 점차 (   )가 되었다.

❶ 다국적 사회

❷ 정보화 사회

❸ 단일 민족 사회

❹ 고령화 사회

❺ 다문화 사회

다양한 사람과 문화가 어우러지는 다문화 사회

한국에서
연기자가 되고
싶습니다.

베트남에서 한국으로
귀화했어요. 레포츠 강사를
하고 있어요.

저는 프랑스에서 왔어요.
얼마 전 한국인 아내가
아기를 낳았어요.

저는 인도네시아에서
왔어요. 자율 방범대에서
봉사해요.

2020년에는 우리 인구의 약 2퍼센트인 100만 명 정도가 다문화 가족으로 예상된대.

다 같이 오픈 마인드!

정답은? ⑤번

여러 민족과 문화를 받아들이는 사회를 다문화 사회라고 해. 우리 나라는 30여 년 전만 하더라도 '단일 민족'이라 하여 국제결혼을 꺼렸어. 지금은 사회가 많이 개방되어 다문화 사회를 이루었지만 외국인에 대한 사회적 편견은 아직도 해결해야 할 문제야.

역사 연대표

한국사	연대	세계사
	기원전	
구석기 문화	약 70만 년 전	
신석기 문화	8000년쯤	
	3500년쯤	메소포타미아 문명 시작
	3000년쯤	이집트 문명 시작
	2500년쯤	인더스·중국 문명 시작
고조선 건국	2333	
청동기 문화 보급	2000~1500년쯤	
	1800년쯤	바빌로니아, 함무라비 법전 제정
	770년쯤	중국, 춘추 시대 시작
	525	아케메네스 왕조 페르시아, 서아시아 통일
철기 문화 보급	400년쯤	
	334	알렉산드로스, 동방 원정 시작
	221	진(秦), 최초로 중국 통일
	202	한 건국
위만, 고조선의 왕이 됨.	194	
고조선 멸망, 한 군현 설치	108	
신라 건국	57	
고구려 건국	37	
	27	로마, 제정 시작
백제 건국	18	

빗살무늬 토기

투탕카멘의 황금 마스크

농경문 청동기

도기 기마인물형 명기

진시황릉의 도용

집 모양 토기

콘스탄티누스 대제

한국	기원후	세계
고구려, 국내성 천도	3	
	25	후한 건국
	220	후한 멸망, 삼국 시대 시작(~280)
백제 고이왕, 16관등과 공복 제정, 율령 반포	260	
	280	진(晋), 중국 통일
고구려, 낙랑군 멸망시킴.	313	로마, 크리스트교 공인(밀라노 칙령)
	325	니케아 공의회
고구려, 불교 전래, 태학 설치	372	
	375	게르만족의 대이동 시작
백제, 불교 전래	384	
	395	로마 제국, 동서로 분열
고구려, 평양 천도	427	
나제 동맹 성립(~553)	433	
	476	서로마 제국 멸망
	486	프랑크 왕국 건국
	500	인도, 힌두교 성립
신라, 국호와 왕호를 정함.	503	
신라, 불교 공인	527	
백제, 사비 천도	538	
	589	수, 중국 통일
	610	이슬람교 성립
고구려, 을지문덕의 살수 대첩	612	
	618	당 건국
	622	헤지라(이슬람력의 기원 원년)
고구려, 안시성 싸움 승리	645	일본, 다이카 개신
백제 멸망	660	

금관총 금관

힌두교의 시바 신상

경주 첨성대

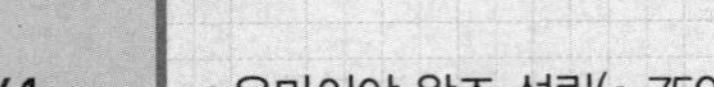

한국사	연도	세계사
	661	우마이야 왕조 성립(~750)
고구려 멸망	668	
신라, 삼국 통일	676	
신라, 9주 5소경 설치	685	
대조영, 발해 건국	698	
신라, 정전 지급	722	
	755	당, 안사의 난 시작(~763)
신라, 독서삼품과 설치	788	
	794	일본, 헤이안 시대 시작(~1185)
	800	카롤루스 대제, 서로마 황제 대관
장보고, 청해진 설치	828	
	829	잉글랜드 왕국 성립
	875	당, 황소의 난
신라, 《삼대목》 편찬	888	
견훤, 후백제 건국	900	
궁예, 후고구려 건국	901	
	907	당 멸망, 오대 시작(~960)
	916	거란 건국
왕건, 고려 건국	918	
발해 멸망	926	
신라 멸망	935	
고려, 후삼국 통일	936	
	946	거란, 국호를 요라 함.
과거제 실시	958	
	960	송 건국
	962	오토 1세, 신성 로마 제국의 황제 대관

당삼채

카롤루스 대제

발해의 돌사자상

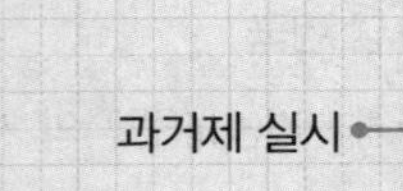

청자 원앙 연적

한국	연도	세계
전시과 실시	976	
	987	프랑스, 카페 왕조 성립
국자감 설치	992	
강감찬, 귀주 대첩	1019	
천리장성 축조 시작(~1044)	1033	
	1037	셀주크 튀르크 건국
	1054	크리스트교, 동서로 분열
최충, 문헌공도 세움.	1055	
	1069	송, 왕안석 신법 실시
	1096	십자군 전쟁 시작(~13세기)
주전도감 설치	1097	
윤관, 여진 정벌	1107	
	1115	여진, 금 건국(~1234)
	1125	금, 요를 멸망시킴.
이자겸의 난	1126	
	1127	북송 멸망, 남송 시작(~1279)
묘청의 서경 천도 운동	1135	
김부식, 《삼국사기》 편찬	1145	
	1163	프랑스, 노트르담 성당 건축 시작
무신 정변	1170	프랑스, 파리 대학 세움.
	1185	일본, 가마쿠라 막부 성립
만적의 난	1198	
	1206	칭기즈 칸, 몽골족 통합
	1215	영국, 대헌장 제정
몽골의 제1차 침입	1231	
강화도 천도	1232	

강감찬

파리 노트르담 성당

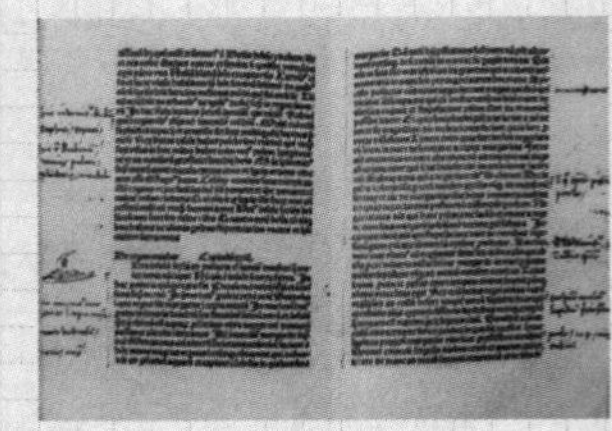
동방견문록

한국사	연도	세계사
금속 활자로 《상정고금예문》 간행	1234	
팔만대장경 새김(~1251).	1236	
개경 환도, 삼별초의 대몽 항쟁	1270	
	1271	원 제국 성립
	1279	남송 멸망
	1299	마르코 폴로, 《동방견문록》 출판, 오스만 제국 건국
	1302	프랑스, 삼부회(삼신분회) 소집
안향의 주장으로 국학에 대성전 세움.	1304	
	1309	교황, 아비뇽에 유폐
	1321	단테, 《신곡》 완성
	1337	영국·프랑스, 백년 전쟁(~1453)
홍건적의 침입(~1361)	1359	
문익점, 원에서 목화씨 가져옴.	1363	
	1368	주원장, 원을 북으로 축출하고 명 건국
최영, 왜구 토벌	1376	
최무선의 건의로 화약 무기 제조, 《직지심체요절》 간행	1377	
이성계, 위화도 회군	1388	
박위, 쓰시마 섬 토벌	1389	
고려 멸망, 조선 건국	1392	
	1405	명, 정화의 항해(~1433)
조선 8도의 지방 행정 조직 완성	1413	
4군 설치(~1443)	1416	
세종 즉위	1418	
6진 설치(~1449)	1434	
훈민정음 반포	1446	

합천 해인사 대장경판

주원장(홍무제)

《훈민정음 언해본》

정화의 배 모형

앙부일구

거북선 모형

한국사	연도	세계사
	1453	비잔티움 제국 멸망
	1455	영국, 장미 전쟁(~1485)
《경국대전》 완성	1485	
	1492	콜럼버스, 서인도 제도 도착
	1498	바스쿠 다가마, 인도 항로 개척
3포 왜란	1510	
	1517	독일, 루터의 종교 개혁
	1519	마젤란 일행, 세계 일주(~1522)
	1536	칼뱅의 종교 개혁
	1588	영국, 무적함대 격파
임진왜란, 한산도 대첩	1592	
행주 대첩	1593	
	1600	영국, 동인도 회사 설립
	1603	일본, 에도 막부 성립(~1867)
경기도에 대동법 실시	1608	
허준, 《동의보감》 완성	1610	
	1616	후금 건국(1636년에 '청'으로 개칭)
	1618	독일, 30년 전쟁(~1648)
인조반정	1623	
정묘호란	1627	
병자호란	1636	
	1642	영국, 청교도 혁명(~1649)
	1644	명 멸망, 청의 중국 정복
상평통보 주조	1678	
	1688	영국, 명예혁명
전국적으로 대동법 실시	1708	

상평통보

크롬웰

거중기

흥선 대원군

프랑스 인권 선언

자유의 여신상

한국	연도	세계
영조, 탕평책 실시	1725	
	1740	오스트리아 왕위 계승 전쟁(~1748)
균역법 실시	1750	
정조, 규장각 설치	1776	미국, 독립 선언
이승훈, 천주교 전도 시작	1784	
	1789	프랑스 혁명 시작, 인권 선언
화성 축조 시작(~1796)	1794	
신유박해	1801	
	1804	나폴레옹, 프랑스 황제 즉위
홍경래의 난(~1812)	1811	
	1814	빈 회의(~1815)
	1830	프랑스, 7월 혁명
	1840	청·영국, 아편 전쟁(~1842)
	1848	프랑스, 2월 혁명
	1851	청, 태평천국 운동 시작
	1858	인도, 무굴 제국 멸망
최제우, 동학 창시	1860	
김정호, 대동여지도 만듦.	1861	미국, 남북 전쟁(~1865)
고종 즉위, 흥선 대원군 집권	1863	
병인박해, 제너럴셔먼호 사건, 병인양요	1866	
	1868	일본, 메이지 유신
흥선 대원군이 서원 정리, 신미양요	1871	독일 제국 성립, 프랑스 파리 코뮌 성립
강화도 조약 체결	1876	
지석영, 종두법 실시	1879	
임오군란, 미국과 수호 통상 조약 체결	1882	3국 동맹 성립 (독일, 오스트리아·헝가리 제국, 이탈리아)
우정총국 설치, 갑신정변	1884	

한국	연도	세계
동학 농민 운동, 갑오개혁 시행	1894	청일 전쟁(~1895)
을미사변, 을미개혁 시행	1895	
아관 파천, 독립 협회 설립	1896	제1회 올림픽 대회 개최
대한 제국 성립	1897	
만민 공동회 개최, 독립 협회 해산	1898	청, 변법자강 운동
	1899	청, 의화단 운동
	1902	영일 동맹 체결
한일 의정서 체결	1904	러일 전쟁(~1905)
을사조약	1905	
국채 보상 운동, 헤이그 특사 파견, 고종 황제 퇴위, 신민회 조직	1907	3국 협상 성립(영국, 프랑스, 러시아)
안중근, 이토 히로부미 처단	1909	일본, 청과 간도 협약 체결
국권 피탈	1910	
신흥 강습소 설립 (1919년에 신흥 무관 학교로 개명)	1911	중국, 신해혁명
	1912	중화민국 성립
	1914	제1차 세계 대전(~1918), 파나마 운하 개통
	1917	러시아 혁명
	1918	윌슨 대통령, 14개조의 평화 원칙 발표
3·1 운동, 대한민국 임시 정부 수립	1919	베르사유 조약 체결, 중국 5·4 운동
봉오동 전투, 청산리 대첩	1920	국제 연맹 성립
6·10 만세 운동	1926	
신간회 조직(~1931)	1927	인도네시아, 수카르노가 국민당 결성
광주 학생 항일 운동	1929	대공황 발생
	1931	만주 사변
이봉창, 윤봉길 의거	1932	
한글 맞춤법 통일안 제정	1933	미국, 뉴딜 정책 시행, 히틀러 집권

제1회 올림픽

쑨원

유관순

일본의 진주만 공격

한국사	연도	세계사
일제, 한글 교육 금지	1938	
	1939	제2차 세계 대전(~1945)
광복군 결성	1940	
	1941	태평양 전쟁(~1945)
조선어 학회 사건	1942	
8·15 광복, 조선 건국 준비 위원회 발족	1945	포츠담 선언, 독일·일본 항복, 국제 연합(UN) 성립
제1차 미소 공동 위원회 개최	1946	파리 강화 회의
5·10 총선거 실시, 대한민국 정부 수립	1948	세계 인권 선언, 소련, 베를린 봉쇄 시작
6·25 전쟁(~1953)	1950	
휴전 협정 조인	1953	
	1956	이집트, 수에즈 운하 국유화
4·19 혁명, 장면 내각 수립	1960	
5·16 군사 정변	1961	
제1차 경제 개발 5개년 계획(~1966)	1962	미국, 쿠바 봉쇄
박정희 정부 성립(~1979)	1963	
한일 협정 조인	1965	
	1969	미국, 아폴로 11호 달 착륙
새마을 운동 시작, 경부 고속 도로 개통	1970	
	1971	방글라데시, 파키스탄으로부터 독립 선언
7·4 남북 공동 성명, 10월 유신	1972	
6·23 평화 통일 선언	1973	제4차 중동 전쟁, 전 세계 석유 파동
	1976	유엔, 팔레스타인 건국 승인안 채택
	1979	이란, 팔레비 왕조 붕괴, 소련, 아프가니스탄 침공
5·18 민주화 운동	1980	이란·이라크 전쟁(~1988)
전두환 정부 성립(~1988)	1981	미국, 왕복 우주선 컬럼비아호 발사
제10회 아시아 경기 대회 개최(서울)	1986	소련, 체르노빌 원전 사고

아폴로 11호 달 착륙